行政调查
中心主义

XINGZHENGDIAOCHAZHONGXINZHUYI

陆伟明 ◎ 著

知识产权出版社
全国百佳图书出版单位

图书在版编目（CIP）数据

行政调查中心主义/陆伟明著. —北京：知识产权出版社，2017.4
ISBN 978 − 7 − 5130 − 4845 − 3

Ⅰ.①行… Ⅱ.①陆… Ⅲ.①行政执法—研究—中国 Ⅳ.①D922.114

中国版本图书馆 CIP 数据核字（2017）第 067986 号

内容提要

行政执法活动包含三个基本的环节，即行政调查、行政决定和行政执行。从法治理论的角度，行政决定应当成为行政执法的核心，行政机关应当根据作出合法决定所需的条件实施行政调查，也应当依照行政决定的内容依法执行。但是实务中行政机关往往将行政调查作为行政执法的核心，行政调查结束行政任务就基本完成，行政决定和行政执行只是得出结论并实现目的而已，缺乏对行政调查的有效制约，很多执法问题由此产生。

责任编辑：韩婷婷

封面设计：陈永超   责任出版：刘译文

行政调查中心主义

陆伟明　著

出版发行：	知识产权出版社有限责任公司	网　址：http：//www.ipph.cn	
社　　址：	北京市海淀区西外太平庄 55 号	邮　编：100081	
责编电话：	010 − 82000860 转 8359	责编邮箱：hantingting@cnipr.com	
发行电话：	010 − 82000860 转 8101/8102	发行传真：010 − 82000893/82005070/82000270	
印　　刷：	北京科信印刷有限公司	经　销：各大网上书店、新华书店及相关专业书店	
开　　本：	787mm × 1092mm　1/16	印　张：15.5	
版　　次：	2017 年 4 月第 1 版	印　次：2017 年 4 月第 1 次印刷	
字　　数：	261 千字	定　价：45.00 元	

ISBN 978-7-5130-4845-3

目　录

第一章 绪 论

我国正处于法治的成长期，在行政法理论和实务上都存在着太多值得我们去深入研究和思考的问题。本书的选题是笔者近几年来一直在关注、思考的重要研究方向之一，以前或许这种关注和思考是片面的、零碎的，而现在笔者想通过一个明确的概念，将其概括起来，进行系统的研究。当然，研究的成败，方法问题非常重要，所以在本研究的一开始笔者觉得有必要交代一下自己的主要研究方法。另外，对于本研究的文献综述，主要是想总结一下迄今为止学者们对于这一问题的基本研究现状，这既是本研究的基础，避免不必要的重复研究，同时也可以用本研究与现有的成果进行学术对话。

第一节 研究的价值和意义

一、研究的缘起

近年来，笔者研究的重要旨趣是行政机关的行政执法活动。对这一现象进行关注并试图进行研究的主要原因，是笔者每天都可以在一些媒体上发现大量的行政机关执法违法案例，在笔者参加的一些法律实务活动中也经常会遇到各种违法行政、不合理行政的事例。笔者感到不解的是，国家耗费了那么多的人力、财力和物力，制定了那么多的法律、法规、规章和其他行政规范性文件，设置了那么多的行政机关和其他行政主体，招录了那么多优秀的公务人员，还经常举办各种依法行政的培训活动，但是我们的行政执法效果为何依然不能令人满意？为何现实中很多行政执法活动依然不受信任，甚至饱受批评与责难？久而久之，很多人已经惯性地对一些行政执法机关及其执法人员抱有不信任的偏见。不论行政决定是否正确，一旦行政决定与自己的设想或者利益不符，很多人就会申请行政复议、提起行政诉讼乃至到处上访。多年来，我国行政诉讼案件居高不下，上访的人群和案件更是让人惊叹，形成了学者所说的"信访不信法"的尴尬局面。❶而更令人忧心忡忡的，是那些心怀怨恨，而没有提出复议、诉讼和上访的人群，这些逐年积聚起来的不稳定因素很有可能借助某个个案而迅速聚集并爆发出巨大且非理性的破坏力。近年来各地已经发生了多起群体性事件，这些群体性事件严重威胁着我国社会的安全与稳定。

毫无疑问，造成目前社会矛盾激增的原因是多方面的，而行政执法水平不高、效果不好只是其中的原因之一。良好地消化现有的社会矛盾，避免和减少新的社会矛盾，维护社会的繁荣稳定，需要全社会的共同协力。也正因为如此，作为行政法研究者，我们有责任去思考目前的行政执法活动究竟出现了什么样的问题，为什么会出现这样的问题，只有先搞清楚了这些基础性的问题，我们才能找到相应的办法，以避免执法犯法、执法不公，有效避免和消除行政执法引发的社会矛盾。

根据笔者多年来对一些行政执法部门执法活动的观察，行政执法部门事实上已经形成了某种固定的行政执法模式，这种执法模式有它产生的重要原因，也影响到行政调查、行政决定和行政执行等各个环节，造成了诸多行政执法现实问题。笔者试图总结这一行政执法模式的概念、内涵和构成要素，探究它对行政执法活动造成了哪些重要影响，最后希望相应地提出一种切合行政执法实际和建设法治政府要求的行政执法新模式。

二、研究的理论价值

理论界对行政执法活动的研究很多。行政执法活动有多个环节，比如行政调查、行政决定和行政执行环节。行政执法活动涉及的具体行政方式和措施更是数量繁多，如立案、检查、鉴定、查封、扣押、冻结、罚款、拘留等。对这些问题进行专门性研究的学术成果比较多，他们在一定程度上解决了法律上的争议和困惑，推进了我国依法行政和法治政府的建设。

但是真正从理论的视角对行政执法进行研究的很少。很多有关行政执法活动的研究，主要是从法解释学的角度，阐述行政机关所实施的行政措施的合法性问题。至于这些行政执法行为或者措施背后所隐含的理论问题，对此能够进

---

❶ 马怀德："'信访不信法'的现象值得高度警惕"，载《学习时报》2010年1月25日，第5版。

行深入研究的科研成果实在寥寥无几。究其原因，笔者认为可能是因为很多研究者本身就是法律实务工作者，比如行政执法人员、法官、检察官或者律师，他们对行政执法活动的研究主要是为了确定其合法性，没有兴趣可能也没有能力对其背后的法学理论问题实施研究。近来，不少法学者受到大陆法系法解释学的影响，也醉心于把自己定位于法律实践者，对行政执法行为的合法性进行研究，无暇顾及法学理论问题。

而从理论的角度对行政执法进行整体性研究的更少。对行政执法的整体进行理论性研究，需要对行政执法活动本身非常熟悉，对各种行政执法行为有正确的认识，并且具有理论的认知、总结、提炼的能力。笔者认为，目前国内的学者缺乏这种兴趣、能力和主动性，因此能够对行政执法活动进行完整的理论研究的研究成果更是屈指可数。现有关于行政执法的研究成果不少是从公共管理学的视角展开的，有的缺乏法学的视野，有的缺少理论的总结与构建。

行政法在世界各国的发展有较长的时间了，行政法治发达的国家和地区已经总结出很多行政法学理论，不少理论被别国借鉴而成为世界各国认同的普适性理念。我国改革开放以来，在行政法治的发展方面取得了很多成绩，目前正在深入建设社会主义法治体系。在这个过程中我们也确实借鉴了国外的不少行政法治理论，以便更好更快地建设法治政府。但是我国目前的很多行政法治理论与实践存在比较严重的脱节现象，导致法学理论研究与法律实践之间存在不少隔阂。法治理论不能很好地指导实践、适用于实践，法治实践丢开法治理论自己形成另一套法治理念。这样的现状是危险的，它既不利于构建科学合理的行政法治理论，也不能保证法律实践行为的合法性与有效性。

因此，本书的研究试图将行政法治理论研究与行政执法实践联合起来，从目前的行政执法实践中总结出具有本国特色、科学合理的行政法治理论。国外的行政法治理论可以借鉴，但是笔者认为更为重要的是借鉴他们的理论形成方法。任何一个国家的行政法治理论都是建立在自己的行政法治实践基础之上的，也只有这样建立起来的理论才可能具有科学性。本书就是要通过研究总结目前的行政执法整体模式，分析这一执法模式具有哪些构成要素，这一执法模式对行政执法活动的各个环节和各种行为产生了什么样的影响，最终提出未来建设法治政府的过程中应当形成怎样的一种科学合理的行政执法模式。

三、研究的实践价值

我国的行政执法实践已经积累了很多的经验和教训。改革开放以来，我国一直在尝试构建法治政府。多年的行政执法实践，不同地区、不同部门的行政执法活动已经积累了很多有效的经验，也积下了不少问题。有效的经验提高了行政执法的效果，维护了公共利益、公共秩序和私人的合法权益。积下的问题又导致了很多法律纠纷、矛盾和冲突。就现状来说，人们时常有一种不确定的感觉：有时候感觉我们的行政执法活动符合法律的要求，充满了人文关怀，比如行政执法机关依法查处非法传销，救出一些被限制人身自由的群众；对无一技之长的农民工进行技能培训，使他们能够即时找到适合的工作。有时候又感觉行政执法犯法、冷漠无情，如强制拆迁导致当事人自焚而死等。

之所以有这样一种不确定的感觉，就是因为对这些实践经验缺少必要的梳理和总结。究竟是什么原因，可以促使行政执法机关和执法人员能够依法办事，积极帮助公民、法人和其他组织解决困难，在维护社会秩序的同时，促进社会经济文化的发展？又是什么原因会导致行政执法机关和执法人员故意或无意地实施违法行为，侵害公民、法人和其他组织乃至国家的合法权益？

本研究的进行可以帮助行政执法实践梳理出问题与经验。本书试图以一种独立的思维、科学的眼光来思考和审视目前的行政执法实践，研究行政执法实践中问题和经验产生的主要原因。不论是问题还是经验，从理论研究的角度都可以总结出一定的规律，形成一定的理论模式。笔者认为，将这样比较客观地研究的结果呈现在社会，呈现在行政机关尤其是行政决策部门面前，可以使其比较客观全面地看待行政执法的现状，从而根据自己确定的目标决定应该对现状的什么内容作出取舍。笔者认为这才是学术研究应有的态度，这才是学术研究应有的价值最求。

第二节　研究方法

研究方法决定着研究目标能否实现、研究任务能否顺利完成，所以采用恰当的研究方法对学术研究活动至关重要。结合本书研究目标和行政执法的现实情况，笔者认为最适合本书研究的主要是法解释学方法、实证分析方法、比较分析的方法以及归纳和演绎法，所以整个研究过程主要采取了上述研究方法。

一、法解释学方法的运用

法解释学方法重视对成文法、判例等法规范的研究，一直以来被大陆法系奉为法学的特有方法。毫无疑问，在从事法学研究的过程中，法解释学的方法是不可或缺的。就本书研究而言，其中会涉及国内外的法律、法规和规章，法院的司法解释，以及其他行政规范性文件的理解和运用问题，无疑需要运用法解释学的方法。尤其在分析行政执法模式和行为的合法性问题时，法解释学的方法就显得尤为重要了。但是需要指出的是，法解释学的方法并不应该成为法学研究的唯一方法。原因很简单，法解释学方法有其自身的局限性。其主要是立足于现有法律秩序，展开对相关问题的研究。其既不能对其他国家和地区的法律制度和实务有所借鉴，也不能对法律、法规、规章和其他规范性文件的制定及其实施问题做最为全面的分析研究。所以，法解释学的方法尽管可以非常细致地剖析法律问题，却不能够全面地了解问题存在的重要原因。所以，法学的研究又必须借重其他的社会科学研究方法。本书在研究的过程中一方面非常重视法解释学方法的运用，但是另一方面还需要通过其他的法学研究方法来弥补这一研究方法的缺陷。

二、实证分析方法

在笔者看来，实证分析法是不能忽略的重要法学研究方法之一。笔者非常赞同一些法学、经济学专家的观点，即学者不应该去研究一个根本不存在或者不可能发生的问题。法学研究首先应当有现实关怀的能力和热情。而实证分析法就是对现实问题进行梳理、分析的重要方法。在本书的研究过程中，笔者注意收集很多相关的案例、事例和现象。对这些案例、事例和现象进行实证分析，可以从中发现重要的问题，甚至也可以发现造成这些问题的直接原因，从而使得本研究得以更加有针对性和更加深入。当然，实证分析并不局限于对有关案例的分析，它还包括了一些行政实务的考察和研究。近年来，笔者参与了不少行政案件或事件的论证，还在一些课题的研究过程中对若干行政执法机关的行政执法活动进行了细致的跟踪调查。这些实证调查为笔者总结提炼行政执法中存在的问题、经验，提出行政执法的理论模式提供了很大的帮助。

三、比较分析方法

比较分析方法在法学研究中被普遍使用，它也是本书研究的重要方法之一。比较既可以包括与域外法律规定和实务操作的比较，也可以包括不同的执法机构对类似和相同行为，甚至是同一个行政机关在不同的历史阶段对类似甚至相同的事件的处理方式、过程和结果的比较。所以，这里的比较分析法当然不是比较法的研究方法。通过比较既可以借鉴有关的规定和实务经验、有效做法，也可以总结教训和缺点，为今后的理论改良和实务能力的提高提供参考。

四、归纳演绎方法

归纳法和演绎法是两种基本的逻辑分析方法，也是本书研究的重要方法。近年来的研究使得笔者相信，归纳法与演绎法在法学研究中应当具有更加重要的地位，这点很多人还没有意识到。通过归纳可以找到社会实务中发生的诸多案例、事例和现象中透露出来的若干重要规律，并且可以将其概念化，从而产生新的理论概念和模式。这对于推进我国行政法学的发展，建立适合我国行政法实际的特有理论具有重要的意义。演绎的必要性，在于可以对有关的法律概念和相关的行政法学理论进行分析检验，从而能够对本书所提出的有关法律概念和法学理论进行分析验证。

上述几种研究方法是本书研究设计的重要方法，但是在具体的论证过程中，笔者还运用了一些其他的方法，限于篇幅在此就不一一赘述。法学研究方法的确立和运用对于本书的研究至关重要，实质性地运用这些方法才可能获得真正有价值的研究成果。所以，在本书的一开头就历数研究方法，虽然老套，但是有助于读者了解笔者研究的基本思路。

第三节　研究综述

行政执法是一个非常笼统的概念，正如下文笔者要讨论和界定的，行政执法的内涵在行政法学理论上很不统一，所以，对于行政执法，我们往往只会泛泛而谈。从现状来看，行政执法更多的是在行政实务的层面适用这一概念。行政法学甚至公共行政学上一般很少适用行政执法这一概念，而往往通过行政处罚、行政强制、行政征收乃至行政决策等来具体落实所谓的行政执法的具体指向。

根据笔者的观察,目前国内学者行政执法问题的研究主要集中于以下几个方面。第一,单个行政公务行为的研究。行政法学科建立以来,学者们花费了大量的精力研究行政立法、行政处罚、行政许可、行政强制、行政指导、行政合同等行为,使得理论上对这些行为的基本内涵、特点、程序等问题有了初步的认识。第二,行政程序制度研究。学者们认识到行政程序对于行政权力有着重要的规范作用,所以对其从整体架构到具体制度都进行了多年的研究,在行政程序的内涵、原则、具体制度等方面都取得了一定的研究成果,并正在力促国家尽快制定出台行政程序法。第三,与行政执法相关的行政法领域的研究。行政执法涉及执法机构的法律地位、执法人员的基本构成、执法行为的监督救济等问题,所以学者们对行政机关组织法、公务员法、行政复议法、行政诉讼法和国家赔偿法等也有颇多研究,成果显著。行政执法的制度建设上,多年来也取得了诸多的成绩。改革开放以来,国家非常重视法治政府建设,已经制定出台了《中华人民共和国国务院组织法》(以下简称《国务员组织法》)、《中华人民共和国地方各级人民代表大会和地方各级人民政府组织法》(以下简称《地方各级人民代表大会和地方各级人民政府组织法》)、《中华人民共和国公务员法》(以下简称《公务员法》)、《中华人民共和国立法法》(以下简称《立法法》)、《中华人民共和国行政处罚法》(以下简称《行政处罚法》)、《中华人民共和国行政许可法》(以下简称《行政许可法》)、《中华人民共和国行政强制法》(以下简称《行政强制法》)、《中华人民共和国行政监察法》(以下简称《行政监察法》)、《中华人民共和国行政复议法》(以下简称《行政复议法》)、《中华人民共和国行政诉讼法》(以下简称《行政诉讼法》)、《中华人民共和国国家赔偿法》(以下简称《国家赔偿法》)等重要行政法律及其相关的法规、规章。

虽然成就显著,但是我国的行政执法理论研究和制度建设依然任重而道远。就理论和研究而言,其不足之处在于过分依赖国外的行政法理论,而缺乏中国问题意识,很多研究成果只是简单地介绍国外的理论,而不能形成对指导本国行政执法实务有确切指导意义的中国行政法理论。很多成果只是盲目提出各种不成熟甚至不切实际的对策,缺乏对这些对策在中国可适用性的研究,导致理论研究和行政执法"两张皮"的尴尬局面,实务部门常常抱怨理论研究过于书生意气，没有实践意义。在制度建设上，有些重要的法律至今没有出台，比如行政程序法，导致不少行政执法活动找不到确切的法律依据。例如，行政执法的程序不发达，导致行政机关在实施各种行政行为时经常面临无章可循的尴尬。这一点不仅尚未制定单行法律的行政行为存在，即便是已经制定了法律的诸如行政处罚、行政许可和行政强制，也由于没有在法律中对实施行为的程序作出更具体明确规定，行政执法机构不得不要通过自己制定的行政规范性文件来确定执法程序，有时甚至连这种行政规范性文件也没有，行政执法只能依靠执法人员的执法经验。由此看来，行政执法出现诸多问题也就在所难免了。

基于上述现状，本书将研究的视角始终聚焦于我国行政执法的实际问题，将行政执法的整个流程作为观察和研究的对象，归纳分析在目前的法治前提下行政执法活动是怎样进行的，是否存在某种规律性的东西，这种规律性的东西是如何形成的，在这种规律性下运行的行政执法活动将产生什么样的后果或效果。笔者希望通过本书的研究发现我国行政执法的客观现实，分析制度的科学性、可行性以及目前我国行政法理论的可靠性，尝试在中国问题的基础上发展某些属于中国的行政法理论。

第二章　行政执法内涵的界定

本书主要研究行政执法中的问题，但是关于行政执法的内涵，并没有形成通说，学界与实务中对于什么是行政执法存在不同的理解。而按照不同的标准，行政执法又确实可以形成不同的内涵。为此，在开始本书的研究之时，笔者需要先就行政执法的内涵问题作出必要的说明和界定。当然，借此机会，笔者也想就学界讨论的有关行政执法内涵问题提出自己的初步研究结论。

第一节　关于行政执法内涵的争鸣

学界对行政执法的内容提出了很多观点，这些观点基于不同的立场和标准形成。本节笔者将梳理目前学界关于行政执法内涵的观点，尝试分析行政执法内涵无法得到统一的主要原因。

一、学界的观点

迄今为止关于行政执法内涵讨论的研究成果非常有限。在有限的研究成果中，笔者经过总结和梳理，认为我国学者对行政执法的内涵主要存在以下几种看法。

第一，将行政执法视为行政机关执行宪法和法律的行为，既包括中央政府的所有活动，也包括地方政府的所有活动；既有行政决策行为，也有行政立法和执行法律、实施国家行政管理的行政执行行为。❶ 这种看法将行政执法与公共行政几乎等同，与 17 世纪、18 世纪经典政治哲学家关于国家权力分立的观点基本一致，即国家权力可分为立法、行政与司法，行政权的基本功能是贯彻

---

❶ 许崇德、皮纯协主编：《新中国行政法学研究综述》，法律出版社 1991 年版，第 293 页。

执行法律规定的内容。

第二，将行政执法视为行政机关采取具体的直接影响相对人权利义务的行为，以及行政机关对相对人的权利义务的行使和履行情况进行监督检查的行为。❶ 由此看来，行政执法被界定为具体行政行为与行政检查行为。这种观点排除了现代行政所具有的行政立法、行政司法等功能，将行政执法界定为处理个案的公务行为。

第三，将行政执法视为与行政立法和行政司法相对应的，直接对特定的行政相对人和特定的行政事务采取措施并影响其权利义务的行为。❷ 这事实上也就是具体行政行为，但不包括行政调查等行政机关为贯彻法律、法规的规定而实施的行政事实行为，也不包括具体行政行为实施过程中可能实施的行政事实行为。

第四，国务院办公厅2002年10月转发中央编办的《关于清理整顿行政执法队伍，实行综合行政执法试点工作的意见》中，将行政执法界定为不同于制定政策、审查审批和技术检验的行政监督检查和行政处罚行为。这显然是为了规范行政监督检查和行政处罚两类公务行为而随意寻找的实务概念，不以某种理论标准为基础。

第五，湖南省和山东省的行政程序规定中，将行政执法界定为行政机关作出的行政许可、行政处罚、行政强制、行政给付、行政征收、行政确认等影响公民、法人或者其他组织权利和义务的具体行政行为。❸ 两省制定的行政程序规定是目前为止我国制定的最高级别的同一行政程序规范性文件，两者对行政执法内涵的界定将深刻影响未来行政程序法对行政执法内涵的定义。

第六，将行政执法的内涵视为可变的。要根据不同的场合才能确定行政执法的内涵，以免发生逻辑混乱。❹ 根据这一观点，行政执法有时等于"行政"；有时只是行政行为的一类，区别于行政立法和行政司法；而有时则是行政行为的一种特定方式，主要包括了行政监督检查、行政处罚和行政强制措施。

从上文的分析来看，我国对于行政执法的内涵无论在理论研究上还是理论与实务之间，都没有达成一致，没有形成所谓的通说。论者都是根据自己

---

❶ 罗豪才主编、应松年副主编：《行政法学》，中国政法大学出版社1989年版，第133页。

❷ 杨惠基：《行政执法概论》，上海大学出版社1998年版，第1~3页。

❸ 参见《湖南省行政程序规定》第54条，《山东省行政程序规定》第56条。

❹ 姜明安主编：《行政执法研究》，北京大学出版社2004年版，第10页。

的理解对行政执法的内涵作出解释，而这种个体的理解由于缺乏统一的参照物或者共同性的标准，概念的内涵基本无法达成一致。所以，正如第六种观点所言，在研究行政执法的问题时，我们不得不先要厘清和界定行政执法在不同场合的内涵。论者首先需要揭示自己想要研究的行政执法究竟是什么语境下的行政执法，然后才能展开论述。从某种程度上说，本书的论述也是采取了这一方法，先交代本书所研究的行政执法主要指向什么，在此基础上展开研究一则防止本书研究失去重心，二则也可与学界在同一语境下进行交流，以免各说各话。

二、行政执法内涵的形成方式

毫无疑问，行政执法是一个不确定的法律概念，其内涵之所以不确定可能与其形成的方式有关。笔者总结认为，我国法律概念的形成基本上分为两种方式。第一是法学者发明或者移植了某一个概念，并对其内涵进行解释。这种解释尽管不可能完全达成一致，但是往往会形成通说，然后在实务上尤其是立法上，将这种概念加以运用，进而成为法律概念。如"行政机关""公务员""行政处罚""行政强制"等。第二是实务上尤其是立法上发明了某种概念，经过反复适用而引发理论的关注与研究，进而确定其基本的内涵，最后成为一个法学概念。例如"取缔""行政审批"等。这种概念产生之初只是为了实务表述的方便，或者是对某些现象和行为的概括，这种概括并没有进行深入研究而确定这些现象或行为的共通性特征，所以在使用这些概念的时候，人们能隐约感知这些概念的内涵，但是无法清楚地解释这些概念具体指的是什么。

行政执法的概念首先应该产生于行政法实务。行政机关常常称其行政活动为行政执法，最典型的如行政机关查处相对人的违法行为，并对其实施行政处罚。一些规范性文件中常常使用行政执法的概念，指代某些具体行政行为。另外，由于公共行政常常被学界称为执法活动，以便于立法与执法相呼应，所以在中国，无论是实务还是理论界，对于行政执法的概念，在名称上非常熟悉，而且使用频繁。然而奇怪的是，行政执法的内涵至今没有形成通说，正如前文列举的，人们都以自己的方式理解和解释着行政执法的内涵。作为专门研究行政执法的行政法学教科书，也没有安排专门的内容理解和解释什么是行政执法。人们只是习惯于按照大陆法系行政法学的基本思路，将行政执法分散成一个个的具体行政行为或者行政事实行为，分别加以表述。所以，一个尴尬的现实就摆在了人们的面前：我们可能知道什么是行政处罚、行政强制、行政征收等，但是我们不能确定什么是行政执法行为。

三、中国不能形成行政执法内涵通说的缘由

西方大陆法系国家行政法对我国行政法的影响甚大。无论是新中国建立前还是建立后，中国的行政法都深受法国、德国和日本行政法的影响，无论从体系结构还是到法律概念，都大幅度借鉴和移植了这些国家行政法的内容。学者们或者实务家们都在用国外的行政法理论理解和解释着中国的行政法实务，而对于我国自己的行政实务在法学上缺乏应该有的研究和提炼。这样的做法使得学者与执法人员时时感到困惑与疲惫，因为国外的理论是为他们自己的国家准备的，拿到中国来，我们常常不知道应该将理论运用在哪里，怎么运用，或者不知道中国的实际应该用哪一种理论来解释，用哪一种概念来概括。

行政执法就处于这种困惑之中。在大陆法系的行政法中，并没有一种叫行政执法的概念。奥托·迈耶所构建的大陆法系传统的行政法结构与概念中，都没有一种叫作行政执法的。他们总是将行政活动具体细化为一个个单独的行为概念，我们无法从现有的大陆法系概念中找到一种与中国的行政实务相匹配的概念，并进行内涵的界定。

这或许就是现在的行政法学者们需要反思的。我们对人家的东西如数家珍，对自己的事情却一头雾水，无法解释。这是否可以算是文化上的无知与自卑呢？改革开放三十多年来，我国的法治政府建设取得了很大的成就，行政法学研究也取得了诸多成绩，我们对西方国家的行政法已经从原来的一无所知，到目前的了然于胸。通过学术的交流与先进数据库的传递，西方的行政法对我们来说已经不再神秘。我们在放眼世界的同时，是不是应该坐下来思考一下自己的问题、自己的行政法了？类似于行政执法这样的概念，在我国的行政法实务中非常多，这些概念很多就是实务界自己发明的，而不是学者们研究得出的。这应该令中国的行政法学者感到愧疚，时至今日，中国的行政法学不能为行政实务提供哪怕是几个规范的符合本国实情的法学概念，从某种程度上说这难道不是中国行政法学的失败？因此，笔者认为有必要根据我国行政法实务对行政执法的内涵进行明确的界定，或者至少应当确立某种标准，梳理出行政执法的大概范围，以便在此基础上对行政执法的实务展开有针对性的研究。

第二节　如何界定行政执法的内涵

界定行政执法的内涵应当从两个方面来考虑。第一，行政执法实务的习惯。行政执法的名称首先产生于行政法实务，尽管实务界对于其内涵并没有形成统一的看法，但是对于某些行为是否属于行政执法，实务界基本上已经没有争议。例如，行政处罚和行政检查是实务界较为公认的行政执法活动。因此，如果在界定行政执法的内涵时完全不顾及实务上的看法，在理论上随意创造，则注定不能成功。这最终不仅造成理论与实务上的隔阂，还可能导致执法活动的混乱，阻碍法治政府建设的步伐。第二，行政法学的原理。虽然界定行政执法的内涵需要考虑实务的看法，但是实务的观点并不一致，片面迎合实务只会造成行政执法概念在界定上的偏颇，缺乏规范性与周延性。行政执法作为行政法学上的概念，应当遵守行政法学的基本原理，符合行政法原理关于行政机关执法活动的基本要求。有鉴于此，笔者提出行政执法的基本内涵，应该主要是指行政机关和法律法规授权的组织，通过行政调查，收集有关证据，并通过证据确定法律事实，从而根据有关法律的规定，针对特定的公民、法人、其他组织或者特定的事项，实施某种公权力行为的过程。对于这一内涵的界定，主要基于如下理由。

一、行政执法的主体

具有行政权的不仅包括行政机关，而且还可以包括法律法规授权的组织，所以行政执法的主体也应当包括上述两类主体，而不应当仅限于行政机关。但是这里需要说明两点。首先，具有行政执法权的行政机关应该是行政职能部门，而不包括各级人民政府。这是笔者初步的观点，也可以进一步讨论。笔者的看法是，各级人民政府主要由行政职能部门和其他办事机构和政府领导人组成。政府领导人的基本职责是进行行政决策，一般情况下不会从事具体的执法活动，其办事机构一般协助政府从事某种内部活动，比如办公厅，不具有对外的管理职能，不实施行政执法活动。所以，行政执法活动主要由政府的职能部门实施，如工商局、公安局等。其次，某些法律法规授权组织有权实施行政执法活动。比如，一些地方的公路局隶属于交通委员会，是事业编制，但是依照

《中华人民共和国公路法》及其相关配套的法规，其有权实施相应的行政执法行为。今后随着行政体制改革的深入发展，不少行政机关可能被划出行政机关序列而成为专门提供公共服务的行政法人❶，或者提供特定的公共目的的人力、物力等手段的公营造物。❷ 机构的性质虽然发生了变化，但是其职责或者工作内容并无二致，在公共服务的时候，不排除可以实施某种行政执法权。

二、行政执法的对象

行政机关（在此做广义的理解，除了狭义的行政机关，还包括具有行政执法权的法律法规授权组织，以下未做特别说明即视为广义上的行政机关）在现代行政活动中可以行使的权力包括行政立法权、行政管理权和行政司法权（或准司法权）。行政执法是行政机关就运用行政职权处置个案的活动，针对的是特定的公民、法人和其他组织，或者就具体的事项，并非是面对不特定的社会公众作出一般性规定的行为，所以行政执法不包括行政立法。行政立法是行政机关根据宪法、组织法和其他授权法的规定，行使立法权，制定行政法规和行政规章的行为。行政执法也不包括制定其他规范性文件的行为。从广义上讲，其他行政规范性文件也是行政立法行为，因为它同样针对不特定的公民、法人和其他组织，同样会对他们设定一定的权利和义务。只是在我国，我们只将制定行政法规和行政规章的行为视为行政立法。从形式上分析，行政立法和其他规范性文件兼具立法和执行两种功能，既是制定规则规范公民、法人和其他组织的行为，又是执行法律或者地方性法规的规定。从活动方式上看，行政立法行为和制定其他规范性文件与人大机关的立法行为类似，都要经过立项、起草、审查、决定和公布等立法程序。

行政执法也不包括行政司法行为。行政司法从本质上讲，是行政机关根据法律、法规的规定，行使司法权解决行政纠纷和某些民事纠纷的行为。尽管这一论断在理论上存在争议，但是从行政主体在实施行政司法行为时的法律地位、法定程序以及行政司法决定行为的结果看，其与司法行为几乎没有太大的差别，所不同的仅仅在于实施者是行政主体而不是代议机关，程序相比于司法机关的司法程序更加简便一些而已。从根源上讲，行政司法行为的产生也在于

---

❶ 翁岳生：《行政法》，中国法制出版社 2009 年版，第 329 页。
❷ ［日］南博方：《行政法》，杨建顺译，中国人民大学出版社 2009 年版，第 23 页。

发挥行政主体的行政专业技术优势解决行政纠纷，以便这些涉及行政专业技术的纠纷在进入诉讼之前，在行政内部能先过滤掉一部分，减轻诉讼压力，节约司法资源。所以，尽管行政司法也进行证据的收集和审查，又进行法律的适用，但是依然属于司法行为而不应该是行政执法行为。

三、行政执法的过程与结果

行政执法不等于行政处罚决定或者行政许可决定这样的行政处理决定，它强调的是既有结果也有过程。传统的行政法或者西方的行政法将行政机关实施管理活动的行为都归结于某种结果，并运用某一法律概念来概括这种行为结果，所以发明了行政处罚、行政强制执行等行政法概念。这种做法有其积极的意义，也有其不足之处。积极意义在于可以向人们清楚地描述行政机关最终作出的行政行为究竟是什么，他们把原本笼统的行政行为概念细化成了更为具体的名称。不足在于这些概念往往关注的是行政机关最终作出的行政行为的结果，而无法涵盖或者解释行政机关在作出最后的行政处罚等结果之前所实施的公权力行为的性质。这会导致很多法律上的争议与困惑，比如行政处罚是具体行政行为，可以提起行政诉讼，那么行政处罚决定作出之前，行政机关的调查行为、听证行为、告知行为是不是行政处罚，是不是行政行为，能不能提起行政诉讼？所以，西方的行政法理论虽然具有先进性，但是缺点也是非常明显的，它解决了结果却糊涂了过程。

行政执法概念的特点在于将行政活动的过程与结果结合起来，既可以指向行政处罚、行政许可等行政行为的结果，也可以指向阶段性行政活动，如行政调查、检查、告知、通知等。这就意味着行政执法既包括具体行政行为，也包括行政事实行为。❶ 尽管多数行政执法行为是针对特定的公民、法人和其他组

---

❶　国内一些学者主张引入日本行政法学上的"行政过程"概念，用以代替"行政行为"的概念，认为可以此来涵盖行政行为所不能包含的行政活动形式，动态、全面地考察行政活动的完整过程。江利红："论行政法学中'行政过程'概念的导入——从'行政行为'到'行政过程'"，载《政治与法律》2012 年第 3 期，第 85 页。笔者认为"行政过程"的概念与学说确实有其进步之处，但是似乎不太符合汉语表达的环境与习惯。"行政过程"的说法从汉语的理解来看，更多表达的是行政活动的进程，而不是对行政权力运行的集中概括或对行政职权行为的描述。所以，这一概念放在日本行政法学的语境中或许没有问题，但是笔者不主张引入中国行政法学，并且这一概念也容易和"行政程序"的概念相混淆。而实务中和法律上已经存在的"行政执法"概念则更加符合汉语表达的要求，并且能够全面地涵盖行政权力运行过程中的各种公权力行为。

织作出的影响其权利义务的具体行政行为，如行政处罚、行政强制措施等，但是笔者认为，行政机关的某些行政事实行为同样也是行政执法行为。比如行政机关关于公共设施的修建、交通信号灯的设置、违章建筑的强制拆除等。尽管这些行为可能并不直接针对特定的公民、法人和其他组织，也不会必然导致特定的公民、法人和其他组织权利义务的变动；但是行政机关在作出这些公权力行为之前，同样需要通过调查取证，确认某种法律事实，进而根据法律、法规的规定，确定是否需要实施某一行政事实行为。所以，笔者认为这些行为与具体行政行为一样，也是行政执法行为。

与此同时，行政执法既包括行政主体主动的执法，也包括依申请的执法。典型的行政执法是行政机关根据法律、法规的授权，主动发现案件，并通过积极的调查取证，依法作出行政处理决定和执行决定内容的行为。有学者将这种执法行为称为室外执法行为，认为这类行为通常在行政机关办公室之外进行，执行公务的地点往往是流动的和不固定的，而且实施此类公务的人员一般都统一着装和佩戴专门标志。❶ 依申请的执法行为，是行政机关一般在固定的办公场所，根据相对人提出的申请和提交的证据材料，依照法律、法规规定的条件作出行政决定的行为。对于这些多数情况下在办公室内进行的执法活动，在实务上有时不将其归入行政执法的范畴，不视为行政执法。但是，笔者认为，这只是执法的方式不同而已。其实不论是积极的行政执法还是依申请的行政执法，都是行政主体根据法律、法规的规定，通过获得相关的证据材料，确定法律事实，进而作出行政处理决定的行为。在本质上，两者之间并没有区别。所不同者主要是证据材料的来源是行政机关积极取得还是行政相对人提交而已。从本书的研究来看，都可以纳入行政执法的内涵。由此，作为主动执法典型的行政处罚是本书研究的行政执法，而作为依申请执法典型的行政许可，也是本书的研究对象。进一步讲，所谓的主动执法并非都在室外进行，其室外的主要是调查收集证据，而作出行政处理决定则多数在室内进行。反之，依申请的行政执法也并非完全在室内进行。比如一些行政许可在作出决定之前，行政机关需要按照法律、法规的规定进行现场的勘察。

通过上述关于行政执法内涵的界定与分析，笔者进一步认为，行政执法具体来讲包括具体行政行为以及有关的行政事实行为和阶段性行政行为。其既包

---

❶ 姜明安主编：《行政执法研究》，北京大学出版社 2004 年版，第 9 页。

括规制性的具体行政行为，如行政处罚；也包括了给付性的具体行政行为，如行政物质帮助。同时，在具体行政行为作出之前行政机关实施的一系列事实行为或者阶段性行政行为也是行政执法行为。总之，行政执法是行政机关将法律、法规、规章或者其他规范性文件具体化的过程。

第三章　典型行政执法案例剖析

为了对行政执法的现状进行合理的剖析，笔者先要选择一个案例进行分析，看看在个案中，行政执法活动是如何实施的，探索案件背后行政机关存在的某种执法规律。本书选择的是几年前发生的"上海钓鱼执法案"。需要说明的是，选择"上海钓鱼执法案"的目的并不是对特定的行政执法机关进行学术批评，只是因为该案件经过媒体的广泛报道已经为公众所熟知，分析起来具有一定的典型意义。当然，正如笔者将在下文所说的，每一个案件都有自己的特殊性，所谓的典型主要指的是某一个问题受到了很多人的关注而已，并不代表该执法行为是我国行政执法的普遍做法。

第一节　关于案例分析的说明

一、案例分析的意义

行政机关是如何进行行政执法的？不同行政机关所实施的行政执法行为是否可能存在共同性、规律性的东西？这么多年来，很少有人从实证的角度去思考这些问题。笔者通过多年来对行政执法实务的接触和了解，有一种隐隐的感觉，一个行政机关经过多年的行政执法活动应该会形成自己的行政执法文化或者习惯，而且这种文化或者习惯可能并不仅仅存在于某一个行政机关，行政机关之间可能会在执法方式方面相互影响和借鉴，从而或许在整体上使大部分行政机关形成了一种共同性的行政执法文化或者习惯。所以，一直以来笔者试图梳理出行政执法中究竟存在着一种怎样的执法文化或习惯。

要了解行政机关内部的执法文化或习惯是什么，仅仅听取行政机关自己的介绍是不够的。有时候他们说的不一定是他们做的，有时候他们对自己的执法文化或习惯并不能作出准确的总结，自己也说不清楚。笔者认为，最好的了解方法，就是看执法机关做了什么，行政执法的基本过程是什么样的，行政机关是如何实施行政执法行为的。而要弄清这些问题，就需要选择一些案例，对其展开仔细的分析和研究。对案例的分析和研究才是客观了解行政执法现状的最好方法。

有人可能会说，行政执法案例如此之多，案例之间各有不同，甚至我们几乎找不到两个完全一样的案例，要找到其共通性的东西太难了。笔者认为不同的案例中肯定会体现出某些共通性的东西，关键在于我们能否从纷繁复杂的案例中将其找出来。找到了这些共通性的东西，我们就能看清目前我国行政执法的现状。案例的分析不一定要找很多案例，案例再多，我们如果不能把握问题的实质，最后找到的可能并不是真正的共通性的东西，因为两个案件的共通性问题可能并不是第三个案件的共通性东西，最终可能无法总结出哪些才是真正属于共通性的东西。

并且，共通性的东西也不完全就是具有研究价值的内容。比如，有些问题可能是行政执法机关或其执法人员普遍存在的问题，但是这些问题不一定具有很好的研究价值。比如执法人员的执法素质问题，不能说没有研究价值，但是执法素质总是相对而言的，可能现在的执法素质比过去好，可能这个部门执法人员的素质比那个部门好，但是将来的执法素质永远会比现在好，其他部门的执法素质可能会比这个部门的素质好，素质只有更好，没有最好，我们无法很具体地研究该如何提高执法人员的素质，提高到什么样的程度才好。所以，笔者认为，通过案例分析，我们需要寻找的首先是共通性的东西，同时也应该是那些通过客观化的研究能够最大限度接近科学的东西。

二、为什么选择上海钓鱼执法案

基于上述理由，本书在进行案例分析时只摘取一个案例进行分析，该案例就是非常著名的"上海钓鱼执法案"。之所以选择这个案例进行分析，主要是因为它具备了以下几个方面的要素，可以作为一个"典型案例"加以分析。但是需要说明的是，这样的案例分析的目的绝不是将这个已经过去多年的案例重新拿出来加以批判。笔者只是希望能够站在一个比较客观的立场，分析这个曾经非常有名的案件带给我们的对行政执法行为的理性思考。

首先，这是一个众所周知的案例。通过媒体连篇累牍的报道，几乎家喻户晓，对这样的案例进行分析，不需要在案情介绍方面花费太多的笔墨，在本书进行分析时，只需要对案件的梗概加以阐述，不尽详细之处，人们可以通过发达的媒体做进一步的了解。

其次，这个案件比较清晰地反映出行政执法的过程。尽管人们对该案件多有批评，但是该案件并不像有些人所批评的那样一无是处。事实上，自始至终该案件经过了行政执法的所有过程，从行政调查到行政决定的作出，都是完整的。问题只在于大家对行政执法机关在执法过程中某些行为的合法性问题产生了争议。既然如此，笔者将其拿来分析行政执法的过程是合适的。

再次，将这样的案件拿来分析，可以纠正我们一些片面的观念和看法。事实上，自从钓鱼案件发生以来，社会上对于交通执法行为，尤其是其查处非法营运的行为大都戴着有色眼镜看待，似乎查处非法营运的执法行为都是违法的了。笔者认为，在分析案件本身执法过程的同时，我们有必要理性地分析执法人员的执法过程。对此，应当客观地分析案件的处理过程中，执法人员在执法能力和素养方面是否存在不足，行政相对人是否存在违法的行为，法律、法规是如何规定的，这些对于行政执法机关及其执法人员的执法产生什么样的影响，等等。只有这样才能客观公正地看待行政执法活动，才能真正发现存在的问题并加以克服。

第二节　上海钓鱼执法案始末

上海钓鱼执法案经过全国媒体的连续报道，几乎是妇孺皆知了。该案由两个类似的案件组成，笔者在此先根据媒体报道的资料，对两个钓鱼执法案例的大致情况做一个总体介绍。

一、闵行区的钓鱼执法案

第一个钓鱼执法案件发生于 2009 年 9 月 8 日。当天下午 1 点多，上海白领张晖驾车在路口等红灯时，一男子说自己肚子很痛，可能胃有毛病，等不到出租车，问张晖能否带他一段路。张晖答应了。其间，白衣男提出给他 10 元钱，张晖不要。当张晖将该男子送到指定地点并按其要求停车时，那男子突然伸手拔了张晖的车钥匙。与此同时，车外有七八个身着制服的人将张晖拖出车外。对方告诉张晖，他们是城市交通执法大队的，要他交钱才能拿回车。因为急于拿车，他交了1万元罚款和200元停车费。9月28日，张晖以该行政处罚决定"没有违法事实和法律依据，且程序违法"为由，向闵行区人民法院提起行政诉讼，要求撤销区交通执法大队作出的该行政处罚决定。10月9日，闵行区人民法院依法立案受理。

此事经媒体广泛报道后，闵行区政府成立了由区建交委和区监察局组成的联合调查组进行调查。经调查组查明，该行政执法行为取证方式不正当，导致认定事实不清。区建交委责令区交通执法大队撤销行政处罚决定，区交通执法大队随之作出撤销该行政处罚行为的决定。闵行区政府表示：此事反映出闵行区在交通行政执法方面机制有待完善，行政执法队伍建设有待加强。区政府将吸取教训，举一反三，进一步加强对交通行政执法行为的监督和管理，坚持依法行政、文明执法。同时，区政府责成区建交委、区交通执法大队在深刻检查的基础上，认真整改，并继续加强对非法营运的依法整治力度，依法维护正常的交通营运秩序，依法维护经营者、消费者的合法权益。11月19日下午，闵行区人民法院开庭审理此案。法院审理后认为，被告闵行区交通行政执法大队具有查处擅自从事出租车经营行为的行政职责，在诉讼中应该对作出具体行政行为的合法性承担举证责任。鉴于交通执法大队在庭审前已经自行撤销被诉的行政处罚决定，没有证据证明原告张晖存在非法运营的事实，法院遂确认交通执法大队违法行政。

二、浦东新区的钓鱼执法案

第二个案件发生于2009年10月14日。当晚7时许，上海浦东新区闸航路、召泰路路口附近，一名年约20岁的年轻人站在路中央拦车。此时，上海庞源建筑机械工程有限公司的司机孙中界正驾驶一辆金杯面包车路过。孙中界顺道开车将其送到了1.5公里外的目的地。5分钟后，他的车辆被另一辆面包车逼停到路边，搭车男子往车内扔了10元钱。接着，车门被打开，车钥匙被人拔掉。一名男子出示了该市浦东新区城市管理行政执法局调查处理通知书，称孙中界从事非法客运，孙和车辆均被带离现场。孙中界被带上了一辆依维柯。几名自称是执法队的人拿出了上海市浦东新区城市管理行政执法局调查处理通知书和暂扣、扣押物品凭证，要求孙中界签名。双方僵持到晚上8时45分许，万般无奈之下，孙中界只能签字。当晚，孙中界受到公司批评。为了表明清白，当晚在宿舍里，年仅 18 岁的孙中界举起菜刀砍向自己的小拇指，随后被送往医院缝合。2009 年 10 月 20 日，上海市浦东新区城市管理行政执法局公布了《关于"10·14"孙中界涉嫌非法营运情况的调查报告》，称经全面核查，孙中界涉嫌非法营运行为，事实清楚，证据确凿，适用法律正确，取证手段并无不当，不存在所谓的"倒钩"执法问题。该调查报告引起了媒体的广泛质疑与批评。

2009 年 10 月 21 日，上海市浦东新区人民政府决定成立联合调查组，在浦东新区城市管理行政执法局对"10·14"孙中界涉嫌非法营运一事初步核查结果的基础上，做进一步的调查，以加强对行政执法的监督。2009 年 10 月 26 日，上海市浦东新区人民政府举行新闻通气会，通报"联合调查组"关于 10 月 14 日"孙中界事件"的调查报告和区政府关于此事件的处理意见，认为有关部门在执法过程中使用了不正当取证手段，10 月 20 日公布的结论与事实不符，为此向社会公众作出公开道歉。2009 年 12 月 7 日，上海浦东钓鱼执法案问责结果出炉，浦东新区副区长陆月星和浦东新区城市管理行政执法局局长吴福康均被给予行政警告处分。吴福康的错误认定：对"10·14"事件的事实真相没有深入实际进行核查，轻信基层执法大队对该事件的情况报告，并在浦东新区五部门共同讨论的新闻统发稿上签字，以致公布的结果与事实真相不符，误导了社会公众，损害了政府形象，"负有领导责任"。陆月星的错误认定：作为负责处理"10·14"事件的副区长，没有对该事件的事实真相进行深入核查，轻信了区城市管理行政执法局对该事件的情况报告，并同意在该局情况报告的基础上撰写向社会公布的新闻稿，以致公布的结果与事实真相不符，误导了社会公众，损害了政府形象，同样也是"负有领导责任"。❶

第三节　钓鱼执法案件过程分析

上海钓鱼执法案过去几年了，有关方面可能不愿意再提起这两个案件，相关当事人的心情也应该已经平复，身体的损害也可能已经愈合。笔者在此论及此案并不是想要重新揭开伤疤，也不是表达谴责和同情，而只是想对整个案

---

❶ "上海钓鱼执法事件"，载财新网，http://special. caixin. com/event_ 1014/index. html，最后访问时间：2013 年 7 月 11 日。

件的发展过程进行一个学术上的整理，看看整个案件究竟是如何发生的，后续又是如何处置的。笔者总觉得该两起案件的发生可能与执法人员的素质并没有太大的关系，真正引发这两个案件及其争议的，是隐藏在行政执法中的东西，而这些东西可能是很多行政执法机关普遍存在的。如果能够找到这些东西，或许对于今后规范行政执法活动、避免类似的争议和冲突再现，有至关重要的意义。

一、行政执法行为

（一）行政执法过程

非法营运是一种违法行为，国务院的《道路运输条例》明确规定，从事道路旅客运输经营和道路货物运输经营必须依法取得道路运输经营许可证。未取得道路运输经营许可，擅自从事道路运输经营的，由县级以上道路运输管理机构责令停止经营，并处一定数额的罚款。所谓非法营运是实务上的一种说法，一般是指营运者没有依法取得道路运输经营许可证而擅自从事道路运输营运活动的行为。那么该如何查处非法营运活动呢？目前的有关法律法规并没有对道路运输管理机构如何查处非法营运作出明确的规定，这就要执法机关自己开动脑筋想办法了。

根据相关报道，笔者经过梳理认为，在上海的钓鱼执法案中，行政机关的执法过程大致是这样的。

第一，执法人员根据有关规定，告知举报人举报有奖。目前不少地方都规定，公民向行政机关举报违法行为查证属实的，后者会根据一定的标准对举报的公民予以一定的物质奖励。所以，从上海钓鱼执法案的情况来看，执法机关应该是告知了举报人举报有奖的相关情况。

第二，执法人员就如何举报，如何截获黑车与举报人进行了某种约定。尽管从已经公布的信息来看，没有确切的证据证明行政执法人员与举报人之间曾经有过事先约定，但是执法人员每次都在特定的地点查获"黑车"，一些社会闲散人员以举报"黑车"为业，以及抓获"黑车"时举报人员与执法人员的密切配合，如果说这纯粹是巧合恐怕难以让人信服。从上述事实的合理推定来看，执法人员很有可能事先与举报人就如何举报、如何将车主带至执法地点进行了明确的约定。

第三，举报人随机选择道路上行驶的车辆，利用各种借口骗取车主的同情或同意上车，并将该车引诱至约定地点，方便执法人员抓获"黑车"。从案件发生的情况来看，举报人在举报之前并没有对被举报的车辆是否属于"黑车"、是否正在实施非法营运作出合理的判断。这里存在两种可能性。一是执法机关和执法人员事先并没有对举报人就如何选择和判断"黑车"进行指导，提出要求。二是举报人根本无视执法人员关于应当合理判断是否属于"黑车"的要求，不负责任地认为只要该车辆停下来让自己上车，自己又支付了费用，那就是"黑车"，自己就可以举报，就应该获得奖励。

第四，执法机关事先在某一地点蹲守，待嫌疑车辆出现，即上前执法检查。从本案的情况来看，执法人员显然已经事先等待于某一地点，只等举报人将"黑车"引入该地点，随即上前控制住驾驶员，限制其人身自由，暂扣车辆，要求驾驶员在承认其非法营运的文书上签字。

第五，被举报人到执法机关接受调查处理，执法机关作出正式的行政处罚决定。上述步骤便是笔者对上海钓鱼执法过程的简单总结，这种总结可能并不全面，可能遗漏了一些执法程序和过程，但大致的过程即是如此。

（二）执法过程存在的问题

从上述行政执法过程来看，明显存在一些值得商榷的问题，正是这些问题的存在，使得该案中行政执法机关的行政执法行为备受批评和争议。

第一，执法人员事先与举报人约定举报"黑车"予以奖励时，并没有告知其该如何进行合法举报。在法律上，执法机关和举报人员事先约定举报奖励，并不违法。事实上从理论上看，这是一种值得肯定的做法。因为行政执法机关的执法力量有效，仅仅依靠执法机关的主动检查往往不能及时而全面地发现违法行为，对其实施法律制裁。但是执法人员应当有义务向举报人明确"黑车"的合法定义，告知举报人什么才是"黑车"，同时应该告知其违法举报应当承担相应的法律责任。但是，现实中执法人员显然并没有对上述问题进行明确。案例中，当有人举报，执法人员便立即进行查扣和处罚，不对案件的事实和证据的合法性进行调查核实，说明执法人员对于"黑车"的界定是比较随意的。他们可能自己也不太清楚什么才是"黑车"，只是机械、僵硬地理解国务院《道路运输条例》的规定。或许在他们看来，被查到的车辆究竟是不是行政法规所规定的"黑车"并不是最重要的，最重要的是上面下达的执法任务有没有完成，完成得怎么样。

实践已经证明，很多行政执法是在上级的命令或布置下实施的，有着明确的任务目标，为了完成行政目标，合法性问题就不一定是最重要的了。既然执法人员不在乎被查获的是否属于"黑车"，那么举报人当然更加不知道什么是"黑车"，也不会在乎自己举报的究竟是不是"黑车"了。他们只会关注自己可以成功举报多少辆"黑车"。因为对于举报人而言，一方面，是否属于黑车是执法部门的职责范围，他们只负责举报，是否黑车应当由执法部门进行鉴别；另一方面，举报的时候要充分证明某车辆属于"黑车"的成本太高，能举报的车辆数量较少，影响其可能获得的奖励收益，而随意举报黑车并不会被追究法律责任。由此，执法人员和举报人员各怀目的，既不对举报的规则进行规范，又不对黑车的性质进行明确，发生错案也就在所难免了。

第二，执法人员截获嫌疑车辆以后，没有做进一步的调查取证，而直接将其认定为非法营运。执法人员似乎认为这就是所谓的"人赃并获"，不需要进一步核实案件中有关事实与证据的真实性。执法人员之所以这样，笔者认为可能和他们的执法习惯与法律素养有关。一方面，当场查获违法行为并作出行政处罚决定向来是很多执法机关和执法人员的执法习惯，所以在钓鱼执法案中，这种做法只是他们以往做法的简单重现而已。另一方面，可能执法人员自己不能清楚地理解立法上对于"非法营运"内涵的界定。一直以来，他们就是这么理解并执行的，以往没有发生过大的争议，也就不会想到他们所理解的非法营运居然还会受到合法性质疑。另外，基层执法日晒雨淋，比较辛苦，很多人不愿意从事这样的工作，也可能由于历史的原因，执法机构人员编制已满，具有一定法律素养的人进不了执法队伍。总之，目前的执法队伍法律素养一般较低，既不能比较专业地区分非法营运与其他合理行为之间的界限，也对行政执法程序和证据规则缺乏应有的重视，在这种情况下难免可能发生执法程序违法等问题。

第三，执法机关在查获案件的同时送达了行政处罚告知书，而正式的行政处罚决定书与告知书在处罚内容上几乎一致。为了方便起见，执法人员在事先就已经制作了格式化的行政处罚告知书，只需要填写违法行为人的姓名，并在其违法行为种类选项前打勾即可。这就把一个原本应当适用一般程序的案件适用成了简易程序。正式的处罚决定虽然是事后作出的，但是其处罚内容往往与处罚通知书的内容大同小异。主要原因是，行政机关在作出正式的行政处罚决定时，主要考虑的是对该车辆作出什么种类和什么幅度的行政处罚，而几乎不审查该车辆究竟是不是非法营运。现实中,即便有些地方的执法机关规定对于较大的行政处罚案件要启动内部的集体讨论机制,其审查的内容和作出的结果也不会存在大的变化。

行政机关并没有设立专门的审查机制,就调查程序的合法性和证据的客观性、合法性和关联性问题进行审查。有些执法机构内部通过其法制机构对上述问题进行审查,但是由于这种审查的非正式性,一般情况下,这种审查只是给领导的决策提供参考而已,并不能实质性地控制调查程序和证据的运用。而行政机关在内部讨论时,调查人员的意见和收集的各种证据对于案件的最后处理结果具有非常重要的影响。在案件的讨论过程中,除了调查人员,其他人对于案件的实情并不清楚,他们的思维必然受到调查人员的左右。所以,往往调查结果的确定就等于确定了最后的处罚结果。

二、上级机关的行为

钓鱼执法案件发生以后,执法机关所在的区政府成立了联合调查组,对案件的实际情况进行调查,最后的处理结果认定执法人员在执法中使用了不正当的取证手段,导致处理结论与案件事实不符,最后撤销了行政处罚,并且向当事人进行赔礼道歉。钓鱼执法案的结果尽管是维护了当事人的合法权益,处分了有关领导,纠正了违法行政行为,表面上看,似乎有一个圆满的结局,但是总让人有一种很别扭的感觉,似乎执法机关和上级机关最后是因为屈从了强大的舆论压力才作出上述决定的。

笔者认为,问题出在政府成立的联合调查组上。在该案中,所谓的联合调查组,主要是由道路运输执法机构所在的建交委和监察局组成。从监督方式看,成立联合调查组体现的是专门监督与层级监督的结合。监察局依照《行政监察法》的规定,可以对执法机关及其执法人员是否依法实施行政执法行为实施监督。建交委是执法机关的上级机关,在行政法上,上级机关可以基于层级领导的权力,对下级执法机构及其执法人员的执法行为实施监督。两种监督各有特点,监察机关主要是就执法人员的违法、违纪情况实施监督。这种监督的优点是具有权威性。由于在我国绝大多数情况下,监察部门和党的纪检部门合署办公,所以其对公务员的监督具有独立性,同时依法具有"双规""双指"的权力,比较能够独立有效地实施监督。其缺点是监察机关的监督主要是从执法人员的违法违纪角度出发,对于行政执法的专业性事务并不熟悉。比如，对于什么是"非法营运"这一法律概念的理解并非监察机关的专业特长，往往难以确定执法机构在案件实体问题确认上的合法性。层级监督也有其优点，那就是对行政专业事务的理解比较有权威，能够对下级执法机构在理解法律、法规的准确性上进行科学合理的判断。但其缺点也是显而易见的，由于建交委是执法机构的上级机关，所以建交委对执法机构和执法人员的调查，事实上是在查自己。

由此可见，在联合调查组的组成上，区政府的做法是值得商榷的。"自己不能成为自己案件的法官"，这是程序正义的基本原理与要求，作为执法机关的上级机关的建交委参与调查钓鱼执法案，不论其结果如何都会受到社会舆论的质疑。如果调查组认定执法机关的执法程序和结果合法，那么人们会说是调查组包庇了自己的下属，而即便是如案件最后的处理结果那样，认定执法机关在执法程序、手段和结果上存在违法行为，人们依然会觉得这是因为调查组甚至区政府迫于舆论的压力而故意为之，并不是对案件的客观认定。从该案最后的结果来看，恰恰不能排除这种可能性。因为尽管执法机关的行政处罚决定被认定违法而撤销了，但是这么大的案件导致了这么严重的后果——孙中界因为不堪压力挥刀自残，社会舆论哗然，政府形象受到极大损害——事后除了个别领导因把关不严而被给予轻微的警告处分以外，没有对任何违法实施执法行为的执法人员进行行政处分，甚至最后政府也将钓鱼执法案的责任归咎于举报制度。这给了人们充分的想象空间，调查组作为执法机关的上级机关在案件的调查处理上可能存在包庇行为。

从上述对执法机关和其上级行政机关行为的分析，可以看出执法机关在执法程序、证据收集与运用、法律推理与解释以及行政处理决定的作出方面都存在问题，而上级机关在对下级进行监督时，在方式上也存在问题。如果上述问题只在个案中存在，可能问题并不太严重。但是他们会不会是目前行政执法的主流模式呢？或者说这种执法模式是不是在相当程度上代表了目前行政执法的基本模式？这就需要对该案件做进一步的思考与总结。

第四节　典型案例中的典型问题

对钓鱼执法案进行重述，总结执法中存在的问题，只是本书研究的起点。从更为宏观的视角来看，从钓鱼执法案中，我们其实还可以发现一些在其他的行政执法案件中具有典型意义的问题，而对这些问题的总结和研究才具有普遍意义，这也是本书的旨趣所在。这些问题包括：发现违法行为或现象应当由谁来管辖？如何避免完成行政任务与依法行政之间的冲突？如何对行政执法进行有效监督？

一、违法行为或现象的管辖

从钓鱼执法案来看，发生了非法营运的违法行为或现象以后，由交通行政机关进行立案调查。按照交通行政管理部门有关"三定方案"中职责范围的规定，以及国务院《道路运输管理条例》的规定，交通行政机关依法有权也有责任，对非法营运的行为或现象实施调查和处置。一般情况下，他们通过群众投诉举报、其他机关案件移送、新闻媒体报道非法营运事件、自己日常监督检查等方式，获得案件线索，通过立案调查，对违法行为予以行政处罚，以制止行政相对人的违法行为，维护正常的交通运输管理秩序。这种管辖模式不仅仅存在于交通行政执法领域，其他如工商、质检、土地、环境保护、规划等行政管理领域也都是以这样的标准确立管辖主体的。

然而行政执法机关在执法的过程中经常遇到行政执法权不够用的窘境。以查处非法营运案件为例，在行政执法的过程中，行政机关可能需要对违法行为人实施必要的限制人身自由的前置措施。在有些案件中，违法行为人将自己锁在车中，拒不接受交通执法人员的调查；而有些时候违法行为人故意制造矛盾，引发群众围观，对行政执法行为产生误解。行政执法人员可能需要将违法行为人带回行政执法机关做进一步调查；另外，行政执法人员需要向乘客调查取证，而乘客可能出于对行政执法的误解或者赶时间等原因拒不配合调查取证活动。而在其他证据不足的情况下，行政执法机关非常需要证人的证言。如此等等，此时行政执法机关既不能对违法行为人也不能对证人实施限制人身自由的强制措施。

此时非常明确的是，由交通行政执法机关或者行政执法部门对案件实施管辖，立案调查极有可能因为超越职权范围而导致执法违法。要获得足够的行政执法权，只可能有两种选择。第一，多部门联合执法。行政执法机关需要去寻求其他具有某种行政职权的行政部门配合，实施联合执法，才可能弥补执法权限的缺口。例如，交通执法机关如果要对行政相对人或证人实施限制人身自由的强制措施，就必须联合公安机关一起执法，因为在法律上，只有公安机关才被赋予了限制人身自由的强制权。然而联合执法多年来备受批评，很多人认为联合执法中很多部门事实上超越了职权范围。例如，如果公安机关参与惩治非法营运的联合执法活动，很多人会认为公安机关管辖了原本应当由交通执法机关管辖的案件。实务中，公安机关也非常谨慎，不轻易参与。第二，县级以上人民政府管辖。行政执法部门是县级以上人民政府的职能部门，其职责也是由政府通过"三定方案"规定的。而宪法和行政组织法上，行政部门其实并没有被赋予行政执法权，被授予权力的只有各级人民政府。因此，从行政职权的充分性上来看，当行政执法部门不具有足够的行政执法权时，追根朔源，应当由县级以上人民政府对案件实施管辖。如果县级以上政府实施管辖，那么需要限制人身自由时，他们可以动用公安机关实施该行政强制措施权。

　　然而现实的情况是，县级以上人民政府几乎不对违法案件进行立案调查。由于县级以上人民政府可以通过"三定方案"，将宪法和行政组织法规定的行政职权和职责"分包"给行政职能部门，县级以上政府在通常情况下不会针对具体的案件实施行政执法行为。当然，不对具体案件进行执法并不代表政府对具体违法案件或行为不闻不问。一般来讲，如果某种违法行为或现象比较重大，社会影响大，政府会召集行政主管部门或者多个行政执法机关，对如何处置该违法行为或现象作出指示。这种指示往往成为行政执法机关的执法目标，进而影响到行政执法的模式和全过程。以非法营运现象为例，如果政府发现社会上存在较为普遍的非法营运现象，或者新闻媒体、公众、出租汽车公司及其司机等提出反映或投诉，政府往往会召集交通行政执法部门以及公安、运管等部门，讨论如何有效处置非法营运。不论行政执法部门如何看待该现象，政府会最终提出查处该违法现象或行为的要求或任务。

二、完成行政任务与依法行政的矛盾

　　不论是政府还是行政机关的领导，在确定行政任务或目标以后，就要采取相应的行政执法行为。为了完成该任务或目标，行政执法机关需要按照通常的执法模式进行立案调查，如果通常的执法模式无法完成执法任务或目标，行政执法机关有可能研究采取其他的执法方式。在钓鱼执法案件中，正常的执法应当是交通行政执法机关通过接受举报、投诉或者案件移送、新闻报道以及自己进行行政执法检查的方式发现案件线索，然后进行立案调查，并作出行政处罚决定。但实际的情况是，要发现案件线索、获得处罚证据并不容易。上述获得案件线索的方式所能查获的案件非常有限。此时行政执法机关迫于完成行政任务的压力，可能采取所谓的"钓鱼执法"的方式，通过"吊钩"举报的方式查处非法营运案件。

"钓鱼执法"在法律上原本是不违法的。举报奖励的政策是合法的，行政机关通过行政奖励的方式鼓励社会公众举报违法行为，可以发现更多的违法行为。但是正如上文所言，仅仅发现案件线索是不够的，行政机关还必须找到足够的证据证明行政相对人实施了违法行为。但是证据的收集往往是非常困难的，尤其是行政执法机关习惯了主要通过收集证人证言和当事人陈述笔录的方式，而随着公民权利意识的增强以及其他原因，行政机关收集证言越来越难。在这种情况下，有些行政执法机关为了尽快完成执法任务，就有可能故意忽略法律对行政执法程序以及证据的要求而直接作出行政处罚决定。

于是，行政执法中就产生了完成行政执法任务与依法行政之间的矛盾。国家的法律、法规和规章要求行政机关必须依法实施行政执法行为，行政执法程序符合法律规定，行政执法实体问题应当做到证据充分，违法事实清楚，行政处理决定合法合理。而在日常的行政执法工作中，行政执法机关要面临上级行政机关、新闻媒体、社会公众等各方给予的各种压力，要求完成某种行政任务或目标。依法行政给行政权力的行使设置了很多要求、标准，这些要求和标准对于通常的执法行为而言实际上成为执法的障碍。此时行政执法机关和执法人员必须作出权衡，究竟是严格按照法律的规定执法，还是尽快完成行政任务，减轻自身的压力。

在这种情况下，绝大多数行政机关和执法人员都作出了同样的选择，即尽快完成行政任务，减轻压力，而放弃法律上对行政执法的程序和实体要求。这样的做法完全是符合理性的，尽管这种理性在法律上会受到反对，因为它是违法的。但是如果坚持依法行政的原则，行政任务就无法尽快完成，而行政执法机关会被认为执法效率低下、执法效果差，进而影响行政执法机关及其执法人员的切身利益。而即便违反法律的规定，只要没有监督机关对执法行为进行监督，或者行政机关可以通过有效的方式阻止行政相对人提起监督或救济，那么即便行政执法机关违法，也不会对行政执法机关和执法人员产生任何不利影响。

三、对行政执法的有效监督

在制度上，我国设置了比较全面的行政执法监督制度。第一，层级监督。

上级行政机关基于行政隶属关系的制度规定，对于下级行政执法机关实施的违法行为，有权对其进行监督，纠正违法行为，并对违法行为人予以行政处分。第二，行政机关内部监督。在行政机关内部，行政首长、负责人或者法制机构有权对行政执法人员的违法违纪行为进行监督。第三，纪检监察部门监督。按照《行政监察法》等法律、法规、规章和党的纪律处分条例的规定，对于行政执法人员的违法违纪行为，纪检监察部门有权进行监督。第四，行政复议监督。按照《行政复议法》的规定，对于行政机关作出的行政行为不服的，公民、法人或者其他组织有权向行政复议机关提起行政复议，行政复议机关有权监督该行政行为的合法性与合理性，并作出相应的行政复议决定。第五，行政诉讼监督。《行政诉讼法》规定，人民法院要对行政机关行使行政职权的行为进行监督，公民、法人或者其他组织有权依法对行政机关作出的行政行为向人民法院提起诉讼，人民法院会审查行政行为的合法性并作出相应的司法裁判。

监督制度的规定不可未不完善、不健全，但是制度的规定和实际的监督效果是两个完全不同的层面。制度的规定需要通过人们的执法、司法和守法行为才能够得到贯彻。和行政执法类似，监督机关要启动监督行为同样要面临很多现实问题。

第一，违法违纪行为的发现。不同的监督机关，发现违法违纪行为的方式不同，上级行政机关和纪检监察部门可以通过执法检查、接受举报投诉、上级移送、司法建议等多种方式发现违法违纪行为。但总体上来看，对于特定违法违纪行为的发现，主要依靠的应该是社会公众的投诉举报。因为执法检查往往只能发现一般性的违法违纪行为，上级移送和司法建议等只能发现少数的行为，但不一定能发现特定的违法违纪案件。然而如果没有投诉，上级行政机关和纪检监察部门同样不能发现特定的案件。而行政复议机关和人民法院则只能依靠公民、法人或者其他组织提起行政复议或诉讼，才能对行政行为的违法性进行监督。钓鱼执法案件中主要是依靠新闻媒体报道，上级行政机关才发现了该案件。

第二，监督行为的启动。监督机关在启动监督行为时，需要考虑很多因素，一方面是法律、法规、规章或其他规范性文件的规定，另一方面是实施行政行为的行政机关及其负责人、执法人员的看法和解释，当然也包括监督机关内部在行为的违法、违纪等方面的看法。其中任何一个环节出现问题，监督行为就可能无法启动。在钓鱼执法案件中，上级行政机关和纪检监察部门虽然可以从新闻媒体的报道中了解案件，但是在了解了行政执法机关的看法和解释以后，一开始并没有启动监督程序。

第三，证据的收集与事实的确认。对于违法违纪行为的证据，主要来自行政机关。尽管公民、法人或者其他组织也可能向监督机关提供一定的证据，但是他们在收集证据方面的方式、方法、手段比较有限，能够收集的证据也是有限的。而行政机关具备非常全面的行政执法手段，可以收集的证据种类和数量完全不是行政相对人所能比拟的。所以，监督机关要查明案件事实，主要依靠监督机关自己进行调查取证，如果他们不能自己进行调查取证，那么就可能被行政机关收集的证据材料所左右，进而在事实认定上可能出现偏差。在钓鱼执法案件中，一开始行政执法机关的负责人就是因为受到执法人员所收集的证据的影响，导致其作出了认为行政执法行为合法的结论，从而引发更大的争议。

第四，监督决定的作出。同样，监督决定的作出原本应当单纯依据法律、法规、规章和其他规范性文件的规定，但是实务中监督机关在作出监督决定的时候很可能会征求行政执法机关尤其是其行政负责人的意见，同样也会征求上级行政机关的意见。何况《行政监察法》也有类似的规定。该法第 34 条规定："监察机关在检查、调查中应当听取被监察的部门和人员的陈述和申辩。"第 35 条又规定："监察机关作出的重要监察决定和提出的重要监察建议，应当报经本级人民政府和上一级监察机关同意。国务院监察机关作出的重要监察决定和提出的重要监察建议，应当报经国务院同意。"显然，监督机关尤其是纪检监察部门可能难以独立依法作出某种监督决定。这样有可能导致一些原本应当查处的违法违纪案件不能得到查处，一些违法违纪的行政执法人员不能得到应有的处理。

第四章　行政执法的一般过程

在上一章，笔者介绍了上海钓鱼执法案件的经过，分析了该案件执法的过程，也总结了该案中存在的几个可能在其他的行政执法案件中普遍存在的问题。在本章，笔者试图将其与其他现实中发生的行政执法案件联系起来，提炼出行政执法机关实施行政执法活动的一般过程，以方便总结我国行政机关的主要行政执法模式。

从该案件的情况来看，根据笔者的感受和理解，交通行政执法部门在行政执法之前首先主动或者被动地确定了行政执法的任务或目标；为了完成该交通行政执法任务或目标，事先确定行政执法方案，布置设计执法的方式与方法，以便更有效地完成任务、达到目标。根据行政执法方案，交通执法部门展开行政调查，找到违法行为人，并搜集证据证明相对人实施了违法行为；交通行政执法机关通过内部的审查程序确定是否以及如何对行政相对人实施行政处罚；在行政处罚规定的时间内行政相对人没有履行规定的义务的，交通行政机关就会采取措施予以行政强制执行。通过这样的行政执法过程能否得到令人满意的执法结果呢？本书试做如下分析。

第一节　确立行政任务

一、什么是行政任务

按照笔者的理解，所谓的行政任务，简单来讲就是行政执法机关需要在一定的期限内完成的工作内容。每一个行政机关、行政机构乃至公务人员都需要承担一定的行政任务，这是国家建立行政机关、设置行政机构和招录公务人员的基本目的。如果没有明确的行政任务，也就没有必要成立这些机关、机构和招录公务人员了。也正因为如此，行政任务事实上可以从行政机关、行政机构和公务人员这三个层面来理解。

行政机关的行政任务包括宏观和微观两方面。在宏观方面，行政任务其实就是行政机关的职责范围。尽管目前我国的行政组织法还不发达，除了《国务院组织法》和地方政府组织法（包含于《地方各级人民代表大会和地方各级人民政府组织法》之中），有关其他行政机关的行政组织法尚付之阙如，只在一些政府文件中作出规定——尽管这些文件通常要交由人大进行表决通过。但是由于没有经过立法程序那般的制作过程，说它们是法律、地方性法规尚存有争议。例如，2013 年国务院办公厅发布的《国家铁路局主要职责内设机构和人员编制规定》对主要职责、机构设置和人员编制等问题作出了明确规定。根据这些规定所确定的职责范围，国家铁路局应当在今后的工作中完成相应的行政任务。当然，职责范围毕竟是宏观的，微观上具体要做哪些事情，还必须有其他法律、法规的规定。例如，根据《中华人民共和国铁路法》第 8 条规定："国家铁路的技术管理规程，由国务院铁路主管部门制定，地方铁路、专用铁路的技术管理办法，参照国家铁路的技术管理规程制定。"由此，国家铁路局有责任按照该法的规定及时制定国家铁路的技术管理规程。

行政机构的行政任务一般具有宏观性和灵活性。行政机构的职责首先也是在政府文件中作出规定，同时行政机关根据工作的需要会对行政机构的行政任务作出灵活的调整，而这些灵活调整的行政任务在一般的法律、法规中不直接确定。例如，2013 年 6 月 9 日国务院办公厅发布的《国家卫生和计划生育委员会主要职责内设机构和人员编制规定》对国家卫生和计划生育委员会内部机构的职责做了明确规定。其中的财务司的基本职责是"承担机关和预算管理单位预决算、财务、资产管理和内部审计工作，拟订药品和医疗器械采购相关规范，提出医疗服务和药品价格政策的建议，指导和监督社会抚养费管理"。单行法律、法规不对行政机构的行政任务作出规定，事实上是赋予了行政机关一定的内部管理的裁量权。很多行政事务事实上很难由单个行政机构独立处置，经常需要多个行政机构之间合理分工相互配合才能完成。法律、法规如果对每一个行政机构的工作任务进行明确的规定，就可能架空行政机关对行政机构的管理权力，导致在行政机关内部，行政机构之间各自为政，不能有效地对外实施行政活动。采取在政府文件中大致界定行政机构的职责范围，赋予行政机关灵活调整行政机构的具体行政任务，这样的做法是合理可取的。

公务人员的行政任务一般都具有灵活性。这里所谓的灵活性并不表示每个公务员平时的工作内容或者行政任务是不确定的。事实上公务员在确定工作岗位以后，其基本的行政任务就被确定下来了。例如，如果公务员的工作岗位是某一个行政机构的某一个行政职位，那么他平时工作的主要内容当然也同时被确定了。但是在具体的工作中，行政机关乃至行政机构内部可能根据实际需要，对公务人员的工作内容进行适当的调整。例如，为了集中力量及时有效地完成某项工作任务，行政机关内部可能对该公务员的工作内容进行适当的调整或者增减。

二、行政任务的由来

上文在阐述的过程中其实已经部分地论及了行政任务的由来。而根据目前法律、法规的规定和实际的做法，行政任务的由来大致可以包括以下几个方面。

（1）法律、法规的规定。正如上文所述，行政任务可以分为宏观与微观两个层面，这两个层面上的行政任务都可能来自法律法规的明确规定。这里所说的法律、法规是一种通俗的说法，事实上可以包括现有的法律、法规、规章乃至其他行政规范性文件。在这些法律法规中，既可能规定行政机关和行政机构的职责范围，也可能对具体微观的行政任务作出明确的规定。行政机关或行政机构如果没有按照法律、法规的规定实施相应的行政活动，就可能被视为违法不作为。按照《行政诉讼法》的规定，行政机关不作为导致损害的，公民、法人和其他组织可以依法提起行政诉讼，要求行政赔偿。而《行政处罚法》等法律还规定了行政机关公务人员违法不作为应当予以行政处分，甚至要承担刑事法律责任。❶

（2）上级行政机关的安排。公共行政有一个完整的组织体系，在我国，

---

❶　《行政诉讼法》第 11 条第（4）项、第（5）项分别规定，人民法院受理公民、法人和其他组织对下列具体行政行为不服提起的诉讼："认为符合法定条件申请行政机关颁发许可证和执照，行政机关拒绝颁发或者不予答复的""申请行政机关履行保护人身权、财产权的法定职责，行政机关拒绝履行或者不予答复的"。《行政处罚法》第 62 条规定："执法人员玩忽职守，对应当予以制止和处罚的违法行为不予制止、处罚，致使公民、法人或者其他组织的合法权益、公共利益和社会秩序遭受损害的，对直接负责的主管人员和其他直接责任人员依法给予行政处分；情节严重构成犯罪的，依法追究刑事责任。"

国务院是最高国家行政机关，它要领导全国各级行政机关，包括国务院部门和地方各级人民政府及其所属行政部门，对这些行政机关的工作内容作出布置和规定。同理，在我国，上级行政机关也有权对其下级行政机关的工作内容作出布置和安排。例如，省级人民政府可以对市县人民政府的工作内容作出规定，从而形成下级行政机关的工作任务。从目前的情况来看，在行政机关上下级之间职权划分尚不明朗的情况下，通过上级行政机关的布置与安排所形成的工作任务，是行政机关行政任务的重要来源。当然，这里不得不说的是，上级行政机关的安排还包括了政府部门主管领导的任务安排。按照现行的体制，各级政府由正副职领导组成，在地市级以上人民政府还设有秘书长。各个领导各自分管一部分行政职能部门，这样政府分管领导布置和安排的任务也成为了很多行政部门行政任务的来源。从实际的情况来看，政府分管领导所安排的行政任务常常也是非常重要的行政任务来源。

（3）行政机关内部的要求。行政机关内部根据法律、法规的规定、上级行政机关的布置或者政府分管领导的要求，可以讨论产生自己的行政任务。例如，根据政府关于治理非法营运的要求，交通行政执法部门内部会形成如何整治非法营运的行政任务，然后在行政机构内部对该任务进行具体落实，并且按照制定的计划来实施相应的行政执法行为，完成该行政任务。

三、行政任务对执法机关的影响

行政任务对行政机关和行政机关公务人员都具有非常重要的影响。这种影响主要表现在以下几个方面：

（1）形成对行政机关及其领导人考核的基本依据。按照《中华人民共和国公务员法》（以下简称《公务员法》）和相关法律、法规、规章以及其他规范性文件的规定，政府要对所属的行政部门进行定期和不定期的考核。虽然考核的内容种类很多，但是对行政任务的完成情况当然成为考核的重要内容。由于我国行政机关实行的是行政首长负责制，对行政机关的考核当然也意味着是对行政机关负责人的考核。基于这样的原因，行政机关负责人对行政任务的完成必然是相当重视的。而这又意味着，一旦形成行政任务，行政机关在其行政负责人的推动下，会全力以赴地去顺利完成行政任务。这又对行政机关后续要实施的行政调查以及行政决定的作出具有决定性的影响。

（2）形成对行政机关其他公务人员的考核依据。按照《公务员法》第35

条的规定，"对非领导成员公务员的定期考核采取年度考核的方式，先由个人按照职位职责和有关要求进行总结，主管领导在听取群众意见后，提出考核等次建议，由本机关负责人或者授权的考核委员会确定考核等次"。由此，行政任务一旦形成，在行政负责人的重视和推动下，其他行政机关公务人员为了能在考核中取得较好的评价，必然要尽力完成该行政任务；为了顺利完成行政任务，对于其他可能阻碍该任务顺利完成的行为，必然会采取各种办法予以排除。这也是行政执法机关害怕诉讼，尽可能地避免被诉，并且将完成了行政任务而没有被行政相对人提起诉讼视为执法工作成功的重要原因。

第二节　实施行政调查

行政任务确定以后，执法机关需要确定行政执法的方案或计划。只有有了明确的行政执法方案或计划，行政执法机关及其执法人员才能按照方案的要求实施行政调查活动。通过行政调查，行政机关试图获得证据来证明行政相对人存在违法行为，当然，获得证据也是为了在以后可能产生的监督救济程序中避免产生合法性风险。

一、制定行政执法方案

尽管法律上并没有规定行政机关在实施行政调查之前应当形成行政执法方案或计划，然而事实的情况是，行政机关在实施执法行为之前都要进行一定的计划和部署，这是高效完成行政任务的需要。行政执法方案的内容主要可以包括以下几点。

（1）参与行政调查活动的机构与人员。很多行政机关建有专门的行政调查机构，如某种行政执法支队或大队，但是也有不少行政机关本身就要实施行政调查活动。无论如何，在行政执法开始之前，行政机关都要确定实施行政调查的主要机构和人员组成。这种情况并不存在于所谓的"运动式执法"之中，在一些相对比较规范的行政执法活动中，行政机关都会确定行政调查的机构和人员。

（2）可能实施的行政行为。行政调查的过程中，行政机关凭借经验事先会预料到自己可能需要实施的某些行政行为以保证行政调查的顺利进行。例如，在上述"钓鱼执法"案件中，行政机关肯定事先已经预料到行政相对人可能实施对抗的行为，消极对待行政机关的行政调查行为，所以事先要准备好空白笔录文书，在行政相对人带到以后展开询问并要求当事人签字。（有的案件中行政机关还可能事先就已经写好了当事人应该回答内容的陈述笔录，当事人只需要签字即可。）

（3）行政调查的基本程序。行政程序合法是依法行政的基本要求，目前的多数行政机关已经意识到行政执法程序的重要性，以及违反法定程序可能导致的法律后果。所以，在正式的行政调查开始之前，行政机关内部会首先要求行政调查人员掌握在行政调查的过程中需要履行哪些程序性义务。比如，行政机关会要求行政调查人员明确，在行政调查的过程中应当告知行政相对人享有陈述、申辩的权利。

（4）需要收集的证据种类和内容。经过多年的实践，行政机关已经普遍明确行政决定的作出必须有证据予以支撑。所以，在行政调查展开之前，行政机关一般都会部署需要获得哪些证据。例如，不少地方在交通行政执法打击非法营运的过程中，要求执法人员应当取得乘客的笔录，用以证明违法行为人确实实施了非法营运行为。

（5）可能遇到的阻碍及其解决方法。行政机关在实施行政调查之前肯定会意识到调查的过程中可能遇到各种阻碍，比如向证人调查证言有可能被拒绝、违法行为人可能实施暴力抗法、对某些违法工具可能需要采取行政强制措施。因此，行政机关必须事先准备好预案，一旦在行政调查的过程中发生了这些阻碍，必须事先有应对的方法予以及时处置。

二、查明案件事实

在行政调查计划或方案准备充分以后，行政调查就可以开始了。行政工作的终极目标是为了查明事实，以便最终确定是否以及如何对违法行为人实施行政处罚的行政行为。案件的事实可以分两种，一种是事先已经预料到或者设计好的所谓事实，另一种是通过获得的证据而推定的案件事实。

（1）预料中的案件事实。当某种违法行为可能正在普遍发生或者反复发生时，行政机关会形成行政任务，实施行政执法活动。此时，在行政机关和执法人员心中，案件的事实是否已经发生是毋庸置疑的。关键的问题在于使用什么样的方法来证明或者查明这种案件事实。例如，在车站、码头、机场普遍存在大量的非法营运行为，经常有一些从事非法经营的人员询问路人是否需要运输服务。此时，行政机关为了完成整治车站、码头、机场非法营运行为的任务而展开调查，执法人员试图通过某种方法来获得证据，以便对这些违法事实在法律上进行具体证明。

（2）推定的案件事实。这种案件事实在行政调查结束之前是不存在的，行政机关需要通过行政调查获得必要的证据，对这些证据进行比对、分析以确定行政相对人是否已经实施了违法行为。

从实际执法的情况来看，第一种案件事实更为常见一些。在有限的行政执法力量的限制之下，行政机关往往会根据行政执法方案，形成对案件事实的事先预判，以便提高行政执法的效率。第二种案件事实也存在，但是显然没有第一种那么普遍。当行政机关接到案件线索时，尚不能确定行政相对人是否已经或者正在实施某种违法行为的事实。特别是那些已经实施完毕的违法行为，行政机关事先无从判定违法行为嫌疑人是否真实施了违法行为，所以必须通过行政调查获得足够的证据，来推定相对人的行为状态和案件事实。

三、获得合理证据

不论行政调查如何实施，一般情况下，行政机关都会利用行政调查获得一定的执法证据——但是在某些特殊的地方或领域，一些行政机关和执法人员依然完全将行政执法证据置之不顾，在没有获得证据的情况下也作出某种行政行为。

尽管行政机关在行政调查的过程中获得了一定的证据，但是目前来看，他们还做不到将各种客观的证据都平等地加以收集。按照行政执法证据规则，行政执法机关原本应当全面收集证据。对相对人不利的证据要收集，对相对人有利的证据也应该收集。而实际的情况是，行政执法机关通常采取对号入座的方式来收集证据，即他们收集的主要方向是对相对人不利的、有利于作出行政处理决定的、能证明行政机关作出的行政行为合法合理的证据。以笔者的理解，行政机关收集的证据一般需要达到如下的要求。

（1）能够证明相对人实施了违法行为。执法人员在调查的过程中会考虑自己收集的证据是否已经足以证明相对人实施了违法行为。多数执法人员知道如果证据不足就不能对相对人勉强作出行政处理决定，否则就可能引发对自己不利的后果。但是这里有一个限制，即所谓的足以证明行政相对人实施了违法行为的证据，是执法人员自己认为的已经足够的证据。

（2）能够证明证据符合合法性、客观性和关联性。在一般情况下，行政执法人员会考虑证据是否符合合法性、客观性和关联性的要求。但是和上文一样，这里所说的行政执法人员考虑证据的三性，并不一定真正做到了法律上要求的三性。有时候执法人员会盲目地认为自己收集的证据已经符合了证据三性的要求，而事实却不一定如此。更为让人担忧的是，有的时候证据三性的要求不一定都能达到。一方面，行政任务要求行政执法人员能及时收集证据证明案件事实；另一方面，调查收集证据并且要求获得的证据应当具备证据三性存在困难。随着时间的推移，行政执法人员有可能无法在规定的时间内获得上述符合法定要求的证据，于是就可能发生执法人员获得的证据不符合证据三性要求的情况。例如，个别执法人员甚至执法机关可能会伪造、变造证据。实践中就发生过行政执法人员伪造、擅自篡改当事人陈述笔录的情况。或者如本书提到的"钓鱼执法"案中，执法人员违反法定程序收集证据，从而使得证据的合法性受到危害。

四、避免执法风险

执法风险近来越来越受到执法机关和执法人员的重视。这种执法风险可能来自行政相对人，如一些行政相对人不配合行政执法活动，甚至还可能实施危害行政执法机关财产和执法人员人身安全的暴力抗法行为。执法风险也有可能来自法律、法规的规定。不论是行政机关及其执法人员的行政执法程序违法，还是行政决定内容违法，按照一些法律如《行政处罚法》的规定，相应的行政执法人员都可能因为执法行为而承担某种行政法律责任或纪律责任。❶ 所以，行政机关实施行政调查，获得执法证据，有一个很重要的目的是在必要的时候可以向监督机关证明自己进行了行政调查，并且收集了证据，自己实施的行政行为是有法可依的。

---

❶ 《行政处罚法》第62条就明确规定："执法人员玩忽职守，对应当予以制止和处罚的违法行为不予制止、处罚，致使公民、法人或者其他组织的合法权益、公共利益和社会秩序遭受损害的，对直接负责的主管人员和其他直接责任人员依法给予行政处分；情节严重构成犯罪的，依法追究刑事责任。"

第三节　法制机构对行政执法的监督

改革开放以来，政府部门对依法行政问题越来越重视。这种重视一方面是因为它们自己认识到依法行政的重要性，另一方面也是外部压力所致。立法机关以及上级部门制定了大量的法律、法规和规章，这些规范性文件对行政机关如何实施行政权力都作出了具体的规定。为了尽可能地规范行政机关及其公务人员的行为，我国的各级行政机关普遍在内部设置了法制机构。这些机构在现实中发挥了什么样的作用？能否保证行政机关作出合法的行政行为？在本节笔者将进行总结和讨论。

一、监督行政执法程序的合法性

在法律上，法制机构对行政执法进行监督的范围是非常宽泛的。例如，重庆市交通执法总队直属支队法制处的职责包括九个方面："负责对各大队法制工作实施指导、服务和监督；负责制订支队法制程序规范及管理制度；负责组织开展法制培训和宣传工作；负责暂扣车辆、执法证件和执法文书管理；负责重大执法案件的审核、审批工作；负责组织开展行政执法案件听证、复议、应诉工作；负责执法案件质量监督、考核工作；负责法律、政策咨询及对外合同审查工作，开展政策性问题的法制调研；负责支队内部督察工作；完成上级交办的其他工作。"❶ 其中多项职责都是涉及对行政执法工作的监督。当然，从其规定的表述来看，这些监督方式都是常规性的监督，如对各大队法制工作实施指导、服务和监督，而对于个案如何进行监督，并没有作出具体的规定。最具体的主要是对暂扣车辆、执法证件和执法文书的管理。按照该规定，当执法大队需要对违法车辆予以暂扣时，需要通过法制机构申请使用暂扣法律文书，法制机构可以在这一环节对执法大队的执法行为是否合法、是否需要对该车辆进行扣押进行审查监督。除此之外，在执法程序上，法制机构很难适时对执法大队的执法行为进行监督。也就是说，如果法制机构要对执法大队的行政执法程序进行监督也只能是事后的监督。

---

❶ "直属支队机关各处工作职责"，载交通执法网，http://www.jtzf.org/html/jgzn/Index_2.html，最后访问时间：2014年10月19日。

这种情况可能导致的问题是，如果执法大队在行政调查的过程中实施了违反法定程序的行为，法制机构是难以适时予以制止的。而一旦案件已经调查结束，违反法定程序的行为已经实施完毕，如何在法制机构的事后审查中进行补救是一个难题。这也就容易导致法制机构事实上可能无法对行政执法程序的正当性问题进行纠正。

二、监督行政执法证据的运用

再以重庆市农业执法总队法规处的职责为例，按照规定，该执法总队法规处的职责是："负责法律法规宣传组织工作；负责总队业务学习和农业综合执法体系业务培训工作；参与农业立法调研、论证的相关工作；负责总队文件的规范性审查；负责农业违法案件的预审工作；参与农业综合执法案件的听证、行政复议、行政诉讼案件应诉等有关工作；负责农业综合执法体系建设年度考核工作；负责总队执法文书、证件及案件档案管理工作；完成领导交办的其他工作。"❶ 在该法制机构的众多职责中，非常重要的一项规定是负责对农业违法案件的预审工作。预审一般是指执法机关对已经收集的证据进行审查，以确定违法行为人的违法事实是否清楚，证据是否确实充分，是否以及如何追究相对人的法律责任。例如，公安部于 1979 年 8 月 20 日发布的《预审工作规则》第 2 条规定："预审工作的任务是：揭发与证实被告人的全部犯罪事实，追查其他应当追究刑事责任的人；弄清被告人有罪或者无罪、犯罪情节轻重，判明犯罪性质；注意检验核实侦察所获的罪证材料是否确凿，弥补和纠正侦察工作的疏忽和错误，以达到不放纵敌人、不冤枉好人的目的。"从目前掌握的资料来看，其他行政执法机关目前还没有出台关于执法预审的专门性文件。从工作方法上，他们可能会借鉴公安机关关于案件预审的规定。

因此，上述农业执法总队法规处的预审工作，主要是通过对调查部门提交给法制机构的证据材料进行合法性审查，以确定是否有足够的证据对违法行为人作出行政处罚，以及处罚的裁量权力应当如何合力运用。但是这里也可能存在的问题是，关于法制机构预审的法律效果究竟是什么，法律、法规并没有作出明确规定。这有可能导致不同的预审结果，即有的法制机构可能经过审查，

---

❶ "重庆市农业行政执法总队简介"，载重庆农业执法网，http：//www.cqagri.gov.cn/nyfz/zfjg.asp，最后访问时间：2014 年 10 月 19 日。

发现调查人员在执法程序和证据收集运用方面存在问题，进而拒绝将该案件提交下一个行政决定程序；而有的法制机构由于法律、法规并没有规定自己的预审责任，而敷衍塞责，在形式上进行审查以后，继续将案件提交下一个决定程序，甚至即便是明显违法或者证据不足的案件也作出行政处理决定。

三、法制机构对于行政执法现状的影响

从上述有关法制机构对个案的监督规定来看，这种方式的内部监督无疑是非常重要而关键的。法制机构的监督作用发挥情况在很大程度上决定了行政执法活动的质量。如果法制机构的作用不能够得到应有的发挥，行政执法的状况必然是让人忧虑的。结合上述案例和规定来看，我们目前的法制机构对于行政执法的现状具有以下几个方面的影响。

（1）对行政执法程序缺少及时的监督，容易导致行政执法程序失控。从实际的情况来看，很多行政机关的法制机构对于执法机构和人员的合法行政要求是重视的。他们通过制定规章制度、执法培训、交流座谈等方式不断向执法机构和执法人员灌输依法行政的理念和方法。但是问题在于当行政执法机构和执法人员实施行政执法活动时，法制机构对行政执法过程的介入缺乏行之有效的办法。其多数情况下，表现为事前和事后的监督。如此，很多行政执法行为事实上已经实施完毕，事前的教育指导与事后的审查都难以遏制或改变已经实施了行政执法行为的这种事实。

（2）对行政执法证据的监督力度不够，无法从根本上遏制错误和违法的行政处理决定的作出。预审原本应该是法制机构监督行政执法行为，尤其是证据的收集和运用行为的重要渠道。但是在制度上，对于预审的效力并没有作出明确的规定。法制机构应当如何实施预审行为，预审结果对行政调查人员有什么样的影响，预审是否可以独立进行，在制度上都不明确。这就使得预审制度事实上存在一种矛盾。一方面行政机关希望通过法制机构的环节，能够遏制行政执法过程中可能发生的违法行为，保证证据收集的全面性、客观性与合法性。但是另一方面正如前文所述，行政调查的目的在于保证事先确定的行政任务的完成，如果法制机构严格按照法律、法规的规定，独立地对行政调查行为实施监督，就有可能妨碍了行政执法的效率，进而阻碍行政任务的顺利完成。所以，目前的法制机构对行政执法活动尤其是行政调查活动的监督，更多是停留在形式意义之上。

　　或许在一些决策者看来，法制机构的存在可以在一定程度上提高行政执法机关全体人员的法律素养和依法行政的能力，剔除一些在形式上过于明显违法的行为，但是另一方面，法制机构的监督不能妨碍行政机关对行政任务的完成。即便是某些行政案件经过调查在某些程序、证据形式等问题上存在一定的瑕疵，只要能够证明相对人的行为存在违法性，能够完成行政执法的任务，行政处理决定还是可以最终作出的。

第五章 行政调查中心主义的提出

为什么很多行政执法行为不让人满意？在类似于钓鱼执法这样的案件中，执法机关工作人员怎么会和那些游手好闲、财迷心窍的社会闲散人员搞在一起？打击非法营运的黑车，难道除了与这些人合作就没有办法了吗？公民举报违法行为与违法现象原本无可厚非，但是执法人员难道不知道其中的举报也可能存在真实性疑问，难道不知道所有用于定案的证据都应当依法进行核实吗？作为经常接受执法培训的执法人员，难道不知道行政执法应当遵循法定程序，依照法定的方式调查收集证据，不能随意使用调查手段吗？难道执法人员如此违反法定程序调查取证，在行政机关内部就没有监督机制予以制止和纠正吗？面对如此明显的程序违法行为，行政机关不怕公民、法人或者其他组织会提起行政复议、行政诉讼吗？有关执法人员不怕被追究行政责任吗？面对这些疑问，笔者认为应当有一种理论对行政执法的做法进行合理的解释。这种理论的目的并不在于批判行政执法的现状，也不是为了改变行政执法的现状，而是试图解释行政执法现状及其存在问题的基本原因。笔者相信，深刻剖析行政执法现状产生的真正原因，才可能为以后解决问题找到最合理的方法和路径。

第一节 行政调查中心主义的特点

笔者认为，目前我国行政执法的现状如果用一种概念或模式加以归纳总结，那就可以称为"行政调查中心主义"。笔者认为，所谓行政调查中心主义，是指行政执法机关在行政执法活动中，其主体工作是进行行政调查，其他执法活动围绕着行政调查展开的一种行政执法模式。具体来讲，就是行政机关在行政执法中，花费大量人力、物力和财力主要从事的是行政调查，这是执法工作的重心，其他执法工作或以行政调查结果为基础，或为行政调查的顺利进行而作出让步。行政机关以行政调查为行政执法中心的目的，是保证执法人员能尽快查清案件事实，及时作出行政决定。现实中发生的类似钓鱼执法这样令人匪夷所思的行政违法案件，主要就是这种执法模式所导致的。

行政调查中心主义理论是否成立，这一理论反映的行政执法活动有哪些与众不同的特点？确实，一个理论要成立，就必须能够反映行政执法的现实状况，如果该理论没有自己的特点，如果不能总结反映行政执法中的基本特点，就不能成立所谓的行政调查中心主义。在本节中，笔者会试图总结行政调查中心主义的特点，以此来证明该理论的合理性与可行性。

一、行政调查是行政执法工作的重心

行政执法是一个完整的过程，包括案件线索的获得、案件调查的启动与实施、证据的收集与运用、行政决定的作出和执行等多个环节。每一个环节都有其重要的工作内容。但是从包括钓鱼执法案在内的很多行政执法案件中我们可以分析看出，在整个行政执法过程中，行政调查是各个行政执法环节的重心，或者说行政执法的主要工作就是行政调查。对于行政执法机关而言，行政调查工作的结束，意味着行政执法主体工作的结束或者执法中的最大难关已经克服。后面的证据运用、行政决定的作出乃至执行，只是循规蹈矩而已，没有什么疑难的地方。对于相对人乃至社会舆论来说，主要关注的也是行政调查，他们对案件的调查是如何启动的并不清楚，对于已经获得的证据的运用和法律规范的适用、解释以及行政决定的作出和执行，缺乏理解和解释能力，不能提出专业性的意见。比如什么是非法营运，除了法律专家，一般人无法进行专业性的理解与解释。他们所关注的，是行政调查中行政机关是否存在违法行为。

在前文，笔者已经进行了分析，对于行政机关及其公务人员而言，行政任务的完成具有非常重要的意义，如果不能及时完成行政任务，尤其是上级行政机关和领导布置的行政任务，就可能在考核以及其他环节产生对自己非常不利的后果。所以，行政任务的完成就可以解释为什么行政机关会把行政调查作为行政执法工作的重心，而其他的环节只能成为行政调查顺利实施的辅助部分。

行政调查作为行政执法的重心，主要还表现为行政调查的环节、手续和权力的多样性。第一，在调查环节方面，行政调查通常要经历初步调查、立案、全面调查。这是一个规范的行政调查程序应当经历的三个基本的步骤。基本的法律依据是《行政处罚法》第20条的规定："行政处罚由违法行为发生地的县级以上地方人民政府具有行政处罚权的行政机关管辖。法律、行政法规另有规定的除外。"该规定事实上非常清楚地表明了行政调查的第一步应该是进行初步调查，初步调查的主要目的或功能是确定是否存在违法事实，是否需要追究行政法律责任。只有存在违法事实并且这种违法行为的实施在行政法上需要追究法律责任，才可能需要立案调查。所以，不经初步调查就一律进行立案是不科学和不恰当的。当然，那种先进行全面调查，最后再进行立案的做法也是不合适的，尤其是违反行政法上关于程序正当的基本规定和原则要求。立法上设立比较全面甚至有些烦琐的行政调查程序，是为了保证行政机关获得足够的证据，确保查清案件事实。当然，在实务中有的行政机关由于过度重视行政任务的完成，可能在行政调查方面出现不应有的问题，这一点笔者将在下文重点讨论。第二，要保证行政调查的顺利进行，就必须对行政执法机关和行政执法人员配备足够的行政调查权。尤其重要的是当行政相对人拒绝配合行政调查工作时，行政执法机关需要有查封、扣押等行政强制措施权。对此，法律、法规甚至规章都对行政执法机关进行了授权。这或许和不少行政法律、法规和规章是由行政执法机关起草有关系。而即便是在一些法律、法规和规章中没有明确的授权，行政执法机关也会想方设法获得这些权力，或者事实上行使这些权力。比如，他们可能通过与其他行政执法机关一起联合执法的方式，由其他有权的执法机关配合实施相应的行政调查权；又或者采取说服、教育、引导行政相对人的方式使其配合执法，从而避免可能实施一定的行政强制措施权。当然，实务中为了完成行政任务，一些行政执法人员也可能事实上去行使这些法律、法规和规章所没有赋予的行政调查权。

二、重视案件事实

行政调查的目的是查清案件事实。案件事实可以分为客观事实与法律事实，但是以目前行政调查人员的普遍性法律素养，他们中的不少人还无法明确区分这两种事实之间存在什么样的区别。虽然不清楚两者的区别，但是他们知道必须要有案件事实才能作出某种行政决定。所以，他们需要采取各种行政调查手段来查清案件事实。

在调查案件事实的过程中，按照法律的规定，行政相对人具有程序性权利，这些程序性权利难免可能有碍于案件事实的快速查清，所以执法机关和执法人员在行政调查中常常需要面对两种利益的冲突，即公共利益的维护（或者是行政任务的完成）与个人权利的保护。而执法人员的选择，总是有考虑公共利益的维护，因为维护公共利益的实质是完成既定的行政目标或任务，而如果偏向个体利益的保护，就可能无法完成行政任务。钓鱼执法案中我们能够清楚地看到，为了完成打击黑车的任务或指标，执法机关完全置相对人的程序性权利、行政调查程序和证据的合法性于不顾了。

三、缺乏内部有效的法律监督

在整个行政调查过程中，行政活动可能违反法律法规和规章的规定，这一点是毫无疑问的，所以行政执法机关内部普遍都建立了法制机构。不仅如此，同级纪检监察部门往往还会根据《行政监察法》的规定，在行政执法机关派驻纪检监察机构或人员。从理论上来说，通过上述安排，行政调查过程原本应当能够在行政执法机关内部获得很好的监督。而事实的状况是，执法人员的执法活动依然缺乏实质性的监督。

行政机关内部存在的监察机构和法制机构在法律上具有对执法人员和执法活动的监督权，但是前者一般不会主动干预和审查行政执法人员行为是否违法、违纪。只有当相对人投诉或者上级机关下令时，才被动地进行事后监督。法律机构具有名义上的执法监督权，并且在不少行政机关，执法人员调查终结的案件材料、作出的初步处理意见和调查报告要由法制机构进行审查。但是从实务的情况来看，法律机构并没有也不能对行政调查活动进行有效的监督，但极端的情况下，甚至一些非常明显的程序和实体问题，法制机构也不能对其予以纠正和制止。例如，钓鱼执法案件中，面对调查人员如此明显的程序和实体违法，法制机构竟然没有能够予以制止，实在令人匪夷所思。从一些法制机构的工作思路或者理念中，我们或许可以找到法制机构无法有效监督行政调查活动的合理解释。在一些笔者所了解到的法制机构工作中，他们的工作理念并不是监督行政调查人员有没有违反法律、法规的规定，而是看行政调查人员所获得的证据是不是足以认定相对人的违法行为，是不是可以予以行政处罚。对于一些法律、法规的适用，法制机构利用自己对法律的理解能力，做有利于行政调查和作出行政处罚的解释。法制机构这种想方设法为行政调查活动开脱和寻找借口的做法，当然不可能真正发挥其对行政调查活动进行有效监督的作用。关于法制机构的问题，笔者将在下文做更深入的讨论。

由于行政执法机关内部所存在的监督机制不能更有效地监督行政调查活动，行政决定最终是否需要作出、如何作出的关键性工作职能堆积到了领导审查决定的环节。法制机构的审查也只是为行政机关领导作出决策提供一般性的法律咨询。由于法制机构应当具备的功能没有真正发挥出来，原本应当只承担决策职责的行政机关领导不得不承担判断行政执法程序是否合法、证据是否确实充分，以及行政处理决定是否合法、合理等一整套问题。在这种情况下，行政机关最终作出错误或者违法的行政处理决定的概率必然较高。

第二节　行政调查中心主义产生的原因

行政调查中心主义产生的基本原因，是行政任务的高效完成与依法行政之间的矛盾。行政机关要完成既定的行政任务，而且按照要求这种任务的完成必须是要有效率的。但是随着社会文明进步的发展，人们对行政权力控制的要求也越来越强烈。行政权力的行使不能专断随意，必须要按照一定的程序进行，行政决定的作出应当有基本的法律事实作为支撑，而法律事实又必须要有证据予以证明，这种矛盾使得行政调查活动必然要成为行政执法活动的中心。

一、行政任务的现实要求使然

英国学者提出了一种所谓的"红灯理论"与"绿灯理论"。他们将按照传统的法治理念，强调法律对行政权力行使的控制的理论称为"红灯理论"，而将行政法作为政府机制的重要组成部门，其重要的功能是推进行政机关政策落实的理论称为"绿灯理论"。在红灯理论的视野中，行政权力首先被认为是一种对公民个体权利的潜在威胁，因此行政法首要的功能是对行政权力进行监督。在这种情况下，行政活动的任务及其完成的效率被置于次要的地位。而绿灯理论则非常关注行政活动对社会的形塑功能，要求行政机关完成一定的行政任务，并且这种任务的完成应当是高效的。

这两种理论，在不同国家以及不同的时期，适用是不一样的。在资本主义早期，红灯理论受到重视和强调，因为那时的公众主要关注的是政府能够依法行使行政权力，是否会侵害自己的合法权益。到了垄断资本主义时期，绿灯理论开始受到追捧，因为此时的政府被赋予了干预社会经济文化发展的责任。政府必须是有为的政府，不再是"守夜人"的消极角色。而政府要有所作为，就需要放开其手脚，让其充分发挥法定的形塑社会的功能。但是到了 20 世纪

70 年代以后，绿灯理论同样也受到了非议，一些人认为政府管理的事务过多，法律对政府的控制不够。所以，也有学者提出了一种理论，即"黄灯理论"，试图想要在政府有所作为与控制权力滥用之间找到平衡。

上述有关理论出自西方国家，是用来解释西方国家在不同历史时期，政府权力受到法律控制的严密程度。这些理论有一个前提，即不论是哪种理论，都要求政府应当在法律规定的范围内行使权力。就我国的情况来说，并不适用上述任何一种理论，因为法治向来在我国并不具有历史传统。长期以来尤其是改革开放以来，我国行政机关的主要职责不是注意自己的权力不被滥用，而是要对推进社会政治、经济、文化的快速发展发挥关键性作用或者充当主导者的角色。

为了将这一作用发挥好，将主导者的角色扮演好，行政机关就必须将完成一定的行政任务作为其工作的重心。但是随着法治国家、法治政府目标的提出，每一个具有行政权力的行政机关及其公务人员都被要求依法行政。也就是说，此时行政机关在完成行政任务的同时，还需要履行依法行政的义务。以前只是要求行政机关高效完成行政任务，现在要求行政机关依法高效完成行政任务。行政工作的要求显然提高了。而更为关键的是，依法行政常常和高效完成行政任务是背道而驰的，要依法行政就可能阻碍行政任务的高效完成，甚至导致行政任务根本无法完成。例如，要求行政机关按照一定的行政程序实施行政活动，就可能降低了行政效率；要求有足够的证据才能作出某种行政行为，就可能导致有些案件中行政决定因为证据不足而无法作出，进而导致行政任务无法及时完成。

但是摆在行政机关及其公务人员面前的现实是，上级在对他们进行考核时，并不考核其依法行政的效果，而是对其完成行政任务的能力和效率十分关注。这种导向就自然而然地促使行政机关及其执法人员以完成某种行政任务为主要目标了。既然依法行政并不是考核的内容，依法行政效果的好坏与行政机关及其执法人员没有利害关系，在这种情况下，除了少数对法治抱有坚定信仰的人之外，谁又会去关注依法行政的效果问题，谁又会执着于和自身的利害毫无关系的问题，而将至关重要的行政任务的完成问题牺牲掉呢？

要高效地完成行政任务，行政调查自然会成为行政执法的中心。执法机关和执法人员很显然会认为，行政任务的完成需要确认案件的事实，看行政相对人的行为是否符合法定的要求。而判断相对人的行为是否符合法定的条件，当然要进行必要的行政调查，经过行政调查，案件的真相就会水落石出。掌握了证据，查明了真相，对相对人作出某种行政处理决定并不是一个非常疑难的环节或问题。所以，后续的行政决定程序和行政执行程序都应该服务于行政调查程序。对于这些认识，不仅仅局限于行政机关，事实上立法机关也有这样的认识倾向。多年来，国家在制定有关行政法律、法规时，其立法的重点，不论是对行政组织机构的设置还是执法行为的规定，主要关注的就是行政调查机构及其调查行为。而对于行政决定的合法性具有重要影响力的法制机构，无论在机构地位、人员编制还是法律权限方面都缺乏应有的重视。

二、现实执法能力的必然结果

随着我国民主法治的不断推进，要求行政机关依法办事的呼声越来越强。如何实施依法行政就摆在了行政机关及其公务人员的面前。按照依法行政的要求，行政机关的行政执法活动应当在两大方面进行规范。第一是行政调查活动的规范化。首先，行政机关在实施行政调查的过程中，应当遵守法定的程序，违反法定程序可能因为程序违法而导致行政决定无效。所以，程序违法是现代法治政府所不允许的。其次，在行政调查的过程中，行政机关应当全面地收集证据，以便客观、合理地作出行政决定，行政调查所获得的证据应当符合证据的合法性、客观性和关联性等要求。再次，行政调查应当在法定的权限内实施，不能超越法律授权的范围，不能实施法律、法规没有赋予的行政调查权。第二是行政决定的规范化。行政机关应当对行政调查活动从形式到实质、从程序到实体进行全面的审查，与此同时应当找到合适的法律依据，并且根据个案的具体情况，对所要适用的法律、法规进行适当的理解和解释。行政决定程序和行政调查程序既相对独立，又相互关联，尤其要强调行政决定程序对行政调查程序的监督制约作用。

但从现实的情况来看，一直以来我国行政执法机关在法律人才的储备方面存在严重不足，无法达到法治政府和依法行政的要求。且不说那些从事外部管理的工作人员，其由于主要职责是完成行政任务，在法律素养方面存在不足，即便是那些在行政机关的法律机构工作的人员，其中也有一些人不具备良好的法律素养，受过正规的法学专业训练、通过国家司法考试而具有法律资格证书的工作人员更是屈指可数。在这种情况下，即便行政机关想要在行政决定程序中按照法治政府的要求实施依法行政，进行规范的合法性审查，也缺乏现实条件，所以，行政机关自然会把行政执法工作的重心集中到行政调查程序中。

从外部的法治环境来看，也可能促使行政机关将依法行政的重心定位于行政调查。目前我国的法律人才在实务上主要集中于法院、检察院和律师事务所。检察院和律师为了说服人民法院接受自己的观点，作出对自己有利的判决，在诉讼中会主动对有关法律、法规进行规范的解释。但是二者对行政机关的影响力较小（或许这也是党的十八届四中全会强调建立政府法律顾问制度的重要原因，希望通过法律顾问制度，帮助行政机关规范理解法律、法规，提高行政执法能力），而最能够体现我国法治水平且同时对行政机关影响较大的人民法院，从其作出的司法裁判书的内容来看，主要集中于对案件过程和证据运用的表述，对于司法裁判究竟为什么会作出，对于法律概念的理解和解释，依然严重不足。这种情况显然也不利于行政机关提高自身的执法能力。

行政机关的行政执法活动无疑会受到人民法院司法裁判的影响。既然人民法院作为法律解释的权威机关，在司法裁判中不对法律概念和司法裁量权的运用作出明确、具体和规范的解释，那么行政机关在作出行政决定书时，自然就可能模仿人民法院的做法。总而言之，在行政机关看来，行政调查即便是在依法行政、法治政府的要求下，也是行政执法工作的中心。换而言之，将行政调查作为行政执法的中心不但可以解决行政任务的高效完成问题，还可以完成法治政府建设的要求。

第三节　行政调查中心主义的现实影响

根据笔者对行政执法实务的了解，行政调查中心主义在很多地方和部门都存在，不仅过去存在，现在也依然存在。就本文提到的上海钓鱼执法案件并不仅仅存在于上海，媒体还披露出国内多个地方发生的钓鱼执法案例。事实上，行政调查中心主义执法模式可能不仅存在于道路交通行政执法中，在工商、公安、税务、土地等行政执法活动中也可能存在类似的行政执法模式。如果真是这样，那么行政调查中心主义就可能是我国行政执法的重要现实模式，所不同的可能仅仅是程度差异而已。所以，对这种执法模式进行深入研究，了解这种执法对我国的现实影响，有利于我们更加清晰地了解这种执法模式的运行规律，为今后改革与完善我国的行政执法模式找到有效的办法。

在影响范围的梳理上，笔者试图从行政执法的全过程去考察行政调查中心主义造成的问题。行政调查中心主义执法模式可能影响着行政执法的每一个环节，决定着每一个行政执法环节的行政内容与方式。执法模式是行政执法的基本样板，它不是行政执法中的某一个行为，而是对整个行政执法过程的高度抽象。所以，行政调查中心主义执法模式可能贯穿或者体现于行政执法的每一个环节中。行政机关在每一个环节所采取的公权力行为都可能与行政调查中心主义执法模式有着密切的关联。这种执法模式还决定了行政机关是否作出某种行为、如何作出某种行为以及行为的基本内容与方式。笔者认为，通过这样的梳理，我们可以更加准确地认识到目前的行政执法活动主要存在的问题，以及这些问题发生的真正根源。此举可以为我国在相关体制上的改革找到更加科学的依据。

一、对行政调查过程的影响

行政调查大致可以分为启动（受理）、调查（检查）、取证、认证等环节。当发现案件线索以后，行政执法机关首先要做的就是确定是否需要进行立案调查。正如笔者前文所言，在行政执法机关看来，其执法工作的重心就是对行政案件进行调查，一旦行政调查工作完成，行政执法工作的主体就已经完成了。

行政调查原本应当按照法律法规的规定实施。新中国成立以来，尤其是改革开放以来，我国已经制定了很多法律、法规，基本上各个行政执法部门都有了明确的法律法规依据。如果发现违法案件，需要追究法律责任，行政执法部门就应当按照法律法规的规定进行立案调查，根据调查收集的证据，作出某种行政处理决定，以维护公共利益和公共秩序，保护公民、法人和其他组织的合法权益。

但是，由于行政任务的关系，行政调查程序的进行在执法实践中形成了一套自己的规则。行政任务原本是无可厚非的，如果行政机关没有明确的行政任务，就有可能发生执法怠惰、失职等情况。但是行政任务的确定有的时候可能导致行政调查程序的走样。因为行政任务而形成的笔者上文所说的行政调查中心主义，使得行政调查活动在很多环节发生了走样。

这种行政调查活动的走样存在于多个行政调查程序中。例如行政调查的启动、行政调查的公众参与等。按照法律的规定，行政执法机关原本该启动行政调查程序就启动，该允许公众参与就允许其参与行政调查活动。而事实的情况是，为了顺利完成行政任务，在行政调查程序中，行政执法机关有可能采取一些所谓的变通措施，使得这些活动背离了立法的初衷。又如，听证程序是公众参与行政活动的重要途径，但是公众参与听证活动，就可能提出不同的意见，提交相反的证据来证明自己行为的合法性，这样就不利于行政机关顺利作出行政决定，从而完成行政任务。因此，行政机关就有可能采取一些手段，使得立法上设计的听证程序失去对行政机关的监督作用。

二、对证据收集与运用的影响

目前我国没有专门的证据法，行政执法中证据收集和运用的规则主要依据的是《行政诉讼法》及其司法解释的规定，当然，在一些法规、规章和内部规范性文件中也有部分规定。但总体来说，证据规则在我国目前还不完善，执法机关经常在如何收集和运用证据方面产生疑惑。

由于行政调查中心主义的影响，行政执法机关在收集和运用证据的时候也容易发生问题。比如哪些主体有权调查收集证据、证据要收集到什么样的程度才可以用来证明案件事实等。这原本也应当按照法律、法规的规定进行判断，但是行政执法机关为了完成任务，就可能会在证据的收集运用等方面采取一些变通的行为。例如，在收集证据时，明明已经违反了法律、法规关于证据收集程序的规定，但是行政执法机关有可能依然会采取措施继续实施有关行为。他们这种明知违法而继续实施证据收集行为的根本原因，就是为了顺利完成行政任务。他们知道如果不能收集到足够的证据，在法律上就无法证明自己将要作出的行政决定内容的合法性，因此即便已经违反了证据收集的程序规定，他们也还是要继续这样做。

三、对行政决定作出的影响

行政执法机关作出行政决定需要经历几个过程，主要包括对法律事实的判断，对法律、法规内容的解释与运用，以及裁量权的行使等。从法治的角度来讲，行政执法机关原本应当根据证据依法对案件的事实作出合理的认定，根据立法目的对法律法规的内容作出合理的解释，并且根据相关因素合理行使行政裁量权。

但是同样，由于行政任务的压力而形成的行政调查中心主义，使得行政执法机关事实上难以完全按照法律法规的规定行使上述权力。虽然他们不能无视法律法规的规定，但是从行政执法的实际情况来看，行政任务的完成事实上成为了很多行政执法机关的最高指示。最好的结果当然是在法律规定的范围内顺利完成行政任务，而现实情况常常是，如果严格按照法律的规定作出行政决定，就有可能无法顺利完成行政任务。此时行政机关及其执法人员不得不需要在依法行政与完成行政任务之间作出抉择。通常的情况是，行政机关会想办法使得行政决定的作出在法律上尽可能说得过去，同时完成行政任务。而当依法行政完全无法满足完成行政任务的要求时，他们就可能背离法律的规定，而首选完成行政任务。

四、对行政决定内容执行的影响

行政机关作出行政决定以后，相对人应当在规定的期限内按照行政决定的要求依法履行决定内容，如果拒绝履行决定的内容，行政机关可依法实施行政强制执行行为。在行政法原理上，这是行政行为的执行力所决定的。行政决定作出并生效以后，就依法具有了执行力，这种执行力是以国家强制力作为保证的。相对人如果不服行政决定可以依法提起行政复议或行政诉讼，但是已经生效的行政决定的内容依然要执行，否则国家就要依法予以强制执行。

虽然原理如此，但是事实上行政机关在实施行政强制执行行为时同样会受到行政调查中心主义执法模式的影响。行政调查中心主义执法模式形成的根本原因是为了保证行政任务的顺利完成，而行政执行与行政任务的完成有着重大的关联。这种关联主要体现为两个方面：第一，行政决定内容本身就是行政任务。例如，在整治违章建筑方面，拆除违章建筑是行政机关事先已经确定的行政任务，而行政决定的内容主要就是拆除违章建筑。此时行政决定内容的执行就直接关系到行政任务能够顺利完成，因此，相对人不依法履行行政决定内容的，行政机关就会想尽办法迫使相对人履行义务，或者通过代履行来达到拆除违章建筑的目的。现实中有些行政机关冒着可能违反《行政强制法》的规定，在夜晚或者节假日对违章建筑实施强制拆除，其原因就在于为了尽快地完成行政任务。第二，行政决定内容的执行程度关系到行政任务是否能够顺利完成。有些行政决定的内容本身虽然不是行政任务，比如对非法营运车辆实施较大数额的罚款。罚款多少以及是否能够履行本身不是行政任务，行政任务的内容应该是杜绝非法营运行为。但是罚款数额的多少以及是否能够得到履行对于震慑违法行为人，使其不敢再实施非法营运行为，从而杜绝非法营运行为具有重要的关联。因此，当相对人拒绝履行行政处罚决定时，行政机关也会想方设法迫使相对人履行义务。

当然，第二种情况与第一种相比，灵活性相对较强。当相对人觉得行政处罚过于严重而不愿意履行，并与行政执法机关进行交涉时，行政执法机关为了尽快实现行政处罚决定内容，避免可能引发的复议和诉讼，就有可能在罚款的数额或者行政处罚的程度上作出一定的让步。而这种让步是否符合法律、法规的规定，则不一定是行政机关重点考虑的问题。

总而言之，行政调查中心主义之所以会形成，根本的原因在于需要顺利完成行政任务，而行政任务的完成就需要在行政调查阶段通过调查收集证据来确认违法事实，一旦违法事实得到确认，初步的行政处理决定内容也将随之形成，行政执法的主体工作即宣告结束。其后的行政决定程序和行政执行程序都主要是为了保证行政调查成果的顺利实现，因此，目前的行政执法机关内部并没有设置有效的机制对行政调查行为实施有效的监督。在下文，笔者还将分别就行政执法各个阶段受到行政调查中心主义的影响进行深入的研究，以证明这一执法模式在现实执法中的真实存在。

第六章　行政调查的启动

行政调查的启动似乎是一个很小的问题，一旦启动，就马上进入实质性的调查取证阶段。然而问题虽小，却是值得研究的。现实中存在大量的社会问题，如无证经营问题、消费不开具发票问题、违章搭建问题、环境污染问题、食品安全问题等。这些问题我们每天都可以看到、听到，但是它们一直都存在着，除了少数案件被查处，大量的违法现象一直伴随在我们左右，没有行政机关来处理。日复一日，有些问题越来越严重，比如环境污染。人们会感到纳闷，这些社会问题、违法现象不是应该有行政执法机关按照法律的规定予以查处的吗？为什么他们没有展开调查呢？笔者试图通过对这些问题背后存在的根本原因展开研究，分析这些原因与行政调查中心主义执法模式之间是否存在某种关系，存在什么样的关系。

第一节　启动条件

行政执法机关要查处违法行为，其行动的第一步就是要启动行政执法程序。只有行政执法程序被正式启动，行政执法才可能合法进行。然而行政调查的启动却又不是轻而易举的，这里既有法定的条件，又有实务中行政机关自定的标准。

一、法定条件

所谓法定条件，当然是指法律、法规或者规章所规定的，行政执法机关启动行政调查程序的条件。由于法律、法规和规章有时对行政调查程序的启动没有作出明确规定，不排除有些上级行政机关也可能以行政规范性文件的方式规定行政调查启动条件。

行政执法机构在什么条件下应当启动行政调查程序？从各国立法状况看，行政调查程序的启动应该规定在行政程序法中。如《联邦德国行政程序法》第 22 条规定："行政机关依合目的性裁量，是否以及何时开展行政程序，下列情况例外，即行政机关根据法律：1. 依职权或根据申请，必须开展行政程序的；2. 仅依申请方得开展行政程序，而未提出申请的。"但是我国由于目前尚未制定行政程序法，自然也不可能在这样的法律中对行政调查程序启动的条件作出规定。我们只能在有关行政调查的单行法律、法规或者规章中寻找行政调查的启动条件。

从单行法的规定来看，《行政处罚法》第 36 条规定："除本法第三十三条规定的可以当场作出的行政处罚外，行政机关发现公民、法人或者其他组织有依法应当给予行政处罚的行为的，必须全面、客观、公正地调查，收集有关证据；必要时，依照法律、法规的规定，可以进行检查。"该条规定所说的"本法第三十三条"指的是行政处罚简易程序。也就是说，简易程序不需要进行行政调查❶，除此之外的其他行政处罚案件，执法机关应当全面、客观、公正地实施行政调查。这一规定包含两层意思：

第一，公民、法人或者其他组织实施了一般的违法行为。这种违法行为必须是侵犯了行政管理秩序的违法行为。如果公民、法人或者其他组织实施的行为侵犯了其他公民、法人或者其他组织的合法权利，但是并没有侵犯法定的行政管理秩序，此时行政调查就不能启动。这里很显然涉及公法与私法的界限划分问题。在法治的条件下，公法与私法有着明显的界限，违反私法的行为由公民、法人或者其他组织自主决定是否救济自己的合法权利，如果需要救济，国家已经为这种权利的救济设立了独立的司法体系。权益受到侵害的公民、法人或者其他组织可以向人民法院提起诉讼，由司法机关审查确定是否存在侵权行为，如何进行救济和赔偿。而哪些违反公法的行为，则由国家的行政执法机关启动行政调查程序，调查收集证据来确定行政相对人是否存在违反行政管理秩序的行为，进而决定如何对行政相对人的违法行为进行制裁。

第二，这种违法行为应当承担行政法律责任。违反行政管理秩序的行为必须应当依法予以行政处罚，但尚未构成犯罪；如果相对人实施的行为已经能够构

---

❶ 王周户："行政调查活动的法律程序分析——以相关法律制度规定为样本"，载《行政法学研究》2011 年第 4 期，第 87 页。

成犯罪，则启动的应该是刑事调查程序。如果违法行为显著轻微，不需要追究行政法律责任，那也不需要启动行政调查程序。所以，这里有一个度或者量的标准，需要行政执法机关予以准确把握。行政处罚和刑事处罚都属于国家制裁的范围，但是行政调查针对的是一般的违法行为，对于那些违反行政管理秩序但是尚未构成犯罪，因而不需要刑事处罚的案件，行政执法机关才启动调查程序。

　　另外值得一提的是，法律尽管只是规定了上述两个启动行政调查的程序，但是从法规、规章甚至规范性文件的层面来看，启动行政调查程序还可能存在其他的条件。例如，湖南和山东两省制定的《行政程序规定》就对行政调查程序的启动规定了另一个条件。湖南省的《行政程序规定》第64条第1款、第3款规定："行政执法程序依法由行政机关依职权启动，或者依公民、法人和其他组织的申请启动""公民、法人或者其他组织认为自己的申请事项符合法定条件，可以申请行政机关启动行政执法程序"。山东省的《行政程序规定》第66条第1款、第3款也做了同样的规定。从上述两个规章的规定来看，其所指的行政执法显然不仅仅指向行政处罚或者行政强制，还要包括行政许可等行政行为。在内涵扩张的情况下，我们显然不能仅仅根据《行政处罚法》的规定来确定行政调查的启动程序。在这种情况下，行政机关的决定或者行政相对人的申请行为，也成为启动行政调查程序的法定条件。两省的《行政程序规定》虽然只是地方政府规章，但是确实率先对本身的行政执法程序作出了统一规定，对于规范该两省的行政执法程序和日后国家制定行政程序法都具有重要的意义。

　　总而言之，行政调查的启动从现有的法律、法规和规章总结来看，主要是依据公民、法人和其他组织的申请，以及行政执法机构依据职权启动。❶ 启动的条件主要规定在单行法律、法规之中。如《行政处罚法》已经明确规定了，当公民、法人或者其他组织实施了违法行为，并且应当追究行政法律责任时，行政调查应当启动。《行政许可法》第32条第1款第（5）项规定："申请事项属于本行政机关职权范围，申请材料齐全、符合法定形式，或者申请人按照本行政机关的要求提交全部补正申请材料的，应当受理行政许可申请。"

---

　　❶　当然，公民、法人和其他组织提出的申请最终还需要行政机关进行审查，由后者决定是否符合立案调查的条件，如果不符合条件，行政机关可以不启动调查程序，反之则由行政机关依职权启动调查程序。所以从这种意义上说，行政调查的启动主要还是由行政机关依职权启动，即所谓的行政调查的职权主义。余凌云："行政调查三题"，载《浙江学刊》2011年第2期，第55页。

二、实务做法

法律、法规和规章虽然规定了行政调查程序的启动条件，但是在实务中，行政执法机关要真正启动行政调查程序，还需要经历几个程序、环节，符合一些实务上的要求。

第一，发现案件线索。只有获得了有关的案件线索，才可能进行调查，没有案件发生或者没有任何案件的相关线索，行政执法机构便无从调查。案件线索的发现一般有四种渠道。（1）执法机构在例行检查中发现案件线索，认为需要追究行为人的法律责任，从而启动正式行政调查程序。（2）社会公众向执法机构举报，经执法机关核实，认为存在违法行为，需要追究行政法律责任的，启动行政调查程序。（3）上级行政机关交办的案件。行政执法必须组成专门的调查机构，启动调查程序对违法行为实施行政调查。（4）其他国家机关移交的案件。行政执法机关可以在其他国家机关已经取得的证据材料的基础上，启动专门的行政调查程序。另一种情形是，在依申请的行政执法中，相对人向行政机关提出申请，也可以视为行政机关发现案件线索。

第二，审查核实相关材料信息。对于获得的有关案件线索材料，执法机关还需要进行必要的核实工作，不核实确定违法案件是否真实存在、是否需要追究有关社会主体的法律责任，就无法启动行政调查。不论是依申请的执法还是依职权的行政执法，行政机关都要依法审查案件材料的合法性与可靠性。这种对材料信息的审查往往需要实施相应的行政调查活动。这种调查在法律上应当属于核实启动条件的行为，不是真正意义上的行政调查，但是实务中往往将此时的核实行为与行政调查合并实施。其具体表现为行政机关尚未进行立案即进行调查取证，很多人因此批评行政执法违反法定程序。

第三，立案调查或受理。经过了上述两个程序以后，如果行政机关认定确实存在违法行为或事实，并需要追究行政法律责任，需要进一步调查取证以证明案件事实，追究特定行政相对人的法律责任，那么除了法定不需要做进一步调查的案件以外，执法机关应当进行立案调查。

上述三个环节与法定的行政调查启动条件既关联，又存在不同。从法定条件来看，只要存在违法事实和行为，需要追究法律责任，并且经过了特定行为人的发起，就应当启动行政调查程序。但是法定条件的内涵是否成就在实务上还需要做具体的理解和解释。案件线索是否取得，取得的线索是否真实，是否属于需要行政机关应当介入的行政案件，相对人的行为是否需要追究行政法律责任，等等，都是实务中行政执法机关需要审查确定的行政调查启动条件。这就使得法律上的规定和实务中的做法有时不尽一致。

三、三种立案模式

从行政调查中心主义的视角来看，行政调查程序的启动存在三种代表性的模式，由于每种模式下都是以立案的形式体现，笔者姑且称为三种立案模式。

第一，选择性立案。所谓的选择性立案，就是行政机关对于获得的案件线索进行调查核实以后，根据自己的判断，有选择地进行立案。这种选择的标准不是法律规定的标准，而是根据行政执法机构的自身情况作出的抉择。这种立案主要存在于公众举报的案件和其他机关移交的案件中。比如，在交通行政执法的过程中，执法部门发现有车辆涉嫌非法营运，要求该车驾驶员停车接受检查询问，驾驶员拒绝接受检查，开车撞向执法人员，并试图逃逸，将执法人员撞伤。此时除了非法营运应当由交通执法机构立案调查以外，驾驶员开车撞伤执法人员的行为已经违反了《中华人民共和国治安管理处罚法》（以下简称《治安管理处罚法》）甚至《中华人民共和国刑法》的规定，交通执法机构依法将故意撞人这部分违法案件移交公安机关处理。公安机关接到交通执法机构移交的有关案件材料以后，就要进行审查核实，确定驾驶员是否实施了开车撞人的行为，是否需要追究其行政法律责任或刑事法律责任。如果需要，那么公安机关就应当进行立案调查；如果不需要，则不予立案。这样的程序和做法是符合法律规定的，但是有的时候，公安机关可能基于其他的考虑而不予立案。比如，公安机关如果当时正处于超负荷工作状态，没有足够的警力来处置这类治安案件，那么就可能不予立案。

第二，假立案。所谓的假立案，就是行政执法机关鉴于法定的原因被迫对某些案件接受登记予以受理，但是并不进行实质性的调查。这样的案件一般都是公民、法人或其他组织向行政执法机构申请要求立案调查的案件。由于符合法律规定的条件，行政执法机关没有选择，只能受理，但是由于其他原因，比如案件比较疑难，所能获得的线索和证据非常有限而难以查清案件，执法机构往往在受理案件以后，将案件予以存档。虽然公民、法人和其他组织填写了案件登记表，但是行政执法机构不一定填写立案审批表。实务中这样的案件很多，比如一般的盗窃案件，有些公安机关往往在接到报警以后，对案件予以存档了事，不组织专门的警力进行调查取证。

第三，绝对立案。所谓绝对立案，是行政执法机关对于某些案件不论是否符合法定的立案条件都立案调查的行为。这种绝对立案的案件往往是上级交办的案件。上级的交办行为事实上是一种行政命令，执法机构必须执行该命令。不论被调查的社会主体是否存在违法行为，在上级机关改变行政命令之前，执法机构必须进行调查，尽可能地找到足够的证据来证明被调查对象行为的违法性。

需要说明的是，并不是对于所有的行政案件，执法机关都会采取上述三种模式进行立案。但是笔者认为，至少在行政调查主义执法模式下，一些行政执法机关在特定的时候有可能会根据上述三种执法模式决定是否立案。这三种立案模式对于我国行政执法机关的执法水平和效果也产生了不容忽视的影响。笔者将在下文就上述三种立案模式产生的原因，以及其与行政调查中心主义之间的关系展开进一步的讨论。

第二节　选择性立案

按照依法行政的原则，既然法律规定了立案的条件，行政执法就应当依法进行立案调查。如对于某种违法行为的调查，《行政处罚法》已经明确了，只要行为人有违法行为，并且这种违法行为应该被追究法律责任，那么执法机关就应该立案调查。但是，实务中执法机关可能以各种借口拖延立案或者主观上选择一些他们认为可以立案的案件进行调查处理。这就导致现实中，尽管一些行政相对人的合法权益受到他人的侵害，但是他们并没有向行政机关提出举报、投诉。因为在他们看来，即便向行政机关提出，行政机关有可能也不会理会。

根据笔者的观察，有些行政机关之所以能无视法律规定，实施选择性立案，主要有两方面原因。一是由于行政机关案件的消化能力，不能不选择他们认为可以处理的案件进行立案。我国的历史和现实因素决定了行政机关需要管理的行政事务很多，但是在法律、法规对其执法力量的配置、执法资源的赋予以及执法权限的供给等方面还存在诸多不足之处。例如，对人身自由的行政强制权只有公安机关享有，其他大部分执法机关并不拥有该权限。执法实践中，行政执法人员往往在面对需要实施限制人身自由的情形时无可奈何。这就造成了行政执法机关消化案件的能力受到不同程度的限制。二是行政机关的决定裁量缺乏有效的监督机制，即便没有将一些该立案的案件进行立案也不会依法承担法律责任。❶ 由于现代行政事务的专业性，行政机关被授予了大量的行政裁量权。裁量权在传统上分为决定裁量和选择裁量。❷ 决定裁量是选择裁量的前提，行政机关先要决定是否作出某种行为，然后再决定作出什么样的行为。所以，行政机关只有先经过决定裁量，然后才可能启动选择裁量。裁量权的运用可能影响公民、法人和其他组织的合法权益，在法治国家和地区，都需要通过某种途径对行政机关的裁量权进行控制。但是目前我国在行政机关决定裁量的控制方面似乎还存在很大的不足。而是否立案调查本身就属于行政机关法定的裁量权范围，由于对一些现实条件的考量，行政执法机关可能并不将那些该立的案件立起来。

那么为什么行政机关对行政案件的消化能力存在不足，又是什么原因导致了行政执法机关对行政案件的消化能力不足？对于那些该立案而没立案的做法，行政机关及其执法人员为什么不用担心因此而被追究行政法律责任？对这些问题的研究是非常具有现实意义的，如果立法机关制定的法律在行政执法中可以随意不予执行，那么法治政府建设目标的实现就遥遥无期了。

一、行政机关对案件的消化能力不足

对违法案件进行查处是行政执法机关的基本职责。按法律规定来看，当发现有行政案件时，行政机关就应当进行立案调查，及时作出某种行政决定。例如，发现有违法行为的，行政机关就应当进行调查并作出处罚决定；当发现有人生活贫困，就应当调查了解真实情况，并及时实施行政救助。但是有些时候，行政机关却并没有做，没有做的原因排除行政机关确实不知道发生了该案件或者行政事务之外，还有一种可能性，就是行政机关没有能力消化处理这些案件或者行政事务。

本书所谓行政机关消化行政案件的能力，是指行政机关按照法律、法规和

---

❶　笔者为此查阅了一些人民法院公开的司法裁判，发现不少案件是行政相对人诉行政机关不履行行政职责的。如"皮天健诉重庆市国土资源管理分局"（2014）渝北法行初字第 00357 号、"王俊业、杨敏诉重庆市规划局两江新区分局"（2014）渝北法行初字第 00353 号等。在相对人起诉以后人民法院作出裁判之前，行政机关即履行该法定职责，原告申请撤诉。

❷　［德］哈特穆特·毛雷尔：《行政法学总论》，高家伟译，法律出版社 2000 年版，第 125 页。

规章的规定，行使行政职权、履行行政职责、完成行政任务的能力。正如前文所提到的，这种能力的构成要素是多元的，既包括行政职权的赋予，又包括执法资源的供给，还包括执法力量的配置，另外还可能包括行政执法方式的创新、行政机关公信力的高低等。行政执法机关只有在充分掌握或具备了上述构成要素的情况下，才可能有效实施社会管理，采取行政执法行为，完成行政执法任务。就选择性立案来看，行政机关消化案件能力差的原因主要包括以下几个方面。

第一，行政执法力量薄弱，没有足够的人力来专门处理行政事务。我国采取的是单一制的行政领导体制，因此尽管行政机关的等级和数量较多，但是很多高级行政机关平时只办理少数行政案件，大量行政事务都由基层行政机关进行处理。从实务上看，绝大多数行政事务都由区县行政职能部门承担，少量行政事务由省、地市级行政职能部门承担，而中央行政职能部门很少承担具体行政事务处置的职责。❶ 但是区县行政职能部门的编制十分有限，无法对其管辖区域内的所有行政事务都进行积极全面的调查取证，作出行政处理决定。

为了缓解基层执法力量不足的问题，近年来的行政机构改革试图通过撤并上级行政执法机构，来补充基层执法力量。这种做法有一定的现实效果，但是由于目前我国行政机关管理的行政事务内容繁多，即便进一步加强基层执法力量，相对压缩上级行政机关的执法资源，也难以有效地对社会事务实施单方管理，行政机关对案件的消化能力依然不能获得实质性提升。要从根本上解决这一问题，只有在行政权力的下放，与行政组织内部执法力量有机、合理组合方面下功夫，即行政机关应当将更多的社会事务管理权下放给社会组织和公民，通过各种方法，吸引社会组织承担一部分社会管理或服务功能，让公民对自己的行为进行自律，行政机关只保留少量的执法力量进行监督和指导。这就是20世纪90年代以后，在西方国家比较流行的公共治理理论的要义。很多研究成果表明，政府不应当承担过多的社会管理事务，这既不利于政府集中力量办理一些社会无法承担的社会管理事务，更不利于培养社会的自我管理能力。我

---

❶ 现在的情况来看，乡镇政府和街道办事处也承担了大量行政职责。这些职责有的是法律、法规直接授权给乡镇政府的，有的是区县行政职能部门委托给设置在乡镇或街道的派出机构或者乡镇政府的内部机构的。由于目前对乡镇政府和街道办事处的机构设置、职责界定、法律授权和行政委托等缺乏法律的明确规定，乡镇政府和街道办事处在实施行政管理活动时，容易在主体资格和权限范围等方面产生争议。

国近年来所实施的行政体制改革，尤其是行政审批体制改革，也体现了这种公共治理的理念。2014 年召开的中国共产党第十八届四中全会通过的《全面推进依法治国若干重大问题的决定》规定，没有取得行政执法资格的公务人员不得参与行政执法。这种规定其实就是试图通过自上而下改革的方式，迫使下级行政执法机关转变执法理念与方式，将一些自己不愿意释放的管理权力主动与社会组织和公民分享，否则他们根本没有足够的执法力量实施行政执法活动。

第二，行政机关没有相应的财力解决行政事务。很多行政事务的处理，还需要行政机关付出一定的财力才能解决。例如残疾人的生活补助问题，道路、桥梁等基础设施建设问题。尤其是近年来随着汽车工业的快速发展，私家车大量进入家庭，随之而来的是车辆停放的问题。很多过去修建的住宅小区根本没有设计停车位，即便修建了停车位的小区，有的数量不足，有的收费昂贵。车主无法在小区内停车，就只能将车辆停放在道路、人行道等地方。而外出办事的车辆同样面临着无处停放车辆的问题。现在很多城市大街上到处都是随意停放的车辆，由于没有足够的财力支持，各地政府没有办法规划建设足够的公共停车场来解决这一问题。目前行政机关所采取的措施主要是驱赶。交警部门对于在道路上违停的车辆依法进行处罚，街道、市政部门则采取行政处罚加事实上阻止的方式。如有的街道通过将人行道加高和设置障碍物的方式，组织私家车辆停放到人行道上。但是这种围堵和驱赶的方式不但不能解决停车难的现实问题，而且还可能引发车主与行政机关之间的矛盾和冲突。因此，如果没有相应的财力支持，行政机关无论如何也解决不了行政事务。行政机关如果没有财力，就只能放任行政事务自流而无法加以干预处理。

第三，行政机关没有专业技术能力来解决行政事务。现代行政机关所管理的行政事务越来越呈现出专业化的特点，这就要求行政机关必须具备专业的社会管理能力。如果不具备相应的专业管理能力，根本无法处置和解决相关行政事务。如食品安全问题，其中涉及食品的成分种类、数量，添加剂的数量及其安全性等内容，这些东西对人体健康影响甚大，应当进行必要的行政管制。但是这种行政管制如果要发挥作用，前提是行政机关必须要有专业性技术，能够发现食品中存在质量问题或者其他技术性问题，否则连行政机关自己都不知道该食品是否对人体有害，又如何进行行政执法呢？

第四，行政执法权限不足以有效推进执法活动。一旦立案，就意味着行政机关认为确实需要对某种违法行为或者现实情况作出处理和回应。但是在立案之后，行政处理决定作出之前，必须收集足够的证据。而要获得足够的证据，顺利推进行政执法活动，行政机关就必须具备相应的行政职权，以便在遇到阻碍的时候排除这些阻碍。但是很显然，一些重要的行政职权并没有相应地赋予行政执法机关。例如，对违法行为人的人身自由限制权，除了公安机关，很多其他行政机关都不具备这种权力。在遇到需要限制人身自由的情形时，如果执法机关不具备这种权力，行政执法活动只能终止，否则很容易产生所谓暴力执法的问题。另外，查封、扣押的权力尽管赋予了很多行政执法机关，但是按照《行政强制法》的规定，查封、扣押的期限受到了严格的限制，而执法活动所面对的案件情形千差万别，有些案件在法定的查封、扣押期限内根本无法完成调查取证和作出处理决定，此时行政机关既不能撤销案件，也无法推进执法活动。面对这样的案件，行政机关必然要在立案阶段犹豫不决。

第五，执法方式的创新不足，不能有效应对行政调查中可能发生的现实问题。在立案受理到作出行政处理决定这一过程中，行政执法活动可能发生很多意想不到的问题，这些问题有可能会阻碍行政调查活动的顺利进行。例如，传统的证据收集不全怎么办？一直以来，行政执法机关在调查收集证据的过程中，非常注重对证人证言笔录、当事人陈述笔录的采集。这两种证据也成了很多行政执法最终认定行政案件事实的主要证据，只要具备了这两种证据，案件事实基本可以确定。至于上述证据是否存在相互矛盾之处，是否存在关联，是否能够排除合理怀疑，收集的程序是否合法，等等，则并不是最重要的。反之，如果没有上述证据，案件事实往往难以确定。实务中，有些行政执法机关将上述两种证据确定为"必备证据"，要求行政执法人员必须收集取得这两种证据，否则不能定案。这导致一些行政执法人员由于无法收集到这些证据而无法追究相对人的违法责任，只能撤销案件。类似这样的情况，很明显体现出行政执法机关及其执法人员在行政执法方式方法上的滞后性。

我国尽管至今尚未制定证据法，但是在一些单行的法律、法规、规章和司法文件中都规定了多种多样的证据种类，只要证据是合法的、真实的和相互关联的，就可以用来证明案件事实。从法律上分析来看，即便是没有证人证言和当事人陈述笔录，但是如果有书证、物证、视听资料、鉴定意见、现场勘验笔录等有效证据，则同样可以确定案件事实。一些行政执法和执法人员由于已经习惯于以往收集证据和确认案件事实的传统做法，当发现证人证言和当事人陈述笔录缺失时，就认为无法确认案件事实。即便立案了，也不能作出最终的行政处理决定，还可能撤销已经受理的案件，而撤销案件又可能面临其他一些棘手的问题，因此还不如对这样的案件不予受理，不予立案。

综上，行政机关本身的消化案件能力是造成选择性执法的一个很重要原因。行政执法机关在决定立案调查、处置某一社会事务时，首先要确认自己是否有能力处置该事务。如果他们认为自己不论从执法力量还是专业技术角度都无法有效地对该事务进行处理，盲目立案就可能导致行政执法任务无法完成。而无法完成执法任务当然可能造成行政执法机关及其执法人员在某种情况下处于不利的地位。在这种情况下，他们完全有可能采取选择性立案的方式，重点去查处那些自己力所能及的案件。

二、行政机关的裁量权缺乏监督

行政裁量权的行使，在现代行政活动中是无法避免的。而这种权力的行使是否恰当对于公共利益的维护和私人利益的保护都具有非常重要的影响。行政机关实施选择性立案的原因除了对于案件的消化能力问题，还有一个很重要的原因就是对于裁量权的监督问题。

行政机关在行使行政裁量权、进行行政执法的过程中，可能发生执法怠惰或者滥用权力的问题。在某些情况下，行政机关不愿意费力去对一些无利可图，甚至会给自己造成很多不便的行政事务作出处理；而有的时候行政机关可能随意作出某种行政行为，而不顾公共利益与私人利益是否会受到损害。如果他们的上述行为不会受到法律的监督，不会被追究法律责任，那么他们就可能发生上述问题。

比如，甲市的张某到乙市旅游，被乙市的旅游公司侵犯了自己的合法权益，张某回到甲市以后通过电话向乙市的旅游局投诉，要求该局调查旅游公司的违法行为并予以处罚。旅游局工作人员认为这是张某与旅游公司之间的民事争议，张某如果认为旅游公司侵权，应该向法院提起民事诉讼，旅游局不能立案查处旅游公司。此时，张某觉得乙市旅游局不予立案的决定是违法不作为行为，尽管自己与旅游公司之间是民事法律关系，但是旅游局对旅游管理秩序有维护和监督的职责，他们不受理自己的投诉是构成行政不作为。但是张某如果要起诉乙市旅游局，按照《行政诉讼法》关于原告就被告的规定，必须到乙市的法院去提起行政诉讼，自己需要承担的诉讼成本太高，所以只能选择放弃。

对于行政执法机关而言，他们在接到公众的投诉举报以后，在决定是否受理并进行立案调查时，可能会考虑很多因素。其中一个因素就是公众提起行政复议或者行政诉讼的可能性。这一点与行政机关完成行政任务也是密切相关的。在接到举报以后，查处涉嫌违法的行为并不一定是行政机关的首要任务。在笔者看来，怎么样处理案件才能够避免因为公民不满而提起行政复议或者行政诉讼往往是行政机关首先要考虑的，或者说这才是行政执法机关的首要任务。

由于举报人在异地，行政机关向其实施调查取证存在不少难度，需要花费一定的行政执法成本。而由于无法取得有效的证人证言，行政执法机关在查处被举报的违法行为人时会遇到不少困难。此时他们可能在是否立案查处，以及该决定可能导致某种法律后果之间进行评估与权衡。如果他们认为行政调查有难度，案件一旦立案可能由于无法获得证据而久拖不决。而举报的公民由于身处异地，按照法律的规定，即便不服行政机关不予立案的决定而提起行政复议或诉讼，也需要花费不少的时间、金钱的代价，行政机关判断其可能不会提起复议或诉讼。那么行政机关完全有可能寻找一定的理由放弃对案件的立案调查。而前文笔者已经提及，是否作出某种决定本身就属于行政裁量权的范围，行政机关如果决定不予立案，完全可以找到不予立案的理由。例如，自己无法获得初步证据证明是否存在违法行为，需要追究法律责任，而受害人又不能向行政机关提供足够的证据证明他人实施了违法行为。❶ 所以，此时对行政执法机关的行政裁量权进行控制就显得尤为重要。如果监督机关能对行政裁量权进行有效监督，行政机关就可能不会随意进行选择性立案，反之则选择性立案可能大量存在。

对行政裁量权的监督从根本上来讲其实应当包括两个方面。一方面是对狭义的行政裁量权进行监督，另一方面是不确定法律概念解释的监督。行政法理论一般认为行政裁量权存在于法律效果部分，而法律概念的解释则主要存在于行为模式部分。对狭义行政裁量权的监督，"除应遵循一般法律原则外，也应

---

❶ 表现在行政执法实务中，很多行政机关在接受公民、法人和其他组织投诉举报的同时，又明确规定，举报人应当收集并向行政执法机关提交足以证明他人存在违法行为的各种证据。如果从法律的角度进行判断，行政执法机关的上述要求或规定是对自己行政职责的放弃或逃避，是要求举报人或者受害人承担了其法律上所应当承担的举证责任，这种现象应当及时予以制止。

符合法令授权之目的，并不得逾越法定之裁量范围"❶。而事实上，行政机关在行使行政裁量权时，可能需要对某些不确定的法律概念进行解释，所以行政裁量与不确定法律概念的解释并非总是处于不同的阶段和领域。对行政机关的法律解释问题进行监督，法治国家和地区一般认为应当由法院进行无限制的审查，不受行政机关解释的拘束。❷

　　我国对于狭义行政裁量权行使与不确定法律概念解释的监督，主要通过行政系统内部监督和外部监督两个途径。内部监督主要体现为上级行政机关层级监督、纪检监察部门专门监督和行政复议监督。除了少部分行政决定需要上级行政机关审批，从而有上级行政机关进行事中监督之外，大部分行政机关内部的监督都采取的是事后的监督；并且往往需要行政相对人向监督机关提出申诉、控告以后，监督机关才能启动监督程序，而事后的行政诉讼监督毫无疑问，更需要行政相对人向人民法院提起行政诉讼。但是行政相对人是否提出申诉、控告，是否提起行政诉讼，往往需要进行利益衡量。从目前行政内外监督程序的复杂、烦琐和效果不理想的情况来看，行政相对人对于发起监督行政程序的态度并不积极，由此必然导致行政裁量权以及法律概念解释的监督效果不尽如人意。

　　有人或许会提出，行政执法机关内部还存在领导对执法人员的监督、法制机构对执法人员的监督，以及不少地方和机关制定了很多行政裁量基准，裁量基准同样也可以起到监督行政裁量权行使的作用。笔者认为这些监督并不能很好地发挥作用。很多行政机关的执法任务原本就是行政机关领导下达的任务，在遇到裁量权问题时，行政机关领导必须在完成行政任务与监督行政裁量权之间作出选择。此时毫无疑问，行政机关领导会选择后者。法制机构尽管在职责界定上负有监督行政执法活动的义务，但是作为行政机关内部不具有独立监督法律地位的机构，显然同样会遇到行政裁量权与依法行政之间的矛盾。法制机构不论从法律地位还是行政职权上，都无法有效监督行政执法机构依法行使行政裁量权。现实执法活动也很证明了行政机关内部的法制机构无法有效监督行政裁量权的行使。另外，行政裁量基准主要关注的是行政处罚尤其是罚款的额度问题。对于行政机关是否应当作出某种行政行为，如何作出某种行政行为，

---

❶　翁岳生：《行政法》，中国法制出版社 2009 年版，第 269 页。
❷　翁岳生：《行政法》，中国法制出版社 2009 年版，第 249 页。

作出何种行政行为，法律上都没有明确的规定。

上述现状说明，一方面行政机关在选择是否立案时需要考量很多现实性问题，另一方面行政机关如何行使行政裁量权在法律监督上并不具有完整性和及时性。在这种情况下，行政机关及其执法人员必然会在每一个行政案件是否立案的问题上作出选择。法律、法规和规章虽然规定只要具有违法行为，并且这些行为应当追究行政法律责任，就应当立案，但是作为行政执法机关及其执法人员而言，他们必须考虑自身对行政案件的消化能力，如果按照法律、法规和规章的规定对所有符合条件的行政案件都进行立案受理，那么最终行政执法机关可能要承担办案不力等法律责任。而如果他们能够根据自身的执法能力，有选择地确定一定的行政案件予以立案调查，那么他们既可以完成相应的行政执法任务，又不会导致承担相应的法律责任。在这种情况下，行政执法机关难免会根据执法的实际情况，尤其是根据自己执法的便宜性来决定是否立案，以及选择何种案件进行立案调查。

第三节　虚假立案

有些案件，行政机关受理或者接受了登记，但并不一定按照法律的规定进行调查，本书称之为假立案或者假受理。既然已经受理，那么就应当按照法律、法规所规定的程序进行调查取证，以求早日将案件查得水落石出，对违法行为人予以行政处罚，对其他行为作出相应的处理决定，救济受害的公共利益和私人权益，维护公共秩序。实务中为什么会发生立而不查的情况呢？比如，人民群众举报某河流受到附近工厂的污染，有时举报人不一定能够明确举出证据证明是谁污染了环境，有时能够提出证据或线索证明污染的来源。执法机关受理以后，却不进行实质性调查，或者虽然经过了一定的调查，但是迟迟不作出任何行政行为，任由违法行为继续横行或者违法状态延续下去。

笔者认为，行政机关之所以会发生这种情况，其主要的原因在于，正式立案对行政执法机关和执法人员可能会导致某种不利的法律责任，而不受理或者不接受公民、法人或者其他组织的报案、申请等行为也同样可能导致某种不利的法律后果，这就使得行政机关在是否立案调查这个问题上出现进退维谷的局面。为了解决这个问题，行政机关才会发明这种受理而不调查、登记而不立案的方法。关于应该受理而不予受理、应该立案而不予立案可能要承担的法律责任是非常明显的，所以本书在此就不再赘述。在此主要讨论的是行政机关立案以后可以遇到的尴尬，具体分析假立案现象产生的原因。

一、难以查明案件事实

立案或者受理，就意味着行政机关正式介入案件的调查与处理，应当在规定的时间内对案件调查完毕，并及时作出处理决定。在这个过程中，调查收集证据以证明案件事实是第一位的。但是要找到足够的证据来证明案件的事实，有时候是非常困难的。具有执法经验的行政机关及其执法人员往往会根据以往的经验进行判断，案件是否可以受理，是否予以立案调查，是否直接存档了事。

不少行政执法机关在证据收集方面已经形成了某种固定思维，这一点笔者在讨论选择性立案问题时已经提及。行政执法机关历来对于当事人的陈述笔录和证人证言笔录非常重视。在客观上，当事人的陈述和证人证言确实可以帮助行政执法机关以最快的速度和最高的效率直接查明案件的真相，并且可以直接证明当事人行为的合法性。可能因为如此，行政执法机关在实施行政调查时，首先会对当事人和证人做笔录。但是当行政机关在进行案件登记或者经过初步调查以后，发现该案件在证人证言和当事人陈述笔录方面难以取得足够的证据，他们就会担心案件由于无法取得关键证据而不能证明当事人实施了违法行为。如果真是这样，那么一旦立案，行政机关及其公务人员就会面临尽快结案的压力。如果案件久拖不决，上级可能会对执法机关和执法人员的工作效率产生质疑，进而影响到其考核结果和职务升迁、工资福利等直接利益。

按照法律的规定，行政执法的证据种类其实很多。比如根据《行政诉讼法》及其司法解释的规定，行政执法证据可以包括物证、书证、证人证言、当事人陈述、电子证据、视听资料、鉴定结论、勘验笔录、现场笔录等。上述证据只要符合法定条件，都可以确认案件事实。但是由于一些行政执法机关的上述固定思维，他们会担心在没有当事人陈述笔录和证人证言的情况下无法查明案件真相。其他证据的效力是否足以证明案件事实，他们在专业上不敢确定。例如，笔者在接触一些行政执法机关时，他们内部的法制机构就要求执法人员必须收集证人证言和当事人陈述笔录，认为这些是定案的"必备证据"。这种认识上的局限性有可能会妨碍行政执法机关实施立案。实务中我们经常可以看到很多行政机关往往会先调查取证，然后再补办立案审批手续。这种明显违反法定程序的做法为何在实务中却非常普遍地存在？笔者认为，最根本的原因在于行政执法机关及其公务人员在执法证据的收集和运用方面存在误区。

当然，行政执法存在假立案现象还有一种原因，那就是案件确实比较复杂，由于种种条件的限制，要查清案件事实的确存在一定的困难，行政执法机关对于这样的案件，除了将案件存档，没有其他有效的处置办法。按照法律的规定，不论案件本身难易，只要存在违法行为或现象，行政执法机关就应当依法进行调查，并作出处理决定。但是法律的规定在执行中需要付出一定的行政执法成本，而在我国这样一个有着特殊的历史传统和现实条件的国家，行政机关管理了大量行政事务。如果不分难易对所有的案件都一视同仁地加以立案调查，最后的结果可能是很多案件尽管花费了很多行政执法成本，但是依然在相当长的时间内无法得到规范处理。而这种情况对于行政执法机关和执法人员都是不利的，因此很自然地，行政执法人员有可能会选择一些相对比较好处置的案件进行立案调查，而将那些疑难的案件作出其他的处置。

严格来说，因为案件疑难而另做处置、不予立案调查的做法是怠于执法的行为，而行政执法机关目前还存在不少怠于执法的情形。怠于执法并不仅仅针对疑难案件，一些行政执法人员完全可能基于种种原因对各种行政案件怠于履行职责，不按照法定的要求积极履行法定的职责，不对自己管辖权范围内的案件积极查处。在有关上级机关没有明确他们的行政执法任务或目标的情况下，他们有可能寻找各种理由推脱对案件的查处责任。❶ 此时，也可能发生假立案或者立而不查的情况。当然总体来讲，明显怠于执法的现象近年来随着监督行政法律制度的不断完善在不断减少。但是因为案件疑难，证据难以取得，导致行政处理决定无法顺利作出而引发的执法怠惰问题依然存在。从根本上来说，这依然和行政调查中心主义执法模式有着密切的关联。当行政调查难以顺利进行，行政任务难以顺利完成时，按照法律的规定进行立案调查是具有法律风险的。

---

❶ 所以，现在一些行政执法机关都明确规定了行政执法机构或执法人员每年要完成多少数量的案件查处任务。这样的硬性规定从某种角度来讲缺乏科学性，毕竟只有真正发生案件以后，行政执法机关才需要启动立案调查程序，也只有真正需要查处的违法案件才需要立案调查。而如果确实违法案件很多，即便超过了上级规定的行政执法任务，执法机构和执法人员也依然应当积极查处案件。但是确定行政任务也有可取之处，它可以督促一些消极执法的机构和人员积极实施行政执法活动，以便更好地维护公共利益、公共秩序，保护公民、法人和其他组织的合法权益。

二、行政调查可能遇到的阻力

除了担心在行政调查中遇到一些客观存在的困难，以致案件事实难以查清以外，行政执法机关也可能会担心在行政调查的过程中遇到一些其他的阻力，导致案件无法查清，所以不敢立案。凭借多年的执法经验，执法人员经常能够判断哪些案件比较容易收集证据、查明真相，所以可以进行立案调查；哪些案件在行政调查中会遇到种种阻碍，无法收集证据证明案件事实，即便立案，最后可能还是会导致案件不了了之，根本无法查清，无法作出某种行政处理决定。笔者认为，下面两种情况是行政执法机关最可能遇到的阻碍。

一种情况是可能遇到上级部门干预的案件。目前的行政组织采取的是双重领导和垂直领导两种体制。在双重领导体制下，执法机关的执法活动会受到上级行政主管部门和同级人民政府的节制。垂直领导的行政执法机关在执法的过程中也非完全不受同级党委和政府的干预。在这种情况下，行政执法活动就可能无法按照法律规定的情形比较单纯地进行。在查处一些特殊的公民、法人或者其他组织的违法行为时，执法机关可能会受到同级政府以及其他有关单位组织的干预或者压力。比如，在查处食品生产企业生产有毒有害产品的过程中，执法机关和执法人员可能会接到来自同级政府打的"招呼"。同级政府会考虑到本地的财政收入、投资环境（有的地方政府认为，如果行政执法过严，外面的投资主体就不敢前来投资了），同时还会考虑到行政执法可能导致的企业效益下降，甚至破产关闭，政府就要处理企业职工下岗安置、社会稳定的维护等问题。在这种情况下，政府也是出于无奈，希望执法机关能够手下留情，不要处罚或者从轻处罚涉案企业。这样，上述案件便无法进行进一步调查取证，因为行政执法机关获得的证据越多，可能对企业按照法律的规定就需要处以更严厉的处罚，而这就可能得罪了当地政府。

值得注意的还有对一些跨国公司违法行为的立案调查。随着市场经济的发展，国外跨国公司在中国从事生产经营和投资的情况越来越普遍。这些公司进入中国市场以后，可能采取一些不正当竞争的手段，侵害中国的经济组织和个人的合法权益。按照有关法律的规定，行政执法机关原本应当对他们的违法行为进行立案调查。但是一些行政执法机关担心对这些跨国公司进行立案调查会引发外交纠纷，导致政府和上级部门的批评，因此也常常不敢进行查处。

另一种压力，可能来自相对人。行政执法机关如果对案件进行立案调查，按照法律的规定，如果情节严重，可能会作出严厉的处罚。但是严厉的处罚可能导致被处罚人采取激烈的对抗措施。比如，在一些违章建筑拆除、公益征收等案件中，当事人动辄要上吊自焚或者要采取其他激烈的对抗手段，行政执法机关如果事先没有准备好万全的应对措施，就难以进行立案调查处理。尽管近年来，个别中央部委已经开始着手对一些跨国公司的不正当竞争行为，如垄断行为进行了调查，并作出了重大处罚，但是在地方基层执法部门，敢于对这些跨国公司的违法行为进行立案调查的情况寥寥无几。

三、执法风险的压力

行政机关的立案调查可能还会遇到各种执法风险，这又不得不促使执法人员慎重考虑是否应该对案件进行立案调查。这种执法的风险首先来自办案发生错误甚至违法而可能引发对执法人员个人责任的追究；其次也可能是来自引发法律纠纷以后，相对人提起复议、诉讼乃至上访，给执法机关和执法人员造成的困扰。

任何一个行政案件都需要行政执法人员去进行调查取证，随后作出行政处理决定。在整个行政执法的过程中，有可能会发生案件在办理上的错误或者违法。例如，执法人员在证据收集和运用上发生错误，导致案件事实认定的错误；又或者可能是行政调查过程中发生程序违法，如依法应当告知相对人有申请听证的权利，但是执法人员没有告知，最后可能在复议或者诉讼中败诉，在行政机关内部，执法人员个人要承担法律或纪律责任。而即便是执法行为没有发生错误或者违法，只要相对人对行政机关的行政处理决定不服，就可以依法向上级行政机关或者人民法院提起行政复议或者行政诉讼，在复议和诉讼中，如果发现执法机关或者执法人员在执法的过程中存在瑕疵，行政机关也可能受到上级行政机关的批评或者受到人民法院发来的司法建议。

行政相对人的行为给执法人员造成的执法风险也越来越受到行政执法机关和执法人员的重视。一些行政相对人为了维护自身的利益，有可能采取一些激烈的对抗手段，实施暴力抗法。以重庆公安执法为例，有关资料显示，2010年的前9个月，重庆警方共查处各类侵害民警合法权益、阻碍民警正当执法的案件 165 起，其中暴力抗法案件 137 件、恶意诬告和诽谤威胁 10 件。❶ 这种情况势必会影响行政执法机关对有关行政案件进行立案调查的积极性。

还有一些行政相对人尽管没有实施直接的暴力抗法行为，但是会采取一些其他的激烈行为，妨碍行政执法机关的工作，以致后者犹豫是否要对这样的案件进行查处。比如，不少行政相对人在行政机关作出不利决定以后，不是按照法定的途径救济自己的权利、解决法律纠纷，而是采取骚扰、违规上访的手段。比如，湖南永州的唐慧先后 7 次在永州市中级人民法院、湖南省高级人民法院、湖南省人大常委会机关大门口、长沙市雅礼中学、长沙市南门口和湖南省公安厅大门口等地大吵大闹，堵门拦车。❷ 无论相对人本人的合法权益是否受到了侵害，国家机关是否存在不作为等违法行为，采取不合法的手段进行抗争都是法治所不认同的。而这些都可能成为执法机关和执法人员的执法风险，面对这些情况，行政机关有可能会在是否立案调查的问题上产生犹豫。

四、法律规则可以被利用

上述执法中遇到的困难成为行政执法机关在立案与否问题上的障碍，但是对于这些行政案件，行政执法机关并不是选择性立案，而是受理、登记却不进行立案调查。所以，笔者称之为假立案。就行政相对人而言，在将有关材料提交给行政执法机关，后者进行登记受理以后，一般会认为行政机关已经立案并展开调查。但是实践中，相对人往往翘首盼望了很长的时间，却没有等来行政执法机关关于案件调查处理的结果。这就是假立案与选择性立案的根本区别所在。行政执法机关选择这样做的原因主要在于，法律规则上有被利用的空间。

在法律上，接受登记、受理案件和立案调查处于不同的行政程序中。公民、法人或者其他组织在自己的合法权益受到侵害或者发现违法行为以后，向行政执法机关提出投诉、举报（包括报案）。行政机关按照规定要对举报、投诉进行登记，符合法定条件的应当受理。但正如前文曾经提到的，行政机关受理案件以后，对于是否进行立案调查需要进行初步调查核实。换而言之，登

---

❶　"重庆前 9 月发生 137 件暴力抗法案件　交巡警最易受袭"，载中国网，http://www.china.com.cn/news/law/2010-10/24/content_ 21185654.htm，最后访问时间：2014 年 11 月 29 日。

❷　"唐慧申诉这 6 年'永州上访妈妈被劳教事件'始末"，载新华网，http://news.xinhuanet.com/legal/2012-08/15/c_ 123585979.htm，最后访问时间：2013 年 8 月 2 日。本书在此并非评判唐慧案件是否对错，只是就其上访的过程中采取的一些比较激烈的手段和方式持不同的看法。

记、受理的法定条件和立案调查的法定条件是不同的。如《公安机关办理行政案件程序规定》第 47 条规定:"公安机关对报案、控告、举报、群众扭送或者违法嫌疑人投案,以及其他行政主管部门、司法机关移送的案件,应当及时受理,制作受案登记表,并分别作出以下处理:(一)对属于本单位管辖范围内的事项,应当及时调查处理;(二)对属于公安机关职责范围,但不属于本单位管辖的,应当在受理后的二十四小时内移送有管辖权的单位处理,并告知报案人、控告人、举报人、扭送人、投案人;(三)对不属于公安机关职责范围内的事项,书面告知报案人、控告人、举报人、扭送人、投案人向其他有关主管机关报案或者投案。公安机关接受案件时,应当制作受案回执单一式二份,一份交报案人、控告人、举报人、扭送人,一份附卷。公安机关及其人民警察在日常执法执勤中发现的违法行为,适用第一款的规定。"

根据该规定,公安机关对于报案、控告等行为都要按规定进行登记,并向报案人、举报投诉人发放受案回执。登记、受理以后,公安机关要进行审查核实,确定案件是否需要追究法律责任,是否属于自己的职责范围。如果属于自己的职责范围,需要进行调查取证,追究违法行为人法律责任的,就要在内部办理立案审批手续。可见,登记、受理是外部行为,公民、法人或者其他组织完全可以通过自己的感官了解行政执法机关如何对待自己的控告、举报或投诉。而立案是一个内部行为,只在行政机关内部运行,外部的公民、法人或者其他组织并不了解究竟行政机关是否已经立案、何时立案、是否真正开始调查取证。有了这样的规定,行政机关就有可能利用法律规则采取假立案的行为。在公民、法人或者其他组织控告、投诉和举报以后,行政机关按规定要进行登记,案件如果符合受理条件,并且属于行政机关管辖范围,就需要受理。但是受理并不是正式的立案,行政机关在案件受理以后,内部需要办理立案审批手续。如果立案审批手续迟迟未办理,那么在行政机关内部而言并不算真是介入案件的调查,也不开始计算办案期限。如果行政机关遇到上文所述的种种障碍,案件就有可能因此悬而不决。

第四节　绝对立案或不立案

与有些案件中执法机关对于立案持慎重的态度不同,有些案件的立案,执法机关的态度是非常明确而坚定的。当这些案件移交给他们处理时,他们会毫不犹豫地进行立案调查或不立案，所以，笔者将这种立案的情形称为绝对立案或不立案。从分析来看，绝对立案所针对的案件主要是上级交办的案件，或者其他有重要影响，关系到执法机关领导前途命运或者执法机关社会公信力的案件。而绝对不立案则主要是针对上级已经作出明确要求或命令，行政执法机关及其执法人员无法调查的案件。

前者如，过去公安机关对某上访人员实施立案调查，并准备依据有关劳动教养的行政法规对其实施劳动教养。原本按照宪法和其他有关法律、法规的规定，人民群众的来信来访既是合法权益，又是人民政府了解民意的重要途径。这种上访行为当然不构成违法，不应该对其进行立案调查。但是在某些地方，人民群众的上访会对某些领导的仕途构成威胁和影响，也可能影响行政机关的社会形象。当然，也不排除上访人员采取一些极端的方式方法，导致了社会秩序或者国家机关的正常工作管理秩序受到侵害。所以，他们要通过某种途径和方法来阻止人民群众的上访行为。于是，某些地方的政府领导就强令公安机关对上访人员予以立案调查。❶ 而后者如某些企业生产经营的产品存在质量问题，监管部门原本要进行立案调查并作出处理决定，但是地方政府可能认为此举有可能导致当地投资环境恶化，别人不愿来当地投资，那么当地政府及其领导就有可能通过直接或间接的方式，要求监管部门放松监管，不要立案调查。此时，监管部门碍于上级机关和领导的压力，不能对违法案件进行立案调查。

当然，随着法治政府建设的发展，劳动教养制度已经废除，以往领导一句话就随意立案处置的情形也减少了，行政机关依法行政的意识也明显得到了提升。但不能否认的是，由于行政机关实行的是首长负责制，行政首长对于所在行政机关以及下级行政机关的行政事务具有绝对的权威。如果他们认为有些案件有必要或不必要进行立案调查，作出某种处理决定，则行政执法机关和执法人员就必须按照行政命令的要求进行处理，不敢擅自做主而与上级机关及其领导发生冲突。在本节中，笔者要仔细分析的是这种绝对立案或不立案问题产生的原因，借此也可以判断其与行政调查中心主义之间的关系。

---

❶ 尽管 2013 年 12 月 8 日，全国人大常委会通过了关于废止有关劳动教养法律规定的决定，但是由于上访行为依然存在，始终对当地有关部门和领导的仕途与利益构成影响，一些地方于是创造出一些类似于劳动教养的制度。如，有媒体发现河南多地建立非正常上访训诫中心，对非正常上访的人员实施教育、训诫。

一、上级领导的影响力

从法治的角度来看，行政调查的目的就是为了获得合法证据以证明案件的事实，这是行政调查的原本目的。从逻辑关系上来说，行政调查是一种归纳的过程。不论是上级行政机关还是司法机关，都要根据执法机关依法获得的证据来归纳确认某种事实。如果没有足够的证据来证明某人是否实施了某种违法行为，那么按照"疑罪从无"的原则，就不能追究其法律责任。上级行政机关或领导的决策或决定都要以行政调查所获得的材料和证据为基础，事先不应预设某种任务一定要执法机关去完成。需要说明的是，一般意义上的行政执法活动与通常的行政管理活动存在区别。行政执法需要通过调查取证确认案件事实，然后才能作出某种行政处理决定。很显然作为行使决策权的上级领导事先无法预知案件的调查结果，也就不能预先布置执法的任务和目标，否则可能干预行政执法活动的正常进行。而一般的行政管理活动是行政机关根据法律、法规、规章和上级的要求，预先规划、设计一定的任务和目标，然后由下级行政机关及其公务人员按部就班实施的活动。两者之间根本的区别在于逻辑关系的不同，行政执法从逻辑上来讲是一个从具体到一般的归纳过程，而其他行政管理活动则往往是一个从一般到具体的演绎过程。

举例来说，当区县政府想要完成某条道路的建设任务时，他可以将有关道路建设规划、许可、施工、监理等任务确定给各个行政职能部门，明确各个部门在道路建设过程中需要承担的具体职责和应当完成的具体任务。各个行政部门按照上级的要求履行各自的职责，完成自己的任务。区县政府最终可以以事先确定的标准考核各个行政部门完成行政任务的情况。而在行政执法活动中，如果区县政府发现所在行政区域非法营运问题比较严重，他们可以要求行政主管部门和其他相关部门积极执法，消除或减少非法营运行为，但是对于非法营运的个案，上级行政机关和领导则事先无法确定行政任务。因为在具体的行政执法过程中，行政机关首先要确定该违法案件中当事人的行为是否属于非法营运，是否需要追究法律责任。如果需要则进行立案调查，获得充足的证据，并且根据证据确认案件事实以及当事人行为的违法性，进而作出某种行政处理决定。在整个行政执法的过程中，上级领导事先并不能确定是否需要追究法律责任，是否需要作出行政处罚的行政处理决定。所以，就行政执法个案来讲，上级不应当给行政执法机关布置具体任务，行政执法机关即便接到具体的要求，也应当进行合法性判断，分析上级的要求是否符合法律的规定。

问题在于，实务中，为什么有些行政执法机关或执法人员不依照法律、法规的规定，对行政案件作出判断并实施立案调查，而是要听命于上级领导或上级行政机关呢？从法律上讲，这样导致的结果可能是，一些应当立案调查的案件，因为上级领导的看法而不予调查处理；一些不应当立案调查的案件，因为上级领导的要求而不得不立案调查并作出处理。笔者认为，问题的症结当然在于，执法人员的前途命运都掌握在上级领导的手中，即便是他们违反了法律、法规的规定，是否追究他们的法律责任的权限也依然在领导的手中，而法律、法规显然没有领导对执法人员的权利义务更有直接的影响力。

这是一个非常值得重视的问题。从法律效力上来讲，毫无疑问，法律是作为最高权力机关的全国人大及其常委会制定的，签署命令发布该法律的是国家主席；行政法规是作为最高行政机关的国务院制定的，签署命令发布的是国务院总理。而下令行政执法机关进行立案的行政机关首长在行政级别上不能与前二者相提并论，但是，为何执法机关不执行级别高的法律、法规或规章的规定，而是要根据上级领导的命令实施立案调查呢？笔者认为，这可能是在法律、法规和规章监督实施的制度安排上出现了问题。

按照目前的公务员考核制度和人事任免制度的规定，对于行政执法机关及其执法人员的考核是由本行政机关进行，行政执法机关的首长依法由上级政府进行考核。而人事任免，在行政执法机关内部，一般公务员和中层领导的任免由行政机关内部实施，行政执法机关领导由上级组织部门实施。在这种情况下，对于一般公务员和领导职公务员来说，决定他们前途命运的不是国家的法律、法规，而是上级领导。不执行法律、法规的规定可能导致一定的法律后果，也可能不承担法律后果，关键在于上级领导是否觉得他们需要承担法律责任。而如果不执行上级领导的命令，那么无论法律、法规和规章是否规定了需要承担法律责任，只要上级领导认为下属需要承担法律责任，他们就有各种办法让下级承担不利的法律后果。所以，在这种情况下，行政执法机关及其执法人员听命于上级领导，对那些不应当立案的案件也强制立案的做法也就完全可以理解了。

二、不完善的行政执法监督保障机制

有人可能认为，上级领导违法要求行政执法机关或执法人员对具体个案予以立案调查或不立案，以及行政执法人员无视法律、法规和规章的规定，盲目听从上级领导的要求，对该立案的不予立案，不应该立案的予以立案调查，已经有专门的监督机制予以控制。例如，相对人可以提起行政复议、行政诉讼，也可以向纪检监察部门控告或者上级法制机构进行执法监督。但是正如上文曾经论述过的，目前的多数监督属于事后监督，并且常常需要行政相对人提出控诉、申诉才能发起对个案的监督。而日常的行政执法活动数量繁多，如果都进行事后监督，如果行政相对人没有提出控告、申诉，则即便发生了上述违法立案或不立案的情形，也没有可能启动监督程序予以制止或纠正。

那么我们是否存在法律、法规、规章实施的监督保障机制呢？既然上级领导可以利用考核制度和人事任免制度等来保证自己的决定命令为行政执法人员所认真执行，那么法律、法规和规章的制定主体是否具有有效的监督保障机制来确保自己制定的法律、法规和规章被认真遵守和执行呢？从现状来看，我国各级人大制定的法律和地方性法规，一般是由制定主体组织不定期的执法检查；行政法规和部门规章、地方政府规章，一般是由政府的法制机构作为执法监督机构进行定期或不定期的执法检查。当然，在制度上下级国家机关都有权对上级法律、法规的执行情况进行监督。例如，县政府法制机构可以监督县政府职能部门对某部法律、法规或规章的执行情况。这种执法监督不能说没有效果，但是这种监督往往是一般性的监督，了解法律、法规和规章实施的一般性情况，不可能对具体个案中法律、法规和规章的实施情况进行监督。很显然，这样的监督是无法有效监督上级领导对个案的不当干预行为的。

所以我们需要考虑，对于公务员不执行法律、法规的规定或者违反法律、法规的规定实施公务行为，是不是应该有一个专门独立的、不受制于下级行政机关的监督主体来进行监督？例如，对于法律的监督实施问题，如果将监督权赋予国务院或者其组成部门以及其他下级行政机关，那么他们完全可能因为自己的决定命令与法律相抵触而不能规范地行使法律实施的监督权。同样的道理，如果将行政法规的实施监督权赋予下级部门或者地方政府，那么如果部门规章、地方政府规章或者其他规范性文件的规定与行政法规相抵触，为了保证自己的规定得到下级行政机关的执行，这些国务院部门或者地方政府也可能不会规范地行使行政法规的实施监督权。这样的分析有助于我们理解，为何在行政执法实务中，执法机关和执法人员会执行和引用低位阶的规章和其他规范性文件甚至是上级领导的决定命令，而不适用法律、法规的规定。

解决上述问题的办法可以有两种，第一种情况是，不同规范性文件的制定主体分别设置监督机关来监督自己制定的规范性文件的实施。如全国人大常委会可以设立一个独立的机关，监督各地对法律的实施情况，检查是否有违反法律规定的行为发生。国务院可以成立专门的监督机关监督行政法规的实施情况，以此类推。第二种情况是，设立完全独立于行政系统的专门的监督机关来统一监督法律、法规、规章和其他规范性文件之间的相互冲突，以及行政机关对这些规范性文件的执行情况。例如，目前的监察机关可以改造成这样的监督机关，但是要做到两点，第一是解除监察机关的双重领导，使其只隶属于上级监察机关，从而避免同级政府或所在行政机关的干扰；第二是脱离行政系统，将其隶属于全国人大常委会，同时其人财物各方面全都单独配置，不受制于行政机关。也可以将现有的人民检察院改造成这样独立的法律监督机关，限于篇幅本书不做进一步阐述。

第五节　初步结论

行政调查程序的启动在法律上明确规定了条件。原本行政执法机关只要做适当的法律解释就可以启动行政调查程序。但是实务中行政机关会根据现实情况作出有利于自己的解释，进而在现实中出现了如上文所提到的选择性立案、虚假立案和绝对立案或不立案等不合理甚至不合法的情形。上文的分析实际上已经揭示了这些情形与行政调查中心主义执法模式之间的关系。换而言之，行政调查中心主义理论可以比较合理地解释现实中为何会发生不规范的行政调查启动问题。

第一，三种立案模式都重点考虑行政任务完成的可能性。对于可能通过行政调查收集证据并作出行政处理决定的案件，行政执法机关会进行立案。而那些即便应当追究行政法律责任，但是可能在执法中遭遇很多困难和阻力，需要付出较大行政成本的案件，一些行政执法机关会选择不立案或者虚假立案。而那些已经由上级确定必须追究法律责任的案件，调查取证实际上已经不重要，因为无论证据收集是否确实充分，行政执法机关最终都会作出行政处理决定。而在行政调查中心主义执法模式中，行政调查是否启动，行政机关具有很大的裁量权。其启动行政调查程序的重要考虑因素，就是能够完成行政任务，那些难以完成行政任务的案件，行政机关当然会选择放弃，或者以各种理由予以推诿。

第二，三种立案模式都决定了行政处理决定的结果。实践中很多行政执法机关会先进行调查取证，待取得了足够的证据以后，才会补办立案审批手续。这就意味着，一旦立案审批手续完成，行政处理决定也将随后作出。换而言之，立案的完成意味着行政机关必然会作出某种行政处理决定，而不会像人们根据法律、法规和规章的规定那样判断的，行政机关应当先立案，再进行调查，最后根据调查收集证据是否充分来确定是作出行政处理决定还是撤销案件。这种情况和笔者在行政调查中心主义执法模式中所总结的特点是一致的，那就是行政调查是行政执法的核心部分，行政调查程序的启动在绝大多数时候都意味着行政机关必然会作出某种行政处理决定。

第三，三种模式都显示行政调查机构是行政执法的核心机构。尽管在行政机关内部除了调查机构，还有鉴定机构、法制监督机构、纪检监察机构以及相应的行政机关负责人，但是行政调查机构是所有机构的核心，其他机构要么是帮助调查机构在形式上保证其行为和程序的合法性，要么是按照行政执法的程序完成审核、审批手续。从目前来看，其他机构甚至分管的负责人都不会成为行政调查的核心机构。而在行政调查中心主义执法模式中，笔者就提出对外代表行政机关的主要是调查机构。他们会根据自己的过往经验，考虑案件事实是否可能调查清楚、行政机关干预某种行政事务对于行政机关利益的影响等。所以，尽管法律、法规对于行政机关是否应该对某些行政案件进行立案查处有明确规定，但是行政机关自己可能会利用法律、法规所赋予的行政裁量权，根据自身的情况决定是否对案件实施立案调查。由于行政机关内部法制机构的弱势，行政机关是否介入某些行政事务的处理，一般都由调查机构的执法人员决定或者由他们提出意见。行政首长通常会很在意执法机构对案件的看法。如果调查机构凭借经验，认为该案件行政机关不宜介入，那么行政机关负责人如果没有其他特殊的原因或理由都不会强制要求介入调查处理。

第七章　行政调查程序

行政调查程序涉及很多内容，既有行政机关的实体权力和程序性义务，又有行政相对人乃至社会公众的权利义务问题。尽管我国没有制定统一的行政调查法，但是在单行的法律、法规、规章甚至其他行政规范性文件中，都规定了不少行政调查制度。整体上来看，行政调查是行政执法过程中工作内容最多、程序制度最丰富、执法权力运用最频繁的环节。相应地，很多行政执法中存在的问题也出现在行政调查阶段。概括来说，人们主要关注的行政执法问题大致可以包括：回避制度被"回避"问题；调查期限屡被突破问题；听证会的失灵问题；政府信息公开与个人资料保护问题和公众参与行政调查问题等。

上述制度对于实现行政执法的合理规范具有重要意义，是行政执法程序的基本组成部分。按照通常的思路，既然法律、法规作出了规定，只要我们照着立法规定的内容去做，立法目的就能实现，法治也必然能实现。然而多年的现实已经充分证明立法是一回事，执法又是另一回事。行政调查程序在实务中自有其运行的轨迹。本章主要对上述行政调查程序中存在的问题进行剖析，并尝试解释导致这些问题产生的基本原因。需要说明的是，行政证据的收集和运用原本也属于行政调查程序，而且应该是其中的核心问题。但是由于其突出的重要性，笔者将专章进行研究讨论，故不安排在本章内容中。

第一节　模糊不清的立案程序

一、导言

在行政调查的初始阶段，除了简易程序，行政机关在全面调查之前都要履行立案审批手续。但在实务中，不同的案件，立案审批手续的办理时间存在差别。有些案件是严格按照法律、法规和规章的明确规定，先立案再调查，而有些案件则是先调查再立案。但是笔者查阅了《中华人民共和国反垄断法》《中华人民共和国商标法》（以下简称《商标法》）、《道路运输条例》《公安机关办理行政案件程序规定》等法律、法规、规章，发现多数都没有规定行政调查启动应当进行立案，以及如何进行立案。而《湖南省行政程序规定》第64条第2款则规定："行政机关依职权启动程序，应当由行政执法人员填写有统一编号的程序启动审批表，报本行政机关负责人批准。情况紧急的，可以事后补报。"其中，填写审批表应该包含了行政执法实务中所指的立案审批表，但是同样没有明确立案审批手续应当如何进行。

在本节中，笔者将就立案程序问题展开讨论。在笔者看来，立案程序由于受到行政调查中心主义的影响，存在很多问题。最根本的表现为立案行为和程序的法律属性不清，对外部行政相对人的权利义务在立法上缺乏清醒的认识，从而导致行政机关可以比较随意地处置立案问题，因此从法治政府建设的视角来看，在法律、法规中对立案程序作出明确规定是非常必要的。

二、立案程序的法律属性

前文笔者已经提及，行政机关在接到公民、法人或者其他组织的控告、投诉和举报以后，要经历登记、受理和立案等几个细微的行政程序。很显然，接受登记已经意味着行政调查程序开始启动。一般认为，正式立案之前行政执法机关为了确定是否存在违法行为，是否需要追究行政法律责任，需要进行初步调查核实。这种调查虽然是初步的，目的仅在于确定行政权是否有必要介入案件，并不是法律规定的全面调查，但是也属于行政调查的程序之一。待到确定需要调查取证追究法律责任时，在行政机关内部要履行立案审批手续。从立案程序的意义分析，主要是在行政机关内部存在上下级领导关系，一般执法人员在初步调查了解案件线索以后，不能擅自决定是否立案，必须请示行政机构负责人，并最终请示行政机关分管负责人。

尽管我国的行政机关实行的是行政首长负责制，但事实上行政首长不可能对所有的行政事务行使行政决策权。这其实也是制度规定与执法实践之间矛盾的体现。虽然在法律上行政机关的行政决定应当由行政首长作出，但是每一个行政机关每天要处理大量行政事务，这些事务的决定权如果全都由行政机关负责人行使，事实上是做不到的，如果必须如此，最终导致的可能是行政机关负责人只能进行形式审查，不可能对每一个行政事务都进行仔细的审查，作出合理与合法的决定。因此，实务中在正职领导和副职领导之间还需要对行政事务进行分工，从而形成具体事务由行政负责人决策，重大行政事务由行政机关首长召集、其他负责人共同讨论决定的决策体制。对于立案问题，实际上就是通过一般执法人员具体核实，在行政机关内部履行行政审批手续，由分管负责人代表行政机关作出正式决定，全面启动行政调查活动的基本程序。

由此就不难看出，立案行为实际上是一个行政机关的内部行为，立案程序自然也是一个内部行政程序。案件的登记或受理需要行政机关与行政相对人进行交流。行政相对人可能向行政机关提出要求，提交相应的资料，而立案程序则完全是行政机关自己内部的程序。在决定是否需要进行立案调查、何时以及如何办理立案审批手续上，行政相对人与行政机关之间没有任何交集。所以，立案程序实际上是行政机关内部权力分工并进行监督制约的产物。在行政机关内部，行政任务并不是横向展开分工的，实际上形成的是金字塔型的权力分工制约结构。按照行政组织法和单行法律、法规的规定，行政权力首先被授予具有行政主体资格的行政机关。行政机关内部又将行政权力细化分配到各个行政机构，各个行政机构的权力又被进一步细化分配到各个公务人员。实务中，多个公务人员完成一定的行政任务以后，要交由行政机构的领导审批，行政机构的领导审批以后，还要再提交给行政机关的分管负责人审批，而后者多数情况下就可以代表行政机关对外作出某种行政处理决定。一个行政机构的领导要管理多个公务人员，一个行政机关的负责人又要管理多个机构的领导。这就是所谓行政机关内部的金字塔型的管理体系。

三、立案程序对相对人权利义务的影响

虽然在立案程序中，行政机关与行政相对人之间没有交集，立案程序是内部行政程序，但是立案行为本身对行政相对人的权利义务可能产生影响。因为在法律上立案被确定为行政调查的开始，而这就可能影响外部行政相对人的权利义务。以《行政处罚法》为例，该法第 29 条规定了行政处罚的时效："违法行为在二年内未被发现的，不再给予行政处罚。法律另有规定的除外。前款规定的期限，从违法行为发生之日起计算；违法行为有连续或者继续状态的，从行为终了之日起计算。"什么是"发现"，这两年时效计算的起点应该是什么？

一般的看法是，所谓发现是指行政机关发现，而行政机关发现的标志是立

案。如果是公民、法人或者其他组织发现违法行为，但是没有向主管行政机关举报，就不是本法所谓的发现，而行政执法机关发现才是法律上的发现。法律解释学上可能对于行政机关的内涵产生争议。因为如果是其他行政机关发现了，但是不属于自己的职权职责范围，而移送有管辖权的行政机关，此时该违法案件是否已经被发现？换而言之，其他行政机关的发现是否属于法律上所谓的违法案件的发现？有权解释的机关至今尚未对此作出解释。笔者认为，如果从单一制的行政管理体制而言，如果其他机关立案了，可以认为案件已经被发现。但是如果从行政主体理论的角度分析，那么不具有法定职权的行政机关即便立案，也是不合法的，由于有管辖权的行政机关当时并没有立案，因此就算案件已经被其他行政机关发现，也不属于法律上的发现。对于行政机关的内涵采用何种解释在监督救济程序中需要慎重权衡利弊。

另一个问题则是发现的时机。究竟是行政相对人或者其他主体将案件移交给有管辖权的行政机关，后者进行登记受理就视为发现，还是必须以行政机关完成内部的立案审批手续视为发现？从情理上分析，一旦有权的行政机关通过控告、举报、投诉或者案件的移送等方式，了解了案件线索，就实际上已经发现了违法案件。从这个角度来说，接受控告、举报投诉等行为，进行登记就应当视为行政机关已经发现违法案件。但是笔者认为，不论从法律规定还是行政机关的实际做法来看，登记和受理尚不能视为行政机关在法律上发现违法案件。原因在于，行政机关虽然已经登记了，行政调查程序却不一定会启动。上文笔者已经讨论过在多种情况下，行政机关虽然登记受理了案件，却基于种种原因并不启动正式的行政调查程序。此时登记行为只能表明行政机关接待了行政相对人等，并不表示他们发现了案件。否则，如果将登记行为都视为发现，那么如果行政机关长期不启动行政调查程序，社会秩序就永远处于可能随时变动之中，这对于社会的稳定是有害无益的。

由此我们认为，从法治的角度来讲，立案应当成为行政机关发现违法案件的标志。如此一来，立案原本作为行政机关的内部行为，却具有了外部的意义，它与行政相对人的权利义务变得息息相关了。不论是违法行为人还是其他与违法行为有利害关系的社会主体，行政机关是否作出了立案决定意味着该违法行为是否可以被及时追究，受害人的合法权益以及被破坏的社会秩序是否可以得到及时的救济和恢复。也正因为如此，我们有理由认为法律、法规和规章应当对行政机关的立案行为进行明确的规定。

四、立案程序的法律规制

然而目前当人们想要了解行政机关是否已经立案，何时进行了立案，以便推算自己权利保护的可能性时，他们会发现这一点变得非常困难。因为立案行为是行政机关的内部行为，立案程序属于行政执法机关内部的程序，时间的确定全在于行政执法人员填写，执法人员完全可能随意填写立案时间，而使得两年的时效永远都不可能超过，外部的其他组织和公民对此无法进行监督。

而当人们试图通过法律、法规和规章的规定，来寻找立案行为的法律依据，进而对该行为进行法律上的监督时，会发现其实目前大多数的法律、法规和规章并没有对此作出规定。人们所能找到的一些有关立案的法律依据都是规章以下的规范性文件作出的规定。即便是《湖南省行政程序规定》对立案审批手续作出了间接性的规定，它也没有明确规定诸如期限等重要问题。在笔者看来，这或许一方面是立法者在认识上的失误，另一方面是行政机关内部行政任务让位于依法行政所导致的结果。正如上文笔者所述，立案本身是行政机关的内部行为，立法者或许认为，既然是行政机关内部的行为，与行政相对人的权利义务便没有什么关联，既然如此，法律、法规就不需要对此作出过于具体的规定，以便损害行政权的灵活性。而对于行政机关而言，既然法律、法规没有作出规定，自己也没有必要对立案行为作出具体的规定，以免自缚手脚。

但是从法治政府建设的角度来看，对立案行为进行法律规制非常重要。笔者的初步判断是：

第一，法律、法规中应当对立案程序作出明确规定。从世界各国行政法治发展的情况来看，内部行政程序不断受到立法和司法的规范与监督。从实务操作的视角来看，行政程序确实存在内部和外部之分。在行政法治发展的早期，人们也认为行政机关的内部行为和内部程序不需要立法机关制定法律予以规范，也不应当由司法机关予以干预，以确保行政权力行使的机动性、灵活性。但是随着法治的发展，很多内部行为及其程序都受到了立法机关和司法机关的监督。以行政处罚为例，在边远山区，因为行政相对人缴纳罚款不便，执法人员收取罚款以后，法律明确规定了应当在特定的时间内缴纳到行政机关。❶ 既然执法人员已经收取罚款，如何缴纳到行政机关属于行政机关内部程序，但是因为可能涉及执法人员贪污、挪用罚款等问题，法律明确该内部程序纳入立法调整的范畴。

第二，行政机关对立案情况有告知义务。法律上需要设置规定，要求行政机关在立案以后合理的时间内将立案情况书面告知行政相对人。这种做法的好处在于，可以赋予行政相对人监督行政机关立案行为的权利，防止出现前文所说的，由于是内部行为，外部行政相对人完全不知道行政机关的立案审批手续办理情况，不能准确计算违法行为的追溯时效，也不能监督行政机关及时办理立案审批手续，更不能有效制止行政执法中普遍存在的先调查后立案的不合理做法。

第三，相对人有权监督立案行为。法律上还需要设置一个监督程序，如果行政机关没有及时立案，没有及时进行全面调查取证，行政相对人可以向有权威的监督机关提出监督申请或者控告。如果按照第二点，在法律上设置了行政机关立案告知义务，一般情况下，行政相对人可以要求上级行政机关或者纪检监察等监督部门对行政机关违法或不合理的立案行为进行监督。但是这样的监督方式只是一般性监督，是否能够在个案监督中发挥作用存在疑问。比较可取的做法是在行政复议法和行政诉讼法上明确，对立案行为不服，可以提起行政复议和行政诉讼。

第二节　回避制度被"回避"

一、问题的提出

在行政调查中心主义执法模式下，行政执法的中心是行政调查，而行政调查的目标是查清案件的事实，所以，查清案件事实是执法机关及其执法人员的主要任务。但是按照现代法治国家和依法行政原则的要求，在行政调查的过程

---

❶ 《行政处罚法》第 50 条："执法人员当场收缴的罚款，应当自收缴罚款之日起二日内，交至行政机关；在水上当场收缴的罚款，应当自抵岸之日起二日内交至行政机关；行政机关应当在二日内将罚款缴付指定的银行。"

中，除了要查清案件事实，还要实现和保障程序正义，认为只有符合正当法律程序的原则下获取的证据才能用来证明案件事实。为此，在法律上各国都规定了一些制约行政调查行为的程序规则，其中就有回避问题。英美法系国家的古老法谚说："自己不能成为自己案件的法官"，要求裁判案件的法官自己不能和被裁判的案件之间存在利害关系。韦德教授认为这一规则非常普遍，非常"自然"，以至于不限于司法权，同样适用于行政权力。❶ 确实，这则法律谚语或者这一法律规则已经被衍生到其他国家权力，要求立法者和执法者也不能和立法活动或行政活动存在利害关系。我国在不少法律、法规和规章中也规定了行政执法回避制度。如，《行政处罚法》第 37 条第 2 款规定："执法人员与当事人有直接利害关系的，应当回避。" 又如，《重庆市行政执法基本规范（试行）》第 24 条规定："行政执法人员有下列情形之一的，应当主动申请回避：是本案的当事人或者当事人的近亲属；本人或者其近亲属与本案有利害关系；是本案的证人或者鉴定人；与本案有其他关系，可能影响案件公正处理。"然而从实务上来看，行政执法机关似乎对于执法回避问题的重要性并没有足够的重视，很多时候，应该回避的执法人员并没有及时进行回避。另一个值得关注的问题是，行政执法本身是否需要回避在立法上似乎是一个盲点，即便是理论上也没有受到学者们的足够重视。本节从行政调查中心主义执法模式的视角出发，研究分析我国的执法回避制度在实务中是如何被"回避"的，行政执法机关"回避"回避制度的主要原因究竟是什么。

二、回避制度是如何被"回避"的

行政执法过程中，应当回避的情况大致分为两类。第一类是当执法人员与案件存在利害关系时，经公务员自己申请、当事人申请等途径，执法机关经审查同意执法人员回避，不参加案件的调查处理。第二类是如果执法机关的领导人员或者整个执法机关与案件有关，那么整个行政机关应该回避。然而从实际操作来看，这两种回避都可以被轻易"回避"，甚至实务中有些采取不回避的做法还是合理合法的，从来没有被认为存在什么问题。

首先，对于执法人员的回避，一则相对人通常并不都清楚执法人员与案件之间是否存在利害关系，如果相对人没有提出申请，执法人员一般基于很

---

❶ ［英］威廉·韦德：《行政法》，徐炳等译，中国大百科全书出版社 1997 年版，第 95 页。

多原因是不会主动提出回避申请的。而且，即使执法人员通过相对人的申请或者自己提出申请，进行回避，不再参与案件的处理，也并不能阻止有利害关系的执法人员通过更加隐蔽的方式介入案件的处置之中去。目前我国的法律对于公务员通过间接方式影响最终行政决定的作出，并没有规定相应的法律责任。

其次，对于涉及执法机关领导人员或整个执法机关的案件，我们依然是以执法人员是否与其存在利害关系的标准来确定是否回避的，因为法律并没有对于行政机关的回避作出规定。实践中，执法机关的领导人员如果与案件存在利害关系，只要其没有直接参与案件的办理，就不存在回避的问题，最多在案件最后如何处理的讨论时进行回避。而对于涉及整个行政执法机关的，往往由上级主管部门进行调查后确定是否回避。

如，"海南砒霜门"案件中，海口市工商局在执法的过程中，违反法定程序，没有告知浙江农夫山泉公司可以对检验结果申请复检，从而导致发布了违法的消费警示，农夫山泉公司称因此而损失近 10 亿元。对于这个案件的调查，海南省工商局成立了以局长黄成模为组长，由纪检、法规、市场等相关部门负责人组成的调查组进行调查。❶ 在这个案件中，作为海口市工商局的上级行政主管部门的海南省工商局，原本与案件的处理是存在利害关系的。因为工商行政管理系统实行的是省级以下垂直领导。海南省工商局是海口市工商局的直接上级机关，这种利害关系是不言而喻的，但是行政机关、受害的企业以及其他的社会主体都没有认识到这是需要回避的。果然，调查组最后的调查结论是，海南出入境检验检疫局检验检疫技术中心检测仪器老化导致初检结果有误，而农夫山泉公司对调查结果不满，称有黑手操纵。❷ 事实上，由于作为利害关系人的海南省工商局没有回避，无论其作出何种调查结论，都将受到当事人和社会舆论的质疑，遗憾的是这种由上级行政机关主导或参与调查的模式几乎已经成了我国的普遍做法。而在法治国家，这样的调查结果常常会受到法院的责难，并导致根据这样的调查作出的行政决定归于无效。❸

---

❶ "工商总局责成查清农夫山泉被指碑超标事件"，载环球网，http：//finance.huanqiu.com/roll/2009-12/651605.html，最后访问时间：2013 年 8 月 2 日。

❷ "农夫山泉不接受海南调查结果称有黑手操纵"，载环球网，http：//finance.huanqiu.com/roll/2010-01/682653.html，最后访问时间：2013 年 8 月 2 日。

❸ ［英］威廉·韦德：《行政法》，徐炳等译，中国大百科全书出版社 1997 年版，第 108 页。

三、回避制度被"回避"的主要原因

回避制度被"回避"不是偶然的，它根植于行政调查中心主义执法模式之中，是这种执法模式的必然结果。在这种模式下，行政调查的唯一目标就是查清案件事实。所以，对于行政执法来说，找到案件的事实比什么都重要。执法人员与案件的处理结果存在利害关系，固然可能导致其滥用权力，影响真实案情的发现和最后行政处理决定的公正合理。但是同样，行政机关认为还有其他的办法可以避免执法人员损害结果的公正性。比如，可以通过说服教育的方法，增强公务员的自律能力；还可以通过一些监督机制来防止公务员滥用权力情况的发生。总之，固然行政机关的领导人员甚至立法机关可能认为回避是很好的程序性制度，但凡事不能走极端，不能苛求完美。在当前行政执法的任务非常繁重、行政机关的公务员编制非常有限、人手紧张的情况下，过于认真地执行回避制度并不符合行政执法现状的需要。

而对于上级主管部门回避的问题，则显得和现状更加格格不入了。下级行政机关实施的行政行为，其专业性特点决定了只有上级行政主管部门才能进行专业的判断，确定这种行政行为的合法性与合理性问题。如果交给其他中立的国家机关，固然可以在程序法上实现中立的目标，但是不一定能够深入行政争议的核心问题，研究确定其中的是非对错。以前述"海南砒霜门案件"为例，如果将案件交给其他中立的部门，如监察局，一则其法定的职责只是对公务员违法违纪的监督，并不是对行政机关作为一种国家机关进行整体的监督；另外，监察局熟悉公务员违法违纪的情况，但是并不熟悉工商行政管理的专业事务，让它去判断海口市工商局发布"消费警示"的合法性等问题，并非是最合适的选择。或许是基于这样的考虑，我国在处理涉及整个行政机关的行政争议时，往往由其上级行政主管部门组成调查组实施。这样的做法，最大的优点就是发挥上级行政主管部门的专业优势，及时查明案件的事实。从这一点来说，回避问题被认为是"小节"了。

四、回避制度被"回避"的危害

回避制度被"回避"的主要危害，可能包括以下几个方面。

第一，案件事实可能更加查不清楚。原本上级主管部门不进行回避的一个

重要因素是，他们对行政事务的专业性能够比较熟练地查清案件的真实情况，并作出合理的决定。但是事实可能并非如此。由于来自主管部门的执法人员与被调查的行政机关及其执法人员之间是属于同一系统的"自己人"，在调查取证和作出处理决定时，可能需要考虑的并不仅仅是案件本身，很多案外的因素很有可能会影响最后对事实的认定和处理结果。

第二，上级行政机关及其领导人是否会产生领导责任。如果案件的查清会导致上级主管部门及其领导人员承担相应的法律责任，那么上级行政机关的调查人员和领导人员难免可能会迟疑。除非我们假定上级行政主管部门的调查人员和领导人员都是天使，才可能对于己不利的事实和处理决定无动于衷。

第三，对下级违法或违纪行为的认定和查处是否违反本部门的整体利益。因某些事实的调查与处理可能受到影响的并不仅仅是下级执法机关或者其公务员，也可能是其所在的行政领域或部门的整体利益，如整体形象的评价。比如，以往在劳动教养问题上，尽管作出劳教决定的可能是公安机关内部的个别人员，这些人员没有经过认真的调查取证，随意对一些公民实施劳动教养，但是一旦因此而引发诉讼，就不再仅仅是个别违法、违纪的公务员的事情了。整个公安机关可能全都动员起来，有的时候他们可能会阻止案件真实情况的公开查明。理由其实非常简单，如果个别公安人员的违法违纪被揭露，那么引发的可能是对公安部门整体形象的负面评价和整个劳动教养制度的合法性质疑。

第四，处理结果丧失公信力。处理结果的公信力，来自社会舆论对案件处理结果的感性认识，决定这种感性认识的一个重要因素，就是程序正义，看法定的程序性规则是否被认真遵守。虽然很多公众并不了解案件的具体处理过程，也不太掌握案件处理过程中的很多专业性问题，但是人们可能对一些非常明显的规则的遵守情况进行观察，进而以此来理解行政执法机关是不是能够依照法律的规定来公正合理地处理案件。因此，如果一些基本的程序性规则都被行政机关忽略，那么又有什么样的强大理由说服社会舆论相信行政机关在依法办案呢？

比如，曾经闹得沸沸扬扬的"郭美美事件"。媒体连篇累牍地报道郭美美和中国红十字会的某领导存在暧昧的关系，还宣称郭美美的很多财产来自某领导。而对于某领导的财产，人们马上联想到的是可能来自中国红十字会。这一事件，对中国红十字会的影响非常坏，很多社会公众对中国红十字会持怀疑的态度。在这种情况下，彻查案件是非常必要的。但是这里面涉及调查的实体规定和程序规则问题。之所以最后的调查结果得不到社会主流舆论的肯定，首当其冲的原因是查处该案件的调查组是由民政部和中国红十字会两个基本的单位所组成的。组成这样的调查组是该案调查的一大败笔，因为中国红十字会在本案中就应该是被调查的对象，而它居然成了调查人，成了监督主体，形成了自己调查自己的尴尬局面。❶ 在这种情况下，无论最终的调查结果如何，社会公众都不会相信那是案件的真相。果不其然，"郭美美事件"调查结果公布以后，人们普遍不相信中国红十字会和郭美美之间没有任何利益上、财务上的瓜葛。当雅安地震发生时，中国红十字会在其官方微博上号召全社会献爱心为灾区捐款时，网友的第一反应是一个字："滚"。

第五，为权力腐败创造机会。权力腐败的原因在于，权力在很多时候可以作为一种资本，参与社会利益和资源的交换和分配。如果我们的制度事先没有为这种可能发生的权力腐败预设好制约的办法和条件，那么只能眼看着这种权力腐败的发生而束手无策。在案件处理的过程中，各方当事人为了维护自己的利益，都会想尽一切办法。那些与自己关系紧密而又可以参与案件的调查和处理的人，毫无疑问会成为案件当事人所拉拢和争取的对象。对于执法人员而言，他们只要没有能使自己修炼成为天使，就会存在某种弱点和需求。这就成为其可能发生腐败的条件。不论是已经回避了的执法人员，还是没有回避而参与案件处理过程的执法人员，只要我们事先没有为这种间接干预和可能发生的滥用权力预设法律责任，那么权力的腐败就是无法完全避免的。

第三节　超越调查期限

一、基本现状

法律、法规中规定了很多行为期限，要求特定的法律主体必须在规定的期限内完成某种法律行为，否则可能要承担不利的法律后果。就行政执法而言，

---

❶ 陆伟明："公益捐赠：让爱心住进阳光玻璃房"，载《中国纪检监察报》2013 年 6 月 7 日。

有些是规定行政相对人行为的期限，比如《行政处罚法》第 42 条第 1 款第（1）项规定，"当事人要求听证的，应当在行政机关告知后三日内提出"。有些是行政执法行为的期限，如同法第 42 条第 1 款第（2）项规定，"行政机关应当在听证的七日前，通知当事人举行听证的时间、地点"。

在实务中，相对人超过法定行为期限的，会导致一系列不利的法律后果。比如，上述申请听证的 3 日期限如果超过，相对人将丧失申请听证的权利。此外，相对人没有在规定的时间内停止某种行为的，行政机关可能采取查封、扣押等行政强制措施；相对人没有在规定的时间内履行行政处理决定的内容的，行政机关就可以依法实施行政强制执行；等等。在这一点上，行政机关的把关往往比较严格。

而行政机关超过法定期限，会给相对人造成很多不利和不便，程序边界对行政调查具有刚性规范的特点。❶ 所以，有时按照法律、法规的相关规定，也应当承担一定的法律后果。比如，《行政处罚法》第 29 条规定，"违法行为在二年内未被发现的，不再给予行政处罚。法律另有规定的除外"。而更多的时候，法律、法规并没有规定行政机关超过法定时效作出某种行为需要承担何种法律后果或责任，例如，《行政许可法》第 32 条第 1 款第（4）项规定："申请材料不齐全或者不符合法定形式的，应当当场或者在五日内一次告知申请人需要补正的全部内容，逾期不告知的，自收到申请材料之日起即为受理"；第 44 条又规定："行政机关作出准予行政许可的决定，应当自作出决定之日起十日内向申请人颁发、送达行政许可证件，或者加贴标签、加盖检验、检测、检疫印章。"但是如果行政机关超过了上述期限，该如何追究他们的责任，追究什么责任，法律、法规都没有规定。

从实务上看，行政机关超过法定期限实施行政行为的情况比较普遍，并且，即使他们超过法定期限，也并不影响其行政执法活动包括行政决定的作出。笔者认为，行政机关出现这些问题，也是与行政调查中心主义执法模式有着密切关联的。在本节中，笔者试图通过立案超期和追溯时效超期两个具有代表性的超期表现，分析解释这些问题的产生与行政调查中心主义执法模式之间存在什么样的关联。

---

❶ 王麟："行政调查中权力的可能边界"，载《法律科学（西北政法大学学报）》2008 年第 6 期，第 126 页。

二、立案超期

立案是行政调查程序中非常重要的一环。根据现行法律、法规和规章的规定，如果行政机关需要处理的案件事实清楚，证据充分，当事人之间没有争议，法律依据也明确的，可以采取简易程序实施执法行为。在适用简易程序的情况下，不需要进行立案。除此之外，遇有其他行政案件时，行政机关应当进行审查，如果符合追究行政法律责任条件的，就应当进行立案。

为了确定案件究竟是否应该进行立案调查，行政机关在立案之前可以进行初步的调查。所谓初步的调查，其与一般的调查存在重要的区别。前者是行政机关为了确定是否发生了行政案件，是否需要对违法行为追究行政法律责任或者作出其他处理决定而进行的调查。其目的与一般的调查存在很大的不同。一般的调查是在立案以后，行政机关依据法律、法规或规章的规定，依法对有关证据的收集、鉴定，确认法律事实和初步提出对有关违法行为的处理意见的过程。前者是为了确定是否立案，后者是为了查清案件事实。所以，既不能将初步调查和一般调查混为一谈，也不能极端地认为在立案之前不可以进行任何调查取证。如果没有初步的调查取证，行政机关的立案就是盲目的，而如果将两种调查混为一谈，则是严重违反了行政执法程序。

从行政执法的现状来看，立案超期的现象还是比较普遍的。所谓的立案超期，就是行政机关虽然已经对案件开始了一般的、正式的调查程序，但是始终没有进行立案。实践中还会发生案件已经调查完毕，准备提出初步的处理意见了，但是立案审批手续还没有进行的情形，有些行政机关及其执法人员直到案件发生争议，被提起行政复议和行政诉讼之时，才发现自己的立案手续还不完备，于是临时补上立案手续。

之所以会发生立案超期的现象，主要是因为立案行为属于行政机关的内部行为，外部的主体一般难以监督。立案主要表现为执法人员填写立案登记表，这种登记手续都在行政机关内部进行，除非案件最后被提起行政复议或行政诉讼，复议机关和人民法院要求作出具体行政行为的行政机关提交所有的证据，否则外人是不知道立案的具体情况的。或许是因为这样的原因，执法人员在办理立案手续的时候常常发生拖延的现象。可能在执法人员看来，案件受理以后重要的不是立案的问题，而是如何对案件尽快收集证据阐明事实。因为调查取证需要做很多事务性的工作，比如到现场去检查，对有关的证人、当事人进行询问并制作笔录，对有些证据进行鉴定。只要这些工作做好了，案件的实体查清楚了，类似立案这样的程序性问题是很容易解决的。

这事实上暴露出的正是行政调查中心主义执法模式的重要缺陷。由于过于重视行政调查，希望在行政机关内部减少不必要的阻力，促使行政案件能够高效地得到处置，调查机构和调查人员被授予了很多便宜行事的权力。比如，是否应当立案，这不仅是行政专业事务，同时还是一个法律问题。行政机关不仅要通过获得的初步证据来证明案件处于什么样的状态，而且还要根据相关的法律、法规的规定来决定是否符合立案或者受理的条件，符合条件的应当进行立案，并展开下一步的行政调查工作。所以一般来说，这个审查的工作应该由另一个专门的法制机构来承担。现在由于将立案的权力授予了调查机构，❶ 立案问题即便在内部也缺乏专门性的监督，发生立案拖延就在情理之中了。从这种意义上说，今后在调整行政调查中心主义执法模式之时，应当考虑在行政机关内部由专门机构来审查立案的问题，并且针对立案手续应当建立一个外部监督机制，例如立案信息公开制度。通过执法机关的网站等途径将行政机关已经决定立案的信息对外公布，方便公民、法人和其他组织对立案工作进行监督，促使行政机关认真对待立案时效问题。

立案超期从表面上看是一个很小的问题，但是它导致的危害可能是严重的。这种危害主要表现为以下几个方面：

第一，可能导致违法行为得不到追究。通常情况下，在追究行政违法行为的法律责任时，法律规定了明确的时效，在此时效内，如果行政机关没有进行立案，那么时效超过以后，按照《行政处罚法》的规定，就不能予以行政处罚了。如果真是这样，那么违法行为就无法被追究，被损害的权益和社会公共秩序就无法获得救济和弥补，对于行政机关来说就是严重的失职行为，有关的行政执法人员应当被追究行政纪律或法律责任。

第二，导致行政执法程序违法。行政程序的重要性到了今天已经毋庸置疑地受到很多行政执法机关的重视，作为外部监督主体的行政复议机关、人民法院也都非常重视行政机关依法定程序进行执法的问题。该立案而没有及时立

---

❶ 虽然调查机构依然要填写表格，层层审批，有执法机关的领导签字同意才能立案，表面上看，立案的权力是保留在行政领导手中的，但这只是形式上履行必要的手续而已；实务上通常的做法是，调查人员填写时间，说明初步调查的结果以后，案件得以立案调查。所以，立案的实质性权力事实上是由调查人员掌握的。

案，是严重的程序违法，可能导致整个行政执法的活动都归于违法、收集的证据无效等严重问题。因为行政执法的基本程序是先立案然后进行正式的调查取证，行政机关如果未立案而进行了调查取证，这些已经取得的证据的合法性当然是成问题的。所以，表面上看，行政调查中心主义执法模式非常注重行政调查工作，要求尽可能查明案件事实，但是欲速则不达，有时候往往因为过于重视案件事实的调查，而忽视了立案的时效问题，最后可能导致行政机关丧失执法权或者行政执法程序严重违法，反而不利于案件的积极有效查处。

三、追溯时效超期

为了促使行政机关及时调查行政案件，查处违法行为，救济受损害的私人利益和公共利益，维护公共秩序，法治国家和地区一般会对行政机关实施调查和行政处理的期限作出明确的规定。例如，中国台湾地区规定："行政执行自处分、裁定确定之日或其他依法令负有义务经通知期限履行之文书所定期间届满之日起，五年内未经执行者，不再执行。"● 此时，五年成为实施行政执行行为的期限。我国《行政处罚法》第 29 条规定："违法行为在二年内未被发现的，不再给予行政处罚。法律另有规定的除外。前款规定的期限，从违法行为发生之日起计算；违法行为有连续或者继续状态的，从行为终了之日起计算。"由此，如果违法行为发生以后两年内没有被发现的，就不能再对其追究法律责任了。同时，《治安管理处罚法》第 22 条也规定："违反治安管理行为在六个月内没有被公安机关发现的，不再处罚。前款规定的期限，从违反治安管理行为发生之日起计算；违反治安管理行为有连续或者继续状态的，从行为终了之日起计算。"

这种追溯时效的计算是有法定条件的。

第一，有明确的时间限制。根据不同的行为，法律对于追溯时效的长短有不同的规定。不论这种时间的规定究竟有多长，最终因为时间的截止而可能导致一定的法律后果。明确规定了时间，人们只需要进行简单的计算就可以确定行政机关的追溯行为是否超过了法定时效。

第二，有确定的起算点。时效必须有一个起算点，否则无法计算是否超过了法定期限。在追溯行为的起算点上，我国行政法学界确定为立案的时间。立

● 中国台湾地区"行政执行法"（1998 年）第 7 条。

案意味着行政机关介入了行政案件的调查，当然也意味着行政机关已经发现了违法行为。这样的观点和做法，笔者认为是可取的，否则无法计算行政机关究竟是否已经正式发现了案件，是否决心对该案件实施调查取证。当然，正如上文所述，立案本身是行政机关内部履行审批手续的过程，行政相对人常常难以明确获知行政机关究竟何时开始发现该行政案件的。所以，以立案为起算点也存在局限性，实务中，行政执法机关伪造立案审批表的情况也屡有发生。但是从目前来看，也没有其他更好的办法来确定其他起算点。所以，要解决这个问题，或许更多的是需要建立健全内部监督制度，让立案行为今后更加公开，做好监督工作。

第三，由法定的机关追究违法者的法律责任。发现案件的主体很多，可以是社会上的公民、法人和其他组织，也可以是行政机关。那么何谓"发现"，将由谁来发现作为标准？对于这个问题，可以有不同的看法。第一种是只要被行为人之外的其他主体发现，就可以视为发现。第二种是国家机关发现，包括其他国家机关和其他行政执法机关。第三种是有权机关发现，不具有管辖权的国家机关即便通过各种途径了解了案件的情况，但是由于没有管辖权，不能立案调查，也就不算发现。只有有管辖权的行政执法机关发现并且立案，才算案件真正被发现。

不同的看法体现出完全不同的价值定位或价值观念。第一种看法体现的目的是严厉打击违法行为，是一种公益保护价值观或者说是一种公共利益优先于私人利益保护的价值观。因为违法行为不仅侵害了私人利益，同时也侵害了公共利益或者损害了公共秩序，而国家对违法行为的追究所要实现的就是对公共利益和公共秩序的维护。根据第一种看法，发现案件的主体是多元的，公民、法人和其他组织以及国家机关都可能发现案件，追溯时效就不容易延误。但是按照这种看法计算追溯时效，行政执法的成本较高。很多违法行为的后果可能并不严重，经过了相当长的时间，已经被破坏的公共秩序得以恢复，如果此时再追究行为人的法律责任，可能会造成新的损害。第二种看法比第一种看法的要求宽松一些。并不是所有的社会主体和国家机关发现案件线索都算是法律上的发现行为。但是国家机关的级别和种类很多，如果他们的发现都算是违法行为被发现，这样的看法依然是注重社会秩序的维护，只是比第一种看法对追溯行为在时效上的限制稍微严格一些而已。第三种看法体现的是公益与私益衡平的价值观。这种看法注意了公益与私益的平衡，既要对受害人的权益进行救济，惩罚违法行为人，同时也要顾及现有秩序的维护。显然与前两者相较，第三种看法更为理性，更能保护多数人的利益。从现状来看，一般也是承认以有权的行政机关发现案件为法律上的发现。

但是即便规定了上述内容，实践中，行政执法机关超过法定的追溯时效实施行政处罚等行政行为的情况依然存在。究其主要原因，依然是和行政调查中心主义执法模式有着密切的关联。现实中如果发生了违法行为，需要对行为人进行处罚或者采取行政措施。行政机关可能基于很多方面的考虑，依然需要对超过追溯时效的行为实施处罚。这些原因包括以下几个方面。

（1）上级的命令或任务。在绝大多数的行政执法活动中，上级机关与领导人的命令具有重要的影响。他们往往会给行政执法机构和人员设定具体的执法目标，要求执法人员必须完成。在这种情况下，尽管执法人员也要依法进行调查取证，确认法律实施，也要依照法定的程序实施各种执法行为，但是所有这一切都必须服务于完成上级明定的任务。不能因为超过了法定的期限或时效而放弃了领导分配的任务，否则执法人员个人可能会承受不利的后果。

（2）受害的公民或组织施加的压力。受害人要求行政执法人员查处违法行为原本是无可非议的，而且在某些情况下，也是促使执法人员提高执法效率的必要手段。但是受害人为了自己的利益，也可能不顾法律的规定，强迫执法人员对已经超过时效的违法行为进行查处。有些行政机关为了满足受害人的要求，避免他们给自己造成压力和不利影响，而对超过时效的违法行为实施处置。

（3）行政机关的认识错误。在某些情况下，也不能排除有些执法机构或执法人员对于时效的计算发生错误，从而导致在行政调查的过程中，某些执法行为超过了法律规定的期限。

（4）行政机关对行政执法程序的忽视。从1990年10月1日《行政诉讼法》生效以来，行政程序问题一再被强调。国家通过各种途径宣传并要求执法人员在执法的过程中，不仅要遵守行政实体法，还要遵守行政程序法。这一方面使行政执法机关和执法人员重视行政程序问题，另一方面由于一些客观原因，行政程序合法问题还没有被提到与实体合法同等重要的地位。例如，《最高人民法院关于执行〈中华人民共和国行政诉讼法〉若干问题的解释》（以下简称《行诉法若干问题解释》）第30条规定，被告严重违反法定程序收集的证据，不能作为认定被诉具体行政行为合法性的根据。而《行政诉讼法》第89条规定的是，具体行政行为违反法定程序的，应当判决撤销或部分撤销，并可判决行政机关重新作出具体行政行为。两相比较，不难发现，相互之间存在冲突。《行政诉讼法》非常强调行政程序的重要性，程序违法就要撤销。但是最高人民法院在司法解释中，将行政程序的重要性进行了降格处理，只要不是严重违反法定程序，司法对具体行政行为是可以容忍的。最高人民法院的这种态度应该是照顾到了行政执法的实务，毕竟，现在的执法活动，实体违法尚不能有效避免，程序违法更是随处可见，如果严格按照《行政诉讼法》的要求来办，只怕具体行政行为十之八九都要被撤销了。从这种角度来说，最高人民法院的行为是可以理解的。但是也可能是这个原因，行政执法机关不觉得一般的程序违法甚至严重的程序违法是一个非常重要的问题。所以，程序违法，虽然较之过去有所改进，但总体并不令人满意。

第四节　听证会失灵现象

一、问题的提出

如今人们要是看到一则消息，说某地政府机关为了解决公共资源价格问题而举行听证会，或者某行政机关宣传在对某人或企业实施行政处罚前依法举行了听证会，大都会呈现嗤之以鼻的表情，说不定还会来上一句："骗谁呢？"人们有这种条件反射的原因根本不需要解释，只要搜索一下这么多年来行政机关举行的各种听证会的经过与结果，我们几乎可以看到千篇一律的样板。行政机关依法举行了听证会，听取了各方面代表的意见，最后决策部门选择了一个折中的能反映各方利益的方案，价格不能涨得太多，但还是要涨；罚款不能罚得太多，但一定要罚。每听必涨、每听必罚已经是对我国的听证会最形象的说明了。那么究竟是什么原因，使听证这种体现古老的自然公正原则、保证权力公正行使的手段，❶ 沦为了食之无味、弃之可惜的鸡肋呢？

笔者认为，对这一问题的研究是极具现实意义的。改革开放以来，我们学习借鉴了太多的西方法律制度和理论，但是这些制度和理论到了中国很快就脱离了原滋原味，呈现出"南橘北枳"的尴尬局面。以往，我们将主要的精力

---

❶ 王名扬：《美国行政法》，中国法制出版社1995年版，第382页。

集中于立法。这一方面是因为从古至今，我国的成文法不够发达，尤其是改革开放以后，随着社会主义市场经济的蓬勃发展，法治被提到前所未有的高度。1999 年的《中华人民共和国宪法修正案》正式将"依法治国，建设社会主义法治国家"写入其中，标志着我国的治国理政的方法发生了根本性的转变，因此需要抓紧制定各种法律、法规。另一方面单纯的我们似乎认为，只要制定了法律、法规，我们的社会就自然而然实现了法治。但是，现实状况不断提醒我们，立法和执法不是一回事，甚至根本就是两码事。立法遵循立法的规律，而执法也自有执法的一套规则。"徒法不足以自行"，关注立法的同时，我们还应该努力关注执法，研究现实中执法机关和执法人员是如何执法的，为何立法的内容不能被严格执行。我们如果能把这个问题搞清楚，或许能够有助于推进立法与执法之间的良性互动，正确解决执法过程中遇到的障碍，并使得立法的内容和目的更加贴近现实，更有可操作性、可执行性。

　　笔者认为，听证制度之所以在我国的行政执法中失去其原本的意义和功能，主要原因是行政执法对听证制度产生的"驱逐效应"。听证制度的原本目标是对行政权力的限制。完整来说，听证是行政程序中的一环，而行政程序产生的目的，在于对行政权力的运行进行实时的监控。但行政执法的主要目的在于完成法定的或领导交办的行政任务，其关注的是行政的效率问题。这样两者之间难免就会发生冲突，行政机关既要高效地完成行政任务，又要对自己的行为有所克制，随时进行自我监督。要完成这样的使命，就必须在组织法上对于上述任务或目标进行科学的设计。比如，美国的行政任务是由行政机关完成的，但是维护公民重大利益、保证权力公正行使的任务是由专门的行政法官通过严格的正式听证程序来实现的。而我国的有关组织法并没有为行政机关内部实施的监督提供足够的原动力。所以，社会舆论与行政机关对听证制度功能与作用的看法之间产生了巨大的落差。在社会舆论看来，听证是对行政权力实施监督的手段；而在行政机关看来，听证是听取人民群众意见的方式方法，体现的是行政的民主性原则。为了防止听证会的失控，行政机关需要对听证会进行严格控制，比如参加听证的人由行政机关进行选定等。不论是座谈式的听证会还是庭审式的听证会，行政机关都有相应的办法来控制听证会，防止听证的过程和结果出现意料之外的情况。由于这些状况，听证会已经从理想中的权力控制手段演变成了行政调查的方式，其失灵也就在所难免了。本书试图通过对我国听证会运行过程中问题的仔细剖析，分析我国的听证会是如何失灵的。

二、调查式的听证会

按照目前的法律规定，听证会主要分为四种，即立法听证、处罚听证、许可听证和价格听证。这四种听证会可以分为两大类。第一类是调查式听证。立法听证、处罚听证和价格听证就属于这种听证，其基本特点是，听证机关举行听证会的直接目的不是为了作出公正的裁决，而是为了获得案件的线索，听取申请人、利害关系人或社会公众的意见和建议，了解他们对听证机关可能作出的行政决定的基本反应，接受他们可能提交的证据材料，以便行政机关能够作出一个可以为各方面都能接受的行政决定。第二类是裁决式听证。目前只有许可听证属于裁决式行政，这种听证不同于调查式听证的最大特点就是要根据听证笔录作出行政许可。其实许可听证在很多方面与调查式听证并没有实质上的区别，只是在听证笔录与行政决定的关系上存在区别，但正是因为这点区别，将许可听证与听证明显区分开了，也因此被认为对于完善我国的听证制度具有里程碑意义。❶

上述分类的准确性问题，只要我们稍微做一点法文本的分析就可以证明。《行政法规制定程序条例》第12、22条以及《规章制定程序条例》第14、15条和第22条分别规定：起草行政法规、规章可以采取听证会的方式广泛听取机关、组织和公民的意见；行政法规和规章送审稿直接涉及公民、法人或者其他组织的切身利益的，可以举行听证会，听取有关机关、组织和公民的意见。《中华人民共和国价格法》第23条规定，制定关系群众切身利益的公用事业价格、公益性服务价格、自然垄断经营的商品价格等政府指导价、政府定价，应当建立听证会制度，由政府价格主管部门主持，征求消费者、经营者和有关方面的意见，论证其必要性、可行性。《行政处罚法》第38、43条规定，听证会结束以后，行政机关应当对调查结果进行审查，根据不同情况分别作出行政决定。可见，不论是行政立法、价格制定还是行政处罚，听证只是行政机关获得合理意见和确切信息的多种方式之一。而《行政许可法》第46、47、48条规定，法律、法规、规章规定实施行政许可应当听证的事项，或者行政机关认为需要听证的其他涉及公共利益的重大行政许可事项，行政机关应当向社会

---

❶ 叶必丰、贾秀彦："从行政许可法看行政听证笔录的法律效力"，载《法学评论》2005年第3期，第85页。

公告，并举行听证。行政许可直接涉及申请人与他人之间重大利益关系的，行政机关在作出行政许可决定前，应当告知申请人、利害关系人享有要求听证的权利。申请人、利害关系人在法定期限内提出听证申请的，行政机关应当在规定时间内组织听证。行政机关应根据听证笔录，作出行政许可决定。此时，行政机关赖以作出行政许可决定的证据和法律依据都必须来自听证笔录，与国外正式听证的核心特点基本一致。当然，这种裁决式听证还要进一步完善，比如必须要通过规则，明确当事人在听证中的举证、辩论，以及主持人确定法律事实和法律依据的规则，作出初步决定、建议性决定和听证报告等。❶

　　然而目前最有争议也最受舆论关注的，主要是价格听证、处罚听证等调查式听证。由于是调查式听证，所以名义上是听证会，但是行政机关在举行听证时，在方式和程序等方面就显得比较随意。尽管也有调查人员说明、介绍或解释有关的案情或者问题现状，听证的参加人可以发表意见，甚至可以提出与调查人员不同的看法，但是两者相互之间不会也不需要发生争论或辩论。听证主持人也不必像法官开庭审理案件那样，进行法庭调查，整理案件争论焦点，组织双方进行法庭辩论；更不需要对于调查人员和听证参加人提交的证据进行质证、认证，确定哪些证据应予采纳，哪些不能采用，无须在听证结束时作出正式或者初步的行政决定。根据法律，除了许可决定，其他行政决定的作出依据的不仅仅是听证会上的证据材料和笔录，所以行政机关自然只需在听证会上微笑着听取当事人的意见和建议，接受他们提交的证据材料。至于这些意见、建议、证据材料是否为行政机关所接受，全由行政机关自由决定。❷ 总之，虽然都叫听证会，但此听证会非彼听证会，我国的大多数听证会的功能在于调查获得信息，听取参加人意见而已，想要通过听证会来监督和控制行政机关依法行使职权，实在有些勉为其难。

三、公正与效率的冲突

　　行政机关实施某种行政行为的目的，在于完成上级赋予的行政任务。这个

---

❶　金承东："论行政案卷排他原则的运作原理"，载《行政法学研究》2009 年第 3 期，第 50 页。

❷　学者的实证研究显示，在调查式听证中，行政机关也并非完全将听证情况置之不顾。甚至在一些地方的行政处罚案件中，很多根据听证作出的处罚建议被最终的行政决定采纳。朱芒："行政处罚听证制度的功能——以上海听证制度的实施状况为例"，载《法学研究》2003 年第 5 期，第 75 页。但这种采纳依然是基于行政机关对听证情况的参考而非法定的案卷排他原则。

任务具体来说可能来自法律、法规、规章规定的职责，也可能是其他行政规范性文件或行政负责人的明确要求。行政机关实施调查取证并最后作出某种行政行为，就是为了能够顺利完成行政任务，达到既定的行政目标。而听证源于英美普通法上的"自然公正原则"，其目的在于通过听取当事人的意见，体现行政的公正。[1] 所以，显而易见听证可以对行政权力的作出进行适当的限制，确保行政的民主、公开，防止行政权力专横。于是，矛盾就产生了。为了顺利完成行政任务，行政机关会希望尽可能地减少阻力，保证行政执法行为的顺畅。而听证程序希望行政尽可能地公正合理，所以要求对行政执法行为在某些环节上予以控制与制约。两者在目的上是相互冲突的。然而更为关键的问题是，这两种行为都是由同一个行政机关作出的。例如，在某一行政部门，实施行政调查的往往是某一"执法科"或"执法总队（支队、大队）"，而主持听证的一般是"法制处（科）"，他们共处于某一行政部门之中，是其内部行政机构。最后，这两个机构都会形成自己的观点和意见，一起提交行政部门领导，由其决定最后的行政决定的内容。这样，一个行政机关将可能不得不在两种完全不同的、相互冲突的观点、方案之间进行选择。

这其实体现的是行政决定的公正与效率这两种价值目标之间的冲突。对于行政执法活动而言，公正与效率都是非常重要的。行政执法存在的基础是效率。行政就是为了实现法律规定的任务而存在的，如果没有具体的行政任务，行政执法活动乃至行政机关都没有存在的必要。而行政执法能顺利实施的保障是公正。如果执法不公，必然会引发各类社会主体的不满，最终由于得不到社会的普遍承认、缺乏应有的公信力而无法完成行政任务。为了解决这一冲突，国外的听证通常有正式听证和非正式听证之分，不同的听证种类，其价值重点有所不同。正式的听证有准司法性，侧重于实现行政决定的公正价值。例如，美国的正式听证由行政法官主持，听证中听取控辩双方的陈述，询问证人，双方进行辩论，最后由行政法官作出中立的裁决。而非正式的听证侧重行政效率的实现，兼顾行政决定的公正合理。所以，其方式、手段非常灵活，行政机关可以听取公众的意见，但是其最终的行政决定不受参加人意见的限制。

如前文所言，我国的听政会是调查式的听证会，听证的目的只是帮助行

---

[1] 应松年主编：《比较行政程序法》，中国法制出版社 1999 年版，第 187 页。

政机关了解情况、掌握信息，更加理性科学地作出行政决定。这种听证虽然形式上谓之听证会，并且听证会似乎在国外一般归入正式听证的范畴，但我国的听证会实际上应归入非正式听证。由此，在这种情况下，想要通过听政会达到控制行政权力、保证行政决定的公正性是不太容易的。以行政立法为例，听证会的举行一般都由行政法规和规章的起草单位进行。而起草单位多数情况下为该法规或规章的实施机关——这是中国起草法规和规章的惯例。毫无疑问，起草单位在草拟稿中肯定会加入很多对自己实施管理有利的条款。这一点是非常正常的，没有一个行政管理机关愿意自己为难自己，在自己能决定的行政法规、规章草案中为自己设定太多的责任和义务。这样的草案在由各个方面人士参加的立法听证会上，肯定会遭到很多人的批评与抨击。然而立法听证在法律上并非是正式的听证会，只是听取公众意见而已，最终哪些意见可以接受，哪些不能接受，依然由行政机关自己决定。所以，公布出来的规章在立法技术上以及内容的合理合法性上存在诸多问题，也就不足为奇了。

四、听证参加人的作用

在调查式听证会中，行政机关具有很大的自由裁量权，可以自主决定是否接受听证参加人的意见和建议。❶ 然而现代的行政毕竟不同于古代，发达的媒体可以将各种意见和看法传遍社会的每个角落。听证参加人的意见和建议行政机关可以不接受，但是这种不接受越来越需要充足的理由加以支持，否则社会巨大的舆论压力将使行政机关的行政决定失去合法性基础。从这个意义上说，虽然是调查式的听证会，但是参加人的意见和建议还是有积极作用的，他们可以对行政决定的最终作出形成事实上的拘束力。反过来讲，如果听证的参加人不能发挥积极的作用，不能提出建设性的意见和建议，则不仅达不到召开听证的效果，❷ 还可能为某些违法、错误的行政决定提供合法的外衣。

目前四种主要的听证会，其参加人各有不同。行政立法听证的参加人为机关、组织和公民；价格听证的参加人包括了消费者、经营者和有关方面；行政

---

❶ 杨惠基：《听证程序理论与实务》，上海人民出版社1997年版，第180页。
❷ 唐杏湘："论公共价格听证程序的完善"，载《湖北社会科学》2012年第2期，第156页。

处罚听证的参加人是当事人；行政许可听证的参加人则包括了申请人和利害关系人。从参加人的构成来看，行政处罚和行政许可听证的参加人组成比较简单、合理、公正。参与听证的是与行政处罚、行政许可决定有利害关系的主体，他们可以比较客观地表达自己的观点和立场。而立法听证与价格听证的人员组成则大有讨论的余地。行政立法听证的参加人究竟应该包括哪些机关、组织和公民？价格听证所规定的"有关方面"究竟指的是哪些组织或个人？对此，法律、法规都没有明确规定。发改委于2008年新修改实施的《政府制定价格听证办法》则规定，"有关方面"主要指的是：与定价听证项目有关的其他利益相关方；相关领域的专家、学者；政府价格主管部门认为有必要参加听证会的政府部门、社会组织和其他人员。在实务上，除了那些利益直接相关的组织、公民、消费者和经营者外，听证的组织者往往还要在参加人中加入人大、政协、政府等机关的代表。上述人员都由听证组织者聘请或委托消费者协会等组织推荐产生。从听证实务看，多数情况下，听证会都会在组织者的预定计划下顺利进行，与会者多数人会赞同某一听证方案，少数反对者的意见被记录，但无法阻止预设方案的通过。

听证会不能很好发挥作用的原因主要有二。第一是人员的产生。听证会的参加人依法都由听证组织者聘用或委托官办组织推荐。这些参加人参加听证的费用问题，法律、法规没有规定，是否可以获得相应的报酬也没有规定。在这种情况下，为了保证听证的顺利进行和方案的顺利通过，听证的组织者和其他利害关系人就很有可能通过秘密的方法解决参加人的上述问题。一旦参加人接受了听证组织者或利害关系人的利益，便难以保证其能客观、公正地发表听证意见了。第二是人员的组成。听证参加人在实务中并没有对利益相对立的人划分不同的阵营。比如，价格听证中，申请调价的企业代表和消费者同属参加人，这势必会导致参加人之间意见分歧，矛盾冲突。而按照《政府制定价格听证办法》的规定，消费者人数在参加人中的最低比例是五分之二。这样，即便消费者的意见高度一致，也无法形成多数意见。而国家机关代表参与价格听证发挥的作用远不如消费者和经营者。消费者和经营者应当属于利害关系人甚至当事人，所以其参与的热情比较高涨。反观国家机关的代表，其更多的是从国家机关和自身职业的立场去思考听证方案的可行性，考虑的因素并不仅限于方案的合理性，可能还包括社会和谐稳定、社会管理等无直接关联的因素。所有这一切，使得听证会牵扯的事情非常复杂。各个主体都怀揣着各自不同的目的，最后的听证结果往往也就难以让社会舆论满意。

五、对听证情况的解释与说明

说明理由的核心意义在于，对程序操作过程中的自由裁量权进行一种理性的控制。[1] 一直以来，没有法律、法规对行政机关科以说明和解释听证会上参加人提交的证据材料和提出的观点、意见是否接受的义务。法律、法规都是规定该如何举行听证，然后由行政机关决定如何作出行政决定。也许立法者的想法是，行政机关在作出行政决定时，应该要对自己行政决定的内容作出解释与说明，如此，对于听证情况的解释与说明也就自然包括在行政决定之中了。当然，也可能立法者认为既然是调查式的听证会，行政机关通过听证了解了当事人、利害关系人和其他公民的观点与想法，获得了一定的证据材料，就自然能够整合上述情况作出更加理性、合法的行政决定，不需要再科加这种义务给行政机关了。

然而执法者有他们自己的考虑。既然法律、法规没有规定必须对听证会上参加人的意见、建议和证据材料是否采用进行解释与说明，那么他们就没有必要多此一举在行政决定中进行解释，并且行政决定中对于为何要作出如此决定也不需要作具体的解释，这是行政机关一直以来的惯例。连法院都不会对自己的司法裁判作出具体的解释和说明，就不应对行政机关科以比司法机关更高的说明理由的义务。[2] 当然，行政决定并非完全忽视听证问题，一般在行政决定书中都会对是否告知了当事人有听证的权利、当事人是否在法定时间内申请听证、听证是如何进行的等问题进行交代，但是不会实质性地涉及对听证中参加人提交的证据材料和提出的观点、意见的采纳问题的解释与说明。根据笔者的了解，行政机关一般都不会对自己的行政决定或者其他行政活动的理由进行详细的解释和说明，在他们看来，解释越多，只会导致自己出错的可能性越发增加。所以，只要认定了事实，并且正确依据了法律，那么就没有必要对自己的决定多做说明。

这种不对听证中参加人提出的意见和提交的证据材料是否采用进行解释与

---

[1] 王锡锌："行政程序理性原则论要"，载《法商研究》2000年第4期，第19页。

[2] 宋华琳："英国行政决定说明理由研究"，载《行政法学研究》2010年第2期，第103页。

说明的做法，既然具有合法性❶，那么也就为听证会的失灵创造了一个非常重要的条件。从另一种角度来说，不说明、不解释使得行政机关在举行听证时没有太多的合法性压力。是否高规格、规范地举行听证会，是否采用听证参加人的意见、建议和证据材料，全凭行政机关自主决定。不论作出什么样的行政决定，都不会发生行政违法的问题。

对听证情况进行解释和说明是重要的，所以尽管没有法律、法规对此作出规定，有些上级行政机关通过规章和其他规范性文件的方式，对某些特定的听证会作出了规定，要求听证组织者对听证作出一定的说明。例如，发改委制定的《政府制定价格听证办法》第 27 条规定："定价机关作出定价决定后，应当通过政府网站、新闻媒体向社会公布定价决定和对听证会参加人主要意见采纳情况及理由。"只是一方面这只能规范价格听证这样的个别听证种类，另一方面对于什么是"主要意见"由行政机关自己进行解释，在某些情况下，某些重要的意见可能被行政机关有意忽略掉，以便减少社会对听证结果和行政决定的质疑，顺利实现行政目标。

六、结论

听证制度作为正当法律程序的重要组成内容，对于公民、法人和其他组织参与行政决定的过程，帮助行政机关获得充分而客观的信息、材料，听取社会舆论的意见，实现行政的民主化，保证行政决策、行政决定的科学、公正、合理，都具有积极的意义。但是这一制度所蕴含的基本功能的发挥，还必须建立在一定的条件和基础之上。尤其应当充分考虑我国的实际情况，在立法上清晰地划分调查式听证与裁决式听证。不能简单地将听证制度等同于听证会。要明确非正式听证与正式听证在价值目标上的差异，合理设置不同的听证制度所应该考虑的价值内涵。由于行政机关的基本目标在于实现法定的行政任务，为了减少行政机关在行政目标与公正执法方面的冲突，需要尝试将两种不同的行为由不同的且相对独立的机构来实施。应当重视听证实务中暴露出来的，在听证参加人与对听证情况的解释、说明等方面存在的问

---

❶ 也有学者认为，在尊重和保障人权的宪政构架下，给出行政行为的理由构成了行政主体行使行政职权的一项基本义务。章剑生："作为协商性的行政听证——关于行政听证功能的另一种解读"，载《浙江社会科学》2005 年第 4 期，第 61 页。但对于目前的行政执法机关，还无法察觉这种宪法原则背后的基本义务，同时人们似乎也找不到具体的途径要求执法机关去履行这种义务。

题，采取一些有效的措施或规定来克服这些问题。只有这样，我国的行政执法才不致本能地排除听证制度，才能发挥听证制度的应有功能，保证行政执法的效率与公正。

第五节　信息公开与个人资料保护

一、问题的引出

2008 年 5 月 5 日，黄由俭、邓柏松等 5 位市民将汝城县人民政府告上了法庭。原因是请求县政府公布"原县自来水公司改制情况的调查报告"，遭到了县政府的当场拒绝。县有关负责人说："该调查报告不能代表政府的意见，只是供领导参考使用的，政府调查报告不属信息公开的范围。"据了解，这是 2008 年 5 月 1 日《中华人民共和国政府信息公开条例》（以下简称《政府信息公开条例》）正式实施以来，全国首例市民状告"政府信息不公开"的行政诉讼案。❶

2013 年 5 月，有网友在微博上晒出了一张照片，说的是有一个叫丁锦昊的中国人在埃及具有 3000 年历史的文物上刻下"到此一游"的留言。该网友觉得这是自己在埃及最难过的一刻，无地自容。这段微博和照片立刻成为网络最热议题。在微博发出 24 小时的时间里，评论达 11000 多条，转发达到 83000 多条，而网上的相关评论则达数十万条。好事的网友们通过人肉搜索，查出留言者为南京的一名中学生。随后，丁锦昊的父母通过媒体向公众道歉："我们向埃及方面道歉，也向全国关注此事的人们道歉。"孩子父母表示，孩子意识到了错误，恳请大家给个机会。但部分愤怒的网友还不满足，又开始人肉搜索丁锦昊的父母。

两则案例各有不同，但又有内在的联系。对于第一则案例，我们需要思考的是，行政机关为了了解案件的真相，需要对案件的具体情况实施行政调查。那么对于受到社会舆论关注的案件调查结果，行政机关是否有公开相关信息的义务呢？政府为什么不愿意公开信息？对于第二则案例，值得我们思考的是，

---

❶ "视点特稿：透视政府信息公开条例实施后的第一案"，载腾讯网，http://news.qq.com/a/20080506/000796.htm，最后访问时间：2013 年 7 月 21 日。

现代技术的发展使得我们与他人、与社会的交流变得非常便利，可以让我们足不出户而能和别人一起煮酒纵论天下大事，也可以让我们轻而易举地获得他人的资料甚至隐私，并将其公之于众，使其成为茶余饭后的谈资，甚至褒贬的对象。我们获得了自由，可是我们也要付出隐私等权利被损害的代价。这时候，政府该干些什么呢？

　　本节中，笔者要讨论的就是行政机关在行政调查中获得的政府信息该如何处置，以及对侵害个人信息资料的保护问题。笔者认为，目前我们存在着政府信息公开不力与个人资料保护不周的问题。究其原因，依然和行政调查中心主义执法模式存在密切关联。

二、政府为什么不愿意公开政府信息

　　2008 年 5 月 1 日《政府信息公开条例》实施以来，全国各地发生了大量的行政诉讼案件，其主要的原因是政府机关不愿及时公开有关政府信息。从常理上说，只要行政机关对某事已经调查完毕，就可以对其性质得出一个基本的结论，这个结论应该告知当事人。如果结论与社会其他主体相关，那么应该公告结论，以便社会主体能够知晓。《政府信息公开条例》第 6 条明确规定："行政机关应当及时、准确地公开政府信息。行政机关发现影响或者可能影响社会稳定、扰乱社会管理秩序的虚假或者不完整信息的，应当在其职责范围内发布准确的政府信息予以澄清。"

　　那么为什么很多行政机关依然不愿意公开自己掌握的有关信息呢？笔者认为，其原因主要包括以下几点。

　　（1）调查结果存在瑕疵。在行政调查中心主义执法模式下，其中心任务和目的在于查清案件的事实。为此，调查人员需要收集各种证据。有时候为了收集他们所认为的足够的证据，耗费大量的人财物和时间。以警察执法为例，为了查清案件，很多调查人员放弃休息日，加班加点调查取证。但是正如前文所说，由于没有专门而中立的审查机构对其调查取证行为进行有效的审查与监督，明确确认法律实施所需要的证据种类和内容，尽管调查人员花费了大量的精力，案件的证据却不一定会足够，证据的合法性、真实性和关联性等方面都可能存在问题。这样的调查结果一旦公之于众，必然会引来社会舆论的广泛议论和批评。由此，他们对于调查结果的公布必然没有信心，对于相对人或公众的信息公开申请当然会怀有抵触情绪。

（2）无法准确判断是否属于可以公开的政府信息。《政府信息公开条例》第 13 条规定，除行政机关主动公开的政府信息外，公民、法人或者其他组织还可以根据自身生产、生活、科研等特殊需要，向国务院部门、地方各级人民政府及县级以上地方人民政府部门申请获取相关政府信息。但是在第 14 条又规定，行政机关应当建立政府信息公开保密审查制度，不得公开涉及国家秘密、商业秘密、个人隐私的信息。这就给行政机关在公开除了应当主动公开的信息以外的其他信息造成了障碍。行政机关必须自己审查决定是否公开被申请的信息。虽然也规定，对于自己不能确定的信息，应当报有关主管部门和保密部门确定，但是如果有关主管部门和保密部门不予回复或也不能确定时，如果不公开信息，法律责任依然要由被申请的行政机关承担。而在行政调查中心主义的执法模式下，行政机关的主要专业能力是行政事务，他们对自己提倡处理的行政事务非常专业、熟悉，而他们的法律审查能力普遍不足。在这种情况下，他们往往难以确定被申请的信息究竟是否符合法律的规定可以对外公开。所以，其本能的反应自然是能不公开就不公开了。

（3）担心引发不利后果。对于具体负责政府信息公开的公务员来说，承担政府信息公开的工作也是充满风险的。根据《政府信息公开条例》第 35 条第（5）项规定，行政机关公开不应当公开的政府信息的，由监察机关、上一级行政机关责令改正；情节严重的，对行政机关直接负责的主管人员和其他直接责任人员依法给予处分；构成犯罪的，依法追究刑事责任。由此分析，如果政府信息不公开，并不损害行政机关的利益，虽然法律也规定不依法履行公开政府信息任务的也要承担法律责任，但由于不损害行政机关利益，一般情况下，执法人员个人不会被追究行政责任，而如果错误公开了政府信息，行政机关内部免不了要追责，在这种情况下，就执法人员个人来说，也是不会不顾自己的利益，为公民公布政府信息的。

三、保护个人信息资料

现行法律对于保护个人信息资料有某些规定。个人信息资料的泄露造成损害的，受害的公民可以依法提起民事诉讼，要求侵权人予以民事赔偿。刑法修正案也规定，非法泄露公民个人信息情节严重的，将以泄露公民个人信息罪追究刑事责任。而在追究侵权行为人的行政法律责任方面，目前的法律、法规对于个人信息资料的保护没有作出明确的规定，只是在《治安管理处罚法》第

42 条第（6）项规定：偷窥、偷拍、窃听、散布他人隐私的，处 5 日以下拘留或者 500 元以下罚款；情节较重的，处 5 日以上 10 日以下拘留，可以并处 500 元以下罚款。至于这一规定是否能够涵盖个人信息资料保护的内容，则需要进行必要的法律解释。总的来说，对于个人信息资料的保护，从法律依据上来说，并非完全没有。公民个人可以提起民事诉讼，国家机关可以对构成犯罪的严重违法行为追究刑事责任，同时运用法律解释的方法也可以依据《治安管理处罚法》的规定追究违法行为人的行政法律责任。

然而时至今日泄露并侵犯公民个人信息资料的现象依然非常普遍，说明上述法律在运用中存在问题。分析来看，公民个人通过民事诉讼的方式追究侵权人的民事赔偿责任存在一定的难度。根据民事诉讼中"谁主张，谁举证"的原则，如果公民认为自己的个人资料被泄露的，必须要向法院提出证据来证明侵权行为人实施了泄露个人信息的违法行为。但是很多时候，公民是难以举证的，因为这些资料被一定的组织和个人保存。一方面受害人难以证明自己曾经向侵权行为人提供过自己的个人信息，另一方面更难以举证证明是侵权行为人泄露了自己的信息资料。更多的情况是，公民普遍认为自己的资料被泄露并不是很重要的事情，不会立即对自己的权利构成损害，因此也不愿意花费精力去追究侵权行为人的法律责任。而《刑法修正案（七）》尽管规定了泄露公民个人信息罪，但是该罪名的成立必须要达到"情节严重"的程度。换言之，很多泄露公民个人信息的行为，其情节并不会达到"情节严重"，因此，刑法只能保护一小部分个人信息受到严重侵害的公民的权利，而大部分受害人并不能通过刑法的保护来维护自己的合法权益。

由此，对于公民个人信息的保护，主要应该通过行政法的途径获得实现。行政权力有积极主动的特征，并且其可以支配的公共资源非常庞大，相比于公民能够更加便利地查处泄露和侵犯个人信息的行为。但是从现状上来看，显然行政机关并没有很好地发挥这一作用。从原因上看，行政机关之所以不能很好地查处侵害个人信息的违法行为，主要包括如下的原因。

（1）分工不明。对于泄露公民个人信息的应当由哪个行政机关负责查处，法律规定不明确。泄露个人信息的可能是公民、法人或其他组织。这些主体的身份不一，其主管部门可能也不一致。经济组织的主管部门是工商机关，社会组织的主管部门一般是民政部门。有时不排除可能是国家机关的工作人员泄露了公民个人的信息。那么泄露个人信息的行为究竟应该由谁来进行查处呢？对此，法律并没有明确规定，既然如此，哪个机关愿意主动给自己增加额外的行政任务，并且冒着越权行政的风险去保护公民的个人信息呢？

（2）法律依据不足。如上文所述，对于泄露个人信息，目前的《治安管理处罚法》并没有明确规定要追究行政法律责任。虽然从法律解释的角度可以将其纳入该法第 42 条第（6）项关于散布个人隐私的内涵之中，但是一则行政机关的法律解释能力向来较弱，对于没有统一、明确规定的行政任务，一般不轻易承担；另外，行政机关的执法任务本来就比较重，他们并不觉得增加新的行政任务会是明智的选择。

（3）管理措施不到位。对于个人信息保护，查处个案只是权宜之计，最重要的应该是采取行政措施，规范个人信息的采集和使用行为。所以，主管的行政机关应该制定具体的规范性文件，对个人信息采集和使用作出规定。目前由于法律并没有明确具体的责任，行政机关自然也不会出台配套的措施对上述问题作出规定。从今后来看，随着公民权利意识的不断提高，行政机关面临的压力也会越来越大。所以，一方面，国家需要制定或者修改相关的法律，将个人信息保护问题纳入其中，同时要明确保护个人信息的责任机关；另一方面，作为主管机关，应当采取相应的措施，对个人信息的采用进行有效管理。在行政调查中心主义的执法模式下，行政机关如果没有法律的明确规定，是不会主动通过法律解释等方法，将这一责任纳入自己的职责范围的。当然，也正因为如此，应当将行政调查中心主义执法模式进行修正或改变。行政机关不能仅仅负责调查案件，应当在其内部设立中立的审查机构，提高行政机关的法律解释能力。今后的行政机关必须既具备行政调查能力，同时也具备法律解释和运用能力。

四、结论

不论是政府信息公开还是个人信息资料保护，在我国依然需要行政机关承担主要的职责。这种职责主要体现为政府信息能够由行政机关积极主动地向公民和社会公开；个人信息资料能够由行政机关通过采取一系列有效的措施进行有效保护，对侵犯个人信息资料的违法行为严格进行行政执法。因为虽然近年来申请政府信息公开的案件比较多，虽然行政机关也在按照《政府信息公开条例》的规定公开一些政府信息，但是总体来说很多政府信息，尤其是社会公众所关注的信息并没有被及时公布。例如，每年全国高速公路收取了大量通行费，这些通行费究竟有多少，收取的标准是什么，是怎么使用的，并没有行政机关及时予以公布。

我国尚处于社会主义市场经济发展的初级阶段，行政机关与行政相对人的平等意识、契约精神还没有很好地形成。影响到实践中，公民的权利义务意识还没有完全建立起来，行政机关的服务意识、民主意识也没有很好地构建起来。一些公民认为信息公开是自己的合法权利，向行政机关提出了申请，一些行政机关基于民主的观念，愿意将政府信息主动公开，但是很多行政机关和公民还无法做到这一点。公民可以基于私权自治的原则，放弃对政府信息公开的要求，而行政机关却基于依法行政的原则不能随意放弃自己的行政职责。因此，在信息公开尚显不足的情况下，应当更多地要求行政机关履行信息公开的职责。而在行政调查中心主义的执法模式下，一些行政机关却不愿意履行这样的职责。根本的原因在于信息公开是否充分并不属于行政任务，而行政机关内部的监督机制要服从于行政业务部门，并不能展开有效的监督。

个人信息资料如果受到侵害，尽管公民、法人或者其他组织自身可以利用复议和诉讼的途径进行救济，但是他们要么由于现实制度和做法无法满足诉求而放弃复议和诉讼，要么由于担心在复议和诉讼中自己的个人信息资料受到进一步泄露与侵害而不敢提出救济。司法实务也印证了这一点，这么多年来，因为自己的信息资料被泄露而提起复议和诉讼的案件，数量并不多。在一些非常明显地侵犯个人信息资料的案件发生以后，人们并没有看到受害人因此提起诉讼。在笔者看来，现阶段或者在相当长的一段时间内，对个人信息资料进行保护的主体依然是国家机关，尤其是行政机关。立法机关固然需要加紧制定个人信息资料保护方面的法律，司法机关应当依法救济受侵害的权利，但是最主要的依然是行政机关应当加紧制定相应的行政规范性文件，通过合理的行政执法解释，严格执法，严厉惩治侵害个人信息资料的违法行为。然而目前在行政调查中心主义执法模式下，这类案件由于个人缺乏启动行政调查的功力，多数情况下，行政执法机关对那些侵权行为置之不理。

第六节　行政调查的公众参与

近年来，公众参与成了公共管理学与行政法学上的一个热门话题。但一般所说的公众参与，主要指的是公众参与行政机关的行政决策或行政决定的活动。为了使得行政机关在作出行政决策或者行政决定时，能够更加理性，更加符合社会的实际情况，现代行政上倡导行政决策和行政决定作出时，给公众以表达的机会。笔者认为，行政权力的运行，不仅其决策或决定对公民、法人和其他组织的权利会造成影响，事实上，行政权力运行的整个过程都可能对特定或者不特定的公民、法人或者其他组织的权利造成影响。所以，不仅行政决策或行政决定应该有公众参与，行政调查的过程也可以有公众参与问题。本节从行政调查的概况入手，讨论目前行政调查公众参与的现状，分析为什么行政调查缺乏公众参与，没有公众参与的行政调查存在哪些不足之处。

一、缺乏公众参与的行政调查

根据目前法律、法规的规定，在违法案件发生以后，有管辖权的行政机关应当组织专门的人员，对案件进行调查。对于行政调查的参与，以往主要指的是利害关系人的参与。通过利害关系人参与行政调查，为其提供主张权利和保护合法权益的机会。[1] 但是即便利害关系人的参与，也是非常有限的。其主要表现为行政执法机关通过询问利害关系人，了解案情，收集有关的证据资料；或者一些较为民主的行政机关会将行政调查获得的某些信息或自己的看法告知利害关系人。但是利害关系人如果想要参与行政调查的全过程，几乎是不可能的。而其他社会公众的参与，则主要为专家。专家由于掌握了某种专业技术，在某些行政调查活动中，行政机关会邀请其参与其中，对某些技术性问题发表专家意见。

例如，2011年7月23日20点30分左右，北京南站开往福州站的D301次动车组列车运行至甬温线上海铁路局管内永嘉站至温州南站间双屿路段，与前行的杭州站开往福州南站的D3115次动车组列车发生追尾事故，后车四节车厢从高架桥上坠下。这次事故造成40人（包括3名外籍人士）死亡，约200人受伤，这就是著名的"7·23"甬温线特别重大铁路交通事故。案件发生以后，国务院组成了独立的以安监总局局长骆琳为组长的事故调查组，以及中国电力科学研究院名誉院长周孝信为组长的专家组。经调查认定，"7·23"甬温线特别重大铁路交通事故是一起因列控中心设备存在严重设计缺陷、上道使用审查把关不严、雷击导致设备故障后应急处置不力等因素造成的责任事故。

---

[1]　杨海坤、黄学贤：《中国行政程序法典化——从比较法角度研究》，法律出版社1999年版，第264页。

调查报告公布以后，社会舆论对此议论纷纷，认为调查报告没有将案件调查清楚，不少地方存在问题。其实这次动车事故的调查相比于以前的很多行政调查，已经体现出超常的独立、专业与公正。在调查组和专家组成员中，没有一位铁道部及其下属铁路机构的工作人员。而回顾以往其他的行政调查，可以发现，总是由上级行政主管部门组成调查组实施调查，实际上就是上文笔者曾经说过的"自己调查自己"。此次调查受到全国舆论的注目，组成的调查组和专家组完全独立于铁道部。同时，由于存在专家组，能够对专业性问题实施独立、公正和专业的鉴别。尽管如此，其依然受到社会舆论的很多质疑。

笔者认为，此次调查相比于以往的其他调查，在程序上已经非常公正，如果说其中还存在不足，那主要就应该是行政调查的公众参与问题了。正如前文所言，一般所认为的公众参与主要是集中于行政决策与决定程序中。也就是说，在行政机关已经调查完毕，在讨论决定该如何作出相应的行为时，吸收公众的参加。这样的公众参与方式有其局限性。作为第三方的公众没有参与行政调查，如何保证行政调查人员的调查行为客观公正？如何使公众确信案件所有的线索都已经得到了全面的调查，案件事实已经彻底查清？

二、为什么行政调查没有公众参与

既然没有第三方的监督与制约，行政调查可能发生问题，那么一直以来为何没有让第三方参与行政调查的过程，为何没有行政调查的公众参与呢？笔者认为，这依然是和行政调查中心主义执法模式有关。

首先，长久以来我们没有公众参与行政活动的传统。特别是在以往强调行政法就是管理法的计划经济体制下，公民、法人或者其他组织是被管理的对象，他们的义务就是服从行政机关作出的行政决定，没有权利参与行政活动的任何过程。公民、法人和其他组织既没有权利参与行政调查，也没有权利参与行政决定。后来随着社会的文明进步，对行政民主化、科学化的要求不断提高，于是提出应该允许公民、法人或者其他组织参与行政决策或行政决定的过程。基于这样的历史惯性，行政调查过程中没有公民、法人和其他组织的参与也就很正常了。

其次，行政事务的专业性阻止了公民、法人或其他组织对行政调查的参与。现代社会分工呈现越来越专业化、细致化的特点，为此行政机关的划分也更加细致，每个行政部门要处理的社会事务都具有很强的专业性。对于涉及专业性事务的行政调查，必须要由专业人员进行调查，而公众的专业知识有限，无法判断调查人员行为的合理性、科学性，自然也就无法进行有效的监督。以"7·23"甬温线特别重大铁路交通事故调查为例，其中涉及很多设备、设施的技术设计问题，一般公众不掌握这种知识，也就无法判断调查结果的正确性。笔者在上文提到了专家参与问题。专家本身从广义上来说也属于社会公众的组成部分，所以他们参与行政调查过程从广义的角度来看也属于公众参与。然而不得不指出的是，社会公众的参与主要在于了解案情，监督行政机关的行政调查行为，而专家参与其中的主要目的和任务是对专业性问题作出解答。两者的功能完全不同，因此专家参与行政调查从严格意义上来说不算是公众参与。

　　而最重要的，笔者认为是第三点，即行政调查目标与公众参与目的的不一致。历史的惯性和专业性问题，其实是可以解决的。公众既然以往不参与行政活动的任何环节，而后来可以参与行政决策或决定的过程，那么自然也可以参加行政调查的过程，将行政参与的程序理念导入行政调查，则可将行政调查视为行政主体与行政相对人之间信息交流与沟通的过程。❶ 这只是立法政策或者行政管理理念的问题。专业性问题，可以吸收公众与专家共同组成独立的监督小组。专家负责监督调查人员的专业性问题，公众负责调查程序的监督问题。然而行政活动讲求的是行政效率，一项行政事务如果久拖不决，就会花费行政机关的大量人财物和时间，行政机关就不能抽出更多的行政成本来处置其他的行政事务。所以，行政效率是行政活动的生命。但是恰恰相反，公众参与并不是为了提高效率的，而是关注行政调查是否按照法律规定的程序和方法进行，行政调查是否存在瑕疵和不足之处，其难免会抑制行政调查的速度。在这种情况下，行政机关对于公众参与行政调查活动难免会抱有抵触情绪，立法者也会犹豫不决，究竟公众参与行政调查是不是合理的选择。

　　笔者认为，效率并不等于速度。行政执法在重视速度的同时，还必须重视行政执法的合法性与合理性问题。只有做到这一点的行政执法活动才是真正有效率的。反观目前的很多行政执法活动，由于缺乏监督与控制，常常在行政调查程序和行政决定内容中发生错误。不少行政决定最后被提起行政复议、行政

---

　　❶　周佑勇："作为过程的行政调查——在一种新研究范式下的考察"，载《法商研究》2006 年第1 期，第 133 页。

诉讼以及信访。在很长的时间内，行政决定的内容无法得到执行，甚至引发了更多的社会矛盾和行政争议。这种情况下，表面上看，行政活动从调查到决定的速度是快的，但是实际上效率是很低的。这是行政调查中心主义执法模式的重要特点。这种模式总是盲目地相信，调查人员会严格遵守法律，不折不扣地完成调查工作。而对于执法人员可能犯的错误，以及如果犯错该如何监督制约的问题，在制度上没有预先估计。从这种意义上说，行政调查中心主义执法模式并不是一种符合现代法治理念的执法模式。

三、缺乏公众参与导致的问题

调查机构实施行政调查本身是为了监督别人，想通过调查清楚案情，为领导最后作出行政决定提供证据和依据。但是，不能忘了行政调查本身也是一种行政权力的行使，权力的行使如果没有相应的监督与制约就难免可能导致滥用。从整体上判断，行政调查缺乏公众参与容易导致以下问题。

第一，调查人员可能接受被调查人员的利益，导致权力的腐败。被调查人为了维护自己的利益，可能会采取各种方法阻止调查人员获得不利于自己的真相。为此，他们可能通过给予各种利益的方式，影响调查人员实施公正的调查。给予调查人员物质利益向来是国家权力腐败的重要诱因。由于缺乏社会公众的参与，在行政机关作出正式决定之前，人们并不了解行政机关究竟是否掌握了证据材料，是否能够依法对违法行为人施以行政处罚。此时，违法行为人是否会被处罚或作出处理，完全取决于调查机构及其调查人员执法的规范性和证据材料的充分性以及法律解释的准确性。如果调查人员故意忽略了相关的证据，违法行为人有可能因此而逃避行政处罚。从实务的角度来看，一些行政相对人在节假日"孝敬"执法机关和执法人员，执法机关故意忽略行政相对人违法的情形常有发生。

第二，调查人员可能受到各种威逼、胁迫而不能开展正常的调查取证。违法行为人为了维护自己的利益，除了采取给予调查人员一定利益的方式干扰正常的调查以外，也可能采取威逼、胁迫的方式，使得调查人员不敢收集有关的证据，不敢实施相应的调查活动，从而不能对案件事实进行全面调查。他们可能直接对调查人员及其近亲属进行威胁、胁迫，也可能通过执法人员的领导和其他方式威胁、胁迫执法人员，导致其不能严格依法行政。此时，由于社会公众并不了解行政调查的具体情况，一些执法人员可能在权衡利弊之后，歪曲法律的理解和实施。

第三，行政调查可能先入为主，导致行政调查结果发生错误。由于没有第三方的制约，调查人员可能会根据自己对案件的了解和解读情况，决定如何实施调查行为，如何收集有关证据。如此就可能导致行政调查发生错误，如对应该收集的证人证言没有收集，对当事人陈述的理解和记录有误，对应该鉴定的材料没有经过鉴定，等等，那么最后提交上来的行政证据必然是存在残缺的。对于这样的材料，让公众和行政机关领导一起进行讨论，正应了中国古代的一个成语："巧妇难为无米之炊"，怎么可能作出准确的判断并得出公正的结论呢？

四、结论

在民主法治的大背景下，行政权力的行使应当告知公民、法人和其他组织，征求他们的意见和建议，接受他们的监督，不再是获得立法机关授权以后完全独自行使。在西方法治国家是这样，在我国这样的社会主义国家，行政机关更应当和人民群众保持密切联系，倾听他们的声音，接受他们的意见和监督。近些年来，我国民主行政、法治行政取得了长足进步，社会公众参与行政决策或行政决定的机会越来越多。这不但有效规范了行政权，同时也锻炼了社会公众的自我管理能力和社会治理能力。

但是，行政执法过程尤其是行政调查过程的公众参与依然不足。这种不足一方面是传统行政方式的惯性所致，另一方面也是因为立法上的不足与行政机关在行政调查中心主义执法模式下，行政执法的目的与公众参与的目的之间存在矛盾甚至冲突。但是从法治国家、法治政府和法治社会建设的长远目标来看，这种矛盾和冲突必须尽快解决，让社会公众能够切实参与行政调查过程，唯有这样，行政权力的行使才能彻底得到规范，法治政府建设的目标才可能得到实现。

第八章　执法证据的收集与运用

行政执法证据的收集与运用介乎行政调查与行政决定之间。在调查阶段，行政执法机关的主要目的就是收集证据，在行政决定阶段主要是运用证据。不过两者的划分并不是泾渭分明的。在行政调查阶段除了收集证据，执法机关的调查人员需要初步运用证据，以确定现有的证据是否已经能够证明案件事实，在作出初步的处理意见时更要汇总证据。而在正式作出行政决定之时，行政机关又要运用证据，如果发现证据不足，则要继续调查收集证据。这本是一种规范的证据收集和运用方式，但是在行政调查中心主义的执法模式下，证据的收集和运用要明确划分阶段，在每个阶段会存在一些不合理的问题，对于相对人权利的保护，对于法律事实的认定以及行政决定的合法合理，都会造成重要的影响。本章主要讨论在证据的收集和运用上，目前主要存在哪些问题，思考造成这些问题的原因，以及该如何加以解决。

第一节　执法证据的收集

查清案件事实，是作出正确的行政决定的第一步。但确定案件事实必须要有相应的证据予以证明，所以，调查收集证据是行政活动中非常重要的环节。从现实情况分析，行政机关在进行证据的收集活动时，在如下几个方面还存在问题。

一、辅助执法人员收集证据的合法性

（一）问题的引出

按常理，收集证据的主体原本是很明显的，不应该成为一个需要关注和讨论的问题，但是现实中就产生了问题。下文笔者将举一个案例加以说明。2013

年 5 月 31 日下午 3 时，延安市城管监察支队凤凰大队稽查一中队对市区旅游景点周边流动商贩进行例行检查。下午 5 时，当执法车辆巡查至杨家岭附近时，发现美利达车行违章将数辆自行车摆放在人行道上维修和经营，决定暂扣该店违章摆放的车辆。在实施暂扣过程中，执法人员与该店店主刘国峰等当事人发生冲突。店主刘国峰在冲突中被踩踏致面部出血，1 名女执法队员郑媛媛也在冲突中受伤。❶ 这就是网络上非常关注的"延安城管打人事件"。本案中实施行政执法和调查取证的，除了延安市城市管理监察支队的正式执法人员以外，还有 6 名是聘用的协管员。该支队副队长段玉亭 5 日告诉记者，参与一线执法的城管队员超 1/4 是协管员，属于临时聘用人员。

本案只是一个引子，通过这个简单的案例，一个行政执法主体上普遍存在的问题浮出水面，即行政执法的辅助执法人员问题。目前在我国很多行政执法机关中，都大量存在辅助执法人员。如公安机关，从先前的治安联防队员，到现在的协警员、交通协警；城管执法部门中的协管员，等等。由于我国的历史原因和现实需要，行政机关目前管辖着大量的社会事务，而根据现有的编制法律、法规，行政机关的执法人员编制非常有限，正式的执法人员需要处置的行政事务非常多，压力很大，但还是无法及时完成。因此，通过聘用的方式招募执法人员充实到执法队伍中去已经成了行政机关的普遍做法。然而这样也给执法机关和社会带来了新的问题。这些人员有没有执法资格，他们调查收集的证据是否合法，能否用来证明具体行政行为的合法性？

（二）辅助执法人员身份的法律定位

根据现行法律的规定，辅助执法人员没有合法身份。有人可能会提出辅助执法人员是否应当属于我国《公务员法》上的聘用制公务员。如果可以将他们界定为聘用制公务员，他们就可以取得合法的身份，可以代表行政机关实施行政执法活动。我国《公务员法》第 95 条第 1 款确实规定："机关根据工作需要，经省级以上公务员主管部门批准，可以对专业性较强的职位和辅助性职位实行聘任制。"从这条规定来看，行政机关可以招聘公务员，但是在岗位上有一定的要求，就是那些专业性比较强的职位，如法医等，或者辅助性职位。至于什么才是辅助性职位，《公务员法》和 2011 年发布的《聘任制公务员管

---

❶ "延安'城管打人'事件责任人被处分"，载凤凰网，http：//news. ifeng. com/gundong/detail_2013_ 06/06/26130248_ 0. shtml，最后访问时间：2013 年 7 月 23 日。

理试点办法》都没有明确规定。而《公务员法》第 96 条第 2 款规定："机关聘任公务员应当在规定的编制限额和工资经费限额内进行。"从这条规定的内涵来看，聘用公务员也必须在规定的编制内进行，也就是说，不论是考录还是聘用公务员，都不得超过规定的机关的编制限额，国家机关不能在编制之外聘用公务员。

所以按照法律规定，可以代表行政机关实施行政执法活动，调查收集证据的，只能是编制限额内聘用的合法的公务员。而我国目前普遍存在的聘用制公务员，是在原有的编制之外，为了解燃眉之急而临时聘用的工作人员。这些人员由于不是法定的聘用制公务员，所以并不具有合法的调查取证的资格。从法律上讲，他们没有合格的执法资格，他们与行政机关签订的聘用合同，在法律上并非是公务员聘用合同，而只能算是一般的民事聘用合同，在法律上他们只能为行政机关提供民事服务，不能参与行政执法。❶

（三）辅助执法人员能否收集证据

那么能否将行政机关招聘编制外的执法人员从事执法和调查收集证据的行为视为行政权力委托呢？对于这个问题，需要做深入一点的解释。

首先，我国行政法上所说的行政权力委托是行政权力依然归属行政机关，但是行政机关依法将权力交给其他组织或个人行使。对于行政机关通过民事聘用合同招募来的工作人员执法的问题，这不是我国行政法上所讲的行政委托。因为我国行政法上的委托应该是其他独立的组织或特定的个人接受行政机关的委托，以行政机关的名义行使行政权力。例如，村民委员会接受乡镇政府的委托，行使行政收费的权力；公务员接受职务上的委托，代表行政机关履行行政公务。而聘用人员事实上属于行政机关内部的工作人员，并不是法定可以接受职位委托的其他个人，他们依然在行政机关内部代表行政机关实施行政执法。从性质上说，行政机关聘用编制外的公务员实施行政执法活动是违法的。

其次，必须区分清楚我国行政法上的委托，与目前改革中行政机关将行政权力委托给民间组织实施的情况。后者即所谓的行政任务（权力）民营化问题。从国外的情况看，20 世纪 80 年代以来，行政权力的私营化是一种行政体

---

❶　对于聘用制公务员的执法资格问题，从现有的规定来看非常明确了。2014 年 11 月召开的中国共产党第十八届四中全会通过的《中共中央关于全面推进依法治国若干重大问题的决定》明确规定，行政机关聘用的临时工没有执法资格，不仅如此，没有获得行政执法资格的执法人员，不论是何种身份，都被禁止参与行政执法活动。

制改革的主流。行政机关将自己无法承担的一些行政任务交由民间组织来承担，行政机关只负责对民间组织实施行政任务的行为进行监管。这样的做法既发挥了民间组织的作用，又能够减轻国家机关的任务压力，缩小了政府的规模，有利于节约行政成本，提高行政效率。

从我国的情况来看，改革开放以来，经历了多次行政体制改革，改革的重要内容就是下放权力，将那些可以由民间自主决定的事务交给民间组织去完成，政府只负责自己应该管理的事务。虽然中国的行政体制改革还没有到位，很多本来应该由民间组织自主决定的事务依然由行政机关在决定，但是可以预见，随着改革的不断深入和社会政治经济文化的不断发展，今后国家不仅会把属于社会管理的事务交还给社会，并且还会将很多原本应该属于政府的权力或事务交给民间组织去完成，以便能够和西方的政府机关一样减小政府的规模，提高行政效率和社会的自主管理能力。行政任务的民营化实际上从我国行政法的角度来看，是法律、法规的授权。民间组织承担行政职能或者行政任务以后，可以成为行政主体——当然，如果是纯技术性服务事务，就不应当成为行政主体。行政机关聘用编制外的人员从事公务员才能从事的行政事务，不是合法的行政委托，更不是所谓的行政权力或任务民营化。

既然行政机关聘用编外人员执行法律的行为是违法的，那么其收集的证明是否可以用来作为定案根据呢？一般情况下，行政机关在行政执法的过程中既有正式的具有执法资格的执法人员，又有编外聘用人员。笔者以为，不论是何种情况，只要有不具有合法身份的编外人员参与行政执法，那么这种行政执法就是违法的，其收集的证据也不能用来作为定案根据。因为这些编外人员不具有执法资格，在法律上也不能由行政机关进行行政权力的委托，所以无权调查收集证据。

（四）执法辅助人员的未来

很显然，对于行政执法机关而言面临着一个非常现实的矛盾，那就是执法辅助人员身份不合法，不能调查收集证据，但是目前很多行政机关的执法力量不够，必须借重执法辅助人员。如果严格按照法律的规定，行政执法力量往往不足以完成法定的行政任务，履行行政职责。尤其是在基层执法部门和乡镇人民政府、街道办事处，要处理大量非常琐碎的行政事务，但是具有合法身份和行政执法资格的公务人员数量和编制都非常有限。尽管近年来国家在进行改革，将上级行政机关的一些编制和人员下沉到基层执法机关，但是就执法的实际需要来看，这些编制和人员的增加依然是杯水车薪，无法完全适应现实需要。

所以，人们看到的实际情况是，尽管很多行政执法机关指导辅助执法人员执法不符合法律的规定，正式的执法人员数量编制不够，但是依然在使用大量的执法辅助人员。那么他们不担心因此而导致行政执法行为违法吗？在笔者看来，行政机关肯定是有这方面的忧虑的。也正是因为这样，在执法实践中，行政机关往往采取正式执法人员搭配辅助执法人员实施执法活动的做法。在一些正式的法律文书上都签署的是具有执法资格的人员的名字，而执法活动则可以让执法辅助人员参加，以保证执法的形式合法性。然而这样的做法终究不符合依法行政的基本要求。但是在目前，行政执法主要是以行政调查为中心，根本的目的是完成一定的行政任务。在这种情况下，使用不具有合法身份的执法辅助人员结合具有执法资格的执法人员来实施行政调查，可以完成行政任务，而至少在形式上行政机关又可以弥补可能存在的违法性。如笔者上文提到的，在文书上签名的是具有执法资格的执法人员。两者相权衡，行政机关显然在合法性与完成行政任务上选择了后者。

目前的做法显然是不符合行政权力行使的实质合法性要求的。从未来的发展来看，行政机关此举暂时完成了行政任务，但是在合法性上存在很大的风险。以往甚至现在，由于监督机关对行政机关的此种做法抱有模棱两可的态度，这种执法方式或许还可以沿用。但是未来法治的发展必然会对行政执法的要求越来越严格，笔者担心只怕在不太遥远的未来，这些做法可能在法律上都会受到挑战。一旦监督机关改变看法，严格对待行政执法的主体要求，那么现在由执法辅助人员参与的很多执法活动，尤其是调查收集的证据，都可能被确定为违法，从而导致整个行政执法过程和行政处理决定的违法。未来如果大量已经作出的行政决定被确认为违法，被推翻重做，并追究执法人员个人的法律和纪律责任，那么行政机关不应该感到意外。

基于这种情况，笔者主张应当尽快改革目前的执法辅助人员制度。未来可行的改革方式有三种。

第一，转变政府职能，将减少行政机关对社会事务的过多干预。这是一种根本性的办法，当然也是宏观性的。通过更加合理的行政体制改革，转变政府职能，对政府的职能和社会的功能尽快进行科学合理的界定。目前政府管理了太多不应当由自己承担的社会事务。对社会事务的过多干预必然造成行政组织机构膨胀，行政执法人员编制和数量不足。如果能够将这些不应当由国家管理的事务都下放给社会进行自我管理，那么行政机关自然不需要那么多的编制，执法力量不足的问题也就可以迎刃而解了。如果改革到位，乐观的估计目前的执法力量在未来不仅不会力量不足，甚至还可能是执法机构过于膨胀，需要进一步压缩执法编制。

第二，充分利用现代化信息技术，弥补行政执法力量的不足。从人类历史的发展来看，当人力资源充分的时候，技术的革新和运用往往会失去动力，反之，当人力资源不够的时候，人们会通过技术的创造和革新，通过现代化的技术来替代人力的不足。行政执法力量目前的不足，是因为行政机关管理了大量社会事务。这些事务如果能够通过行政体制改革下放给社会，固然可以减轻行政机关的负担，从而减轻行政执法力量不足的压力。但是在相当长的一段时间内，我国政府很难大量下放各种社会事务。因为当社会还无法承接社会管理职能的时候，政府如果不再管理社会事务，就可能导致社会秩序的混乱。所以，行政体制改革有一个渐进的过程。而在这个过程中，要弥补行政执法力量不足的问题，有一个很好的办法，就是充分利用现代化的技术和设施。

例如，以往需要大量的行政机关工作人员负责接待行政相对人的申请、登记，要大量的工作人员进行文书的写作、管理、归档，要很多的执法人员进行现场维护秩序、指挥交通等。那么现在这些工作完全可以通过电脑、网络、执法设备，甚至机器人等现代化的技术设备予以实现。有了县级的技术设备，大量的行政机关人力资源就可以节约下来，而且在现代化的技术设备运用下，行政管理和行政调查的效果可能比以往单纯依靠人力更加有效、效果更好。国家已经意识到了现代化技术在行政执法中进行运用的重要性。在很多重要的法律、法规和规范性文件中，都提出了要行政机关加强对现代化信息技术和设备的运用。

第三，将执法辅助人员改革为执法志愿者。志愿者是那些有助于为社会提供无偿公共服务的公民。人们所熟悉的应当是，在很多大型体育赛事，如奥运会中，世界各国都形成了大量的体育活动志愿者。这些志愿者的存在为体育赛事的顺利进行，为外地旅游者提供了很多切实的帮助，减轻了国家机关的工作压力。行政执法事务同样也是公共事务，很多热心的公民也愿意为行政执法事务贡献自己的力量，为其他社会成员提供帮助。笔者的设想是既然执法辅助人员的身份是不合法的，行政机关继续将行政调查各类事务交由他们承担存在巨大的法律风险，不如就对执法辅助人员的身份进行改革，使他们由执法辅助人员转变为执法志愿者。执法辅助人员不能调查收集证据，但是执法志愿者作为社会成员，如果发现案件线索是可以向行政执法机关举报的。行政执法机关对这些证据材料进行核实以后，就可以将其作为定案根据。另外，在很多行政执法活动中，执法志愿者可以适当参与，如帮助在外围维持秩序，对行政相对人进行宣传、指导等。这样就完全可以弥补行政执法力量不足的问题，也可以消除目前由执法辅助人员进行执法的法律风险，可谓一举两得。

二、收集证据的原则

（一）问题的提出

行政机关在收集证据的时候必然要面对两种情况。第一种是能够证明相对人行为违法的证据，第二种是能够证明相对人没有实施违法行为或者证明其违法行为情节较轻的证据。在这种情况下，行政机关该如何收集证据？问题看上去似乎是很简单的，按照全面收集证据的要求，行政机关当然既要收集证明违法的证据，也要收集证明不违法或者违法情节较轻的证据。然而事实却不一定如此。行政机关一旦进行立案调查，往往关注的是能够证明行为人存在违法行为的证据，对于不违法或者情节较轻的证据却不一定会收集。或者说，对于后者的收集是要建立在前者能够证明违法事实的基础之上的。

具体来讲，行政执法人员在收集证据的时候，主要收集的是证明相对人行为违法的证据，对于那些能够证明相对人的行为没有违法或者违法情节较轻的证据，并不丢弃，但也不会主动收集。如果执法人员收集的证据已经能够证明违法事实，那么那些情节轻微的证据也可以收集。在作出行政决定的时候，行政机关一方面要对相对人的违法行为作出处理，同时也会考虑其情节较轻的问题，以便在形式上体现行政决定的理性或规范性。

按照依法行政的要求，行政机关应当客观、全面地收集证据。如果证据证明相对人违法但是有从轻、减轻情节，那么最终应当作出从轻或减轻的处罚，如果证据显示相对人没有实施违法行为或者不应当予以处罚，那最终就应当作出撤销案件的决定。为何实务中他们往往收集的是能够证明行政相对人行为违法的证据？尤其是一旦立案，往往意味着必须对相对人的行为作出行政处罚决定？

笔者认为，行政机关此举与行政执法中心主义执法模式有关联。在这种模式下，行政机关一旦展开行政调查，必然会专注于寻找能够证明行政相对人存在违法行为、应当接受行政处罚的证据。而相对人是不是存在不应当处罚或者从轻、减轻、免除处罚的证据则很有可能被忽略。本书将逐次讨论两者之间的主要关联点：行政目标一旦确定需要寻求证据支持；行政案件一旦立案不能轻易撤销，否则对行政执法人员不利；从轻、减轻或者免除处罚等其他证据即便收集，其用途并不于在客观认定行政行为的合法性。

（二）行政目标寻求证据支持

从规范性上讲，行政执法应当是一个归纳的过程。也就是说，行政机关应当先进行调查取证，获得充分的证据，然后综合判断获得的证据，来梳理案件的事实情况，最后确认案件事实。有了案件事实，才能够依据有关法律、法规和规章的规定，对行政相对人行为的合法性和可罚性作出判断。从方法论的角度来看，是从纷繁复杂的证据中抽象出具体的案件事实，从一个个具体案件事实中判断出完整的案件事实。很明显这是一个从具体到抽象，从个体到一般的归纳过程。

但是实务中，一些行政机关显然不是这么操作的。同样从方法论的视角来看，一些行政机关在案件的处理方面采取的是演绎的方式。也就是说，事先他们会确定某种行政目标，下达具体的行政任务，根据行政任务再进行调查取证，作出某种行政处理决定。当然，在通常情况下，这种目标和任务并不一定针对某个具体的案件，但是对案件的处理是有直接影响的。例如，针对街上违章摆摊的情况，行政机关会下达整治的目标，并将具体的任务下达给行政执法机构和执法人员。为了达到该行政目标，完成行政任务，行政执法人员会逐个对违法摆摊的行为进行调查取证。在查获某个特定的行政相对人存在违法摆摊行为之后，行政执法人员会调查收集相应的证据来证明相对人存在违法行为。例如，他们会查扣相对人的财物、设备，向证人调取证人证言，当事人进行陈述并形成陈述笔录，还可以制作现场检查笔录等，最后综合形成行政处罚决定。

分析来看，在这个行政执法过程中，作出行政处罚决定是必然的。因为行政目标和行政任务都已经确定并下达，行政执法人员必须按照目标和任务对相应的违法行为作出处理。在此情形下，对个案的调查取证只是贯彻目标和任务的具体执行活动而已。此时执法的思路不再是归纳式的，不是根据自己调查收集证据的情况来判断对行政相对人是否需要作出行政处罚，以及如何作出行政处罚，而是根据目标和任务这一抽象的要求，确定对哪些地方的哪些人、哪些行为进行调查取证，作出什么样的行政处理决定。调查收集证据的目的是证明行政机关最后要作出的行政处理决定在法律上是有根据的、是合法的。所以，在行政执法的过程中行政机关无论获得了什么样的证据，调查收集证据的程序是否合法、手段是否合法，证据是否确实充分，最终都要作出行政处理决定。

所以，这依然是行政调查中心主义执法模式造成的。行政执法人员非常清楚他们面临着两个矛盾，一个是按照依法行政的原则，他们应当先调查取证，获得了充分的证据以后，才能确定是否要作出行政处罚决定，作出什么样的行政处罚决定。另一个是上级已经下达了必须通过查处一批相对人违法的案件，来消除普遍存在的某种所谓不合法的现象。此时究竟是严格按照法律的规定，全面调查收集证据，客观作出行政处理决定，还是按照上级的要求必须对行政相对人作出某种行政处理决定，以完成行政目标和任务，行政执法人员必须进行权衡。毫无疑问，在目前的状况下，行政执法人员绝大多数情况下会选择听从上级的指令和要求，在上级下达行政目标和任务以后，严格查处某种相对人的违法行为。

（三）撤销立案的不利影响

在立案之前，行政机关如果认为相对人的行为不构成违法，或者虽然违法但是不需要追究法律责任，或者存在可以免除处罚的情形，就可以不予立案，不调查追究相对人的法律责任。但是一旦立案，情况就可能截然不同。立案不容易，撤销案件同样是不容易的。行政机关在决定立案之前必须考虑很多因素，这一点笔者在上文已经做了比较充分的论述。所以，好多案件现实中很难立案，受害人也多有怨言。但是一旦立案，就表示行政机关内部从上到下都已经认同了行政相对人的行为构成违法，需要追究法律责任，此时，如果执法人员调查收集证据以后，认为不应当追究行政相对人的法律责任，案件应当撤销，则没有那么容易了。

因为这样做不仅可能引发相对人申请国家赔偿等问题，而且还会在行政机关内部启动监督程序，进而在未来的考核中行政执法人员可能处于不利的地位。

首先，在立案以后行政调查的过程中，行政机关就可能采取一系列调查手段。其中可能实施诸如查封、扣押、冻结等行政强制措施。有的时候，还可能对被查封扣押的场所、设施、财物采取销毁、拍卖的行政强制执行行为。如果行政案件最后被撤销，那就意味着行政机关的行政执法行为是违法的，相对人因此可以依据《国家赔偿法》的规定向行政机关提出国家赔偿的请求，行政机关就要承担国家赔偿责任。整个行政机关以及行政机关负责人可能因此在考核中处于不利的地位，进而影响职务晋升、单位评优等利益。

其次，立案要经过内部审批程序，行政案件的撤销同样要经历内部审批手续。行政执法人员不可能自己来决定一个经过行政机构负责人和行政机关负责人批准的案件的撤销。那么行政执法人员在办理撤销案件的审批手续时，必须向上级领导解释案件当时为什么要立案，现在为什么要撤销，自己在案件的办理过程中是否存在过错，是否要承担法律责任。行政机构和行政机关负责人也必然要调查在案件从立案到撤销的过程中，执法人员究竟是否存在滥用权力、徇私舞弊、失职渎职等违法违纪的行为。这些判断很多时候是行政机关内部的负责人自主进行判断，尽管执法人员可以进行解释和辩解，但是不一定能够因此而使自己在法律上、纪律上和考核制度中撇清关系。有了这样的忧虑，行政执法人员在行政调查的过程中，很有可能会尽可能地寻找能确定行政相对人责任的证据材料，而忽略其他可以从轻、减轻和免除处罚甚至可以证明行政相对人没有实施违法行为的证据。

（四）其他证据的其他用处

所谓其他证据，是指那些可以证明行政相对人没有实施违法行为，或者可以从轻、减轻或者免除处罚的证据。按照法律、法规和规章的规定，一方面，行政机关应当全面、客观地收集证据，只有存在充分的证据能证明行政相对人存在违法行为、应当追究法律责任的，才能作出行政处理决定。另一方面，即便行政相对人实施了违法行为，行政机关在作出行政处理决定之前，还应当考虑实际情况，看行政相对人是否存在可以从轻、减轻和免除处罚的法定情形。

但是正如上文笔者已经谈及，在行政调查中心主义执法模式下，行政机关最关注的是行政案件事实的查清与行政任务的完成。在这种情况下，如果证明相对人违法的证据和证明行政相对人可以从轻、减轻、免除处罚甚至不构成违法的两种证据都要收集，就等于行政机关自己在为难自己。行政机关既要收集有违法行为的证据，又要收集无违法行为的证据，对于一些执法机关和执法人员来说，可能会导致执法思维上的混乱。尤其是当行政机关经过初步的调查取证或者对案源的审查，确定存在违法行为，应当追究法律责任以后，其行政执法的目的就是要通过对能证明相对人存在违法行为的证据的寻找，作出一定的行政决定。而如果两种证据都要寻找，就可能导致某些执法机关和人员无所适从，行政任务不能有效完成。

所以，这种两种证据都收集的做法与行政执法中心主义的执法模式是存在冲突的。如果要改变这种问题，就必须扭转行政执法的基本模式。如果行政执法的中心从行政调查转变为行政审查或者行政决定，那么结果就完全不同了。因为一切围绕着行政审查或者行政决定进行，那么审查人员需要根据案情来决定哪些证据可以证明行为人实施了违法行为，同时要确定在什么情况下可以认定行为人的行为不构成违法或者存在从轻的情节。根据行政审查或决定突出的要求，行政调查将有的放矢地进行，这样的调查就不致发生不收集合法与从轻的证据的情况，这样的行政执法才能真正贯彻立法的意图。

当然，行政机关并非全然不收集其他证据。在一些案例中笔者也能看到，行政机关所收集的一些证据可以证明行政相对人的违法行为可以从轻、减轻处罚（免除处罚或者不构成违法的证据，根据笔者的了解范围则很少存在）。但是这些证据的收集和运用并非在全面和客观的原则下收集的，更多的时候是因为行政机关发现最终作出的行政处理决定缺乏可执行性。例如，有的行政处罚数额较大，对于普通的行政相对人而言，往往负担过重，他们会想方设法拒绝履行缴纳义务。在这种情况下，行政机关如果要实施行政强制执行，执法成本很高。为了能够促使行政相对人尽快履行义务，行政机关可能会通过收集一些可以从轻、减轻处罚的证据来减轻行政相对人的缴纳负担，从而使得行政处理决定得到履行，行政执法任务可以尽快完成。比如，行政执法机关可能要求行政相对人提交生活困难、企业生产经营困难的证明，从而减轻原本可能较高的罚款。

（五）结论

在行政调查中心主义模式下，法律、法规所规定的调查收集证据的原则，和行政执法机关在实际的调查取证过程中坚持的原则往往并不一致。行政机关调查收集证据并不是为了找到充分的证据来梳理案件事实，从而形成不同的行政处理决定内容。在大的行政目标和特定的行政任务之下，行政处理决定的作出事实上已经确定，行政机关所需要的是寻找证据来证明自己行政处理决定的合法性。在这样的情形下，其他可以证明行政相对人不存在违法行为，可以从轻、减轻或者免除处罚等不利后果的证据很有可能被忽略。有时候即便这些证据中的部分证据存在，其运用的目的同样只是证明行政处理决定的正当性——不论这种正当性在法律上是否合理。由此，法律所规定的行政调查收集证据的客观、全面原则很有可能被空洞化，行政执法实务会形成自己的另一套规则。

三、证据的来源

（一）问题的提出

行政执法机关调查收集证据，用以作出正确的行政决定，也可以在被提起行政复议或者行政诉讼时，能够用来证明自己行政决定的合法性。所以，毫无疑问，证据是非常重要的。那么据以作出行政决定的证据来自哪里？一般来说有三种看法，第一种认为，证据必须是行政机关依照法定的权限和程序自己调查取得的，其他途径得来的证据，尤其是公民、法人和其他组织提供的证据，不能作为作出行政决定的根据。第二种认为，据以作出行政决定的证据首先应当来自行政机关依法调查，另外，其他国家机关依法获得的证据也可以用来作为作出行政决定的根据。第三种认为，证据的根本目的在于证明案件的事实情况，至于来源不一定仅限于行政机关收集，公民、法人或其他组织提供的证据也可以用来作为作出行政决定的根据。

对于上述三种观点，目前的行政执法实务并没有统一的看法。但是通常的做法一般是将行政机关自己收集的证据和其他国家机关收集后移送的证据用来作为证明案件事实、作出行政决定的根据，当然，也有行政机关根据公民、法人或其他组织提供的证据认定事实，作出行政决定的。至于是什么缘故才会对于证据的来源持如此的立场，行政机关并不清楚。

从法律规定来看，只有行政机关依法收集的证据才是毫无疑问能够成为证明案件事实的根据。不论是《行政处罚法》等规范各种行政行为的专门性法律，还是其他部门的行政法律，都规定了行政机关应当按照法定权限和程序调查收集证据。而对于其他行政机关收集并移动的证据能否作为证明案件事实的根据，法律并没有明确规定。实务中，行政机关认为既然是其他行政机关依法收集的证据，其法律后果与自己收集的证据并没有本质的区别，当然具有合法性，可以为自己所用。至于公民、法人和其他组织提供的证据，有的行政机关持比较慎重的态度，要经过调查核实才能作为证据；但也有行政机关认为只要是能够证明案件事实，谁提供的证据并不重要，所以直接用来作为证明案件事实的根据。例如本书一开始就提到的道路交通行政执法部门，对于"钩钩"提供的有关黑车的举报，不进行任何的调查核实，就直接作为有效的证据拿来运用，证明司机实施了非法营运的行为。

那么该如何看待实务中行政机关的上述做法？究竟行政执法的证据应该来自哪里？其他行政机关和公民、法人或其他组织提供的证据能否作为证明案件事实的合法依据，在此有必要做一番分析。因为这关系到证据是否合法、客观，并最终影响到案件事实认定的可靠性和行政处理决定的合法性。在本书中，笔者将逐次分析主管行政机关运用其他行政机关和公民收集或取得的证据，作出行政处理决定的合法性，并剖析行政机关运用非自己收集证据的原因。

（二）其他行政机关所收集证据的可适用性

行政机关之间在管辖权上存在分工。按照宪法、政府组织法和"三定方案"等广义的行政组织法的规定，行政机关在管理社会事务方面存在职责上的分工。超出行政组织法规定的职责范围的社会事务，行政机关没有管辖权，否则可能造成行政行为因为越权而违法。然而行政机关在实际的执法活动中所面对的行政案件却并不一定完全体现行政机关在职能上的分工。不少行政案件中涉及的内容在法律上应当由不同的行政机关进行管辖。以税务执法为例，税务机关在检查的过程中，可能发现企业存在偷税漏税的违法行为，但也可能发现企业不具有营业执照或者私刻公章的行为，而后者属于工商机关和公安机关进行管辖。此时税务机关所调查收集的证据既包括偷税漏税的证据，也可能包括无证经营、私刻公章的证据。

按照法律的规定，具有管辖权的行政机关可以向其他国家机关、公民、法人或者其他组织调查收集证据，同时行政机关发现行政案件不属于自己管辖的，应当移送有管辖权的行政机关。当然，在移送的时候，已经获得的证据材料也要一并移送。这似乎意味着，如果行政机关向其他行政机关调取后者已经收集的证据，或者其他行政机关将自己收集的证据移交给具有管辖权的行政机关，这些证据就可以直接用于证明案件的事实。因为此时证据都已经收集完毕，只是在不同的行政机关之间转移而已。在有管辖权的行政机关手里，该证据是可以用来证明案件事实的。

然而仔细分析的话，情况可能并非如此。对于其他行政机关收集的证据，要分情况对待。对于其他行政机关依照法定职权依法收集的证据，移交给具有案件管辖权的行政机关，可以用来证明案件事实。例如，公安机关在依法进行刑事侦查的过程中，发现某车辆有非法营运的违法行为。这种证据的获得可能来自犯罪嫌疑人的供述。而进行刑事侦查和制作笔录是公安机关行使刑事侦查权的合法行为，因此而获得的证明犯罪嫌疑人或者其他人有非法营运行为的证据在程序和权限上是合法的，可以移送交通行政执法机关，作为证明犯罪嫌疑人或其他人有行政违法行为的证据，这种证明不需要再由行政执法机关作进一步的核实。因为刑事司法证据一般具有高于行政执法证据的标准。❶ 从比较法的角度看，在国外的证据法上，国家机关和特定的公职人员在职权范围内或者职责范围内，按一定的程序和规则制作的书证，立法一般都推定为真实。❷

而对于其他行政机关超越职权范围，或者严重违反法定程序收集的证据，不能用来证明案件事实。如果其他行政机关本身就是违法实施了调查取证的行为，那么其获得的证据显然也是违法的。对于这样的证据，具有管辖权的行政机关不能直接接受。如果行政机关认为存在违法可能性的，可以将该证据作为案件线索，进行初步的调查，以确定行为人究竟是否实施了行政违法行为，进而决定是否进行立案调查，重新获得定案的证据。当然，笔者更倾向于，即便是其他行政机关依法收集的证据，在移交给另一个行政机关以后，后者还应当履行一个证据的认定程序，即对这些证据从程序到实体上依法进行认定，确认证据符合基本的客观、合法关联等特点的，才能用来证明案件事实。

（三）公民、法人或者其他组织所提供证据的可适用性

公民、法人或者其他组织能不能调查收集证据，这原本就是一个存在争议的问题。从《行政诉讼法》中的证据规则来看，公民、法人和其他组织应该是不能调查收集证据的。《行政诉讼法》第 32 条规定："代理诉讼的律师，有权按照规定查阅、复制本案有关材料，有权向有关组织和公民调查，收集与本案有关的证据。对涉及国家秘密、商业秘密和个人隐私的材料，应当依照法律规定保密。当事人和其他诉讼代理人有权按照规定查阅、复制本案庭审材料，但涉及国家秘密、商业秘密和个人隐私的内容除外。"律师依法可以调查收集

---

❶ 孙康："行政证据与刑事证据的衔接与转化"，载《学习论坛》2012 年第 3 期，第 73 页。

❷ 蔡小雪："关于行政诉讼最佳证据规则的问题"，载《中国卫生法制》2004 年第 6 期，第 4 页。

证据，而当事人和其他诉讼代理人在法律上则并没有被赋予调查取证的权利。

然而实务中要确定公民、法人或者其他组织所持有的证据究竟是其调查得来的还是原来就具有的，却比较困难。例如，公民如果要求他人提供书面的证人证言，是比较明显的调查取证行为；但是如果公民要求其他知道事实的公民出庭作证，则不能算是调查取证了。同样，如果某一个可以证明案件事实的法律文书被公民收集来提交给法院，法院和对方当事人就很难证明这是公民调查取证得来的。所以，即便行政诉讼法没有明确赋予公民、法人或者其他组织调查取证的权利，如果不对公民调查取证得来的证明予以否认，则事实上公民就具有调查取证的权利。

由此，公民、法人或者其他组织事实上可能从事一定的调查取证行为，并且可能取得或持有一定的证据。于是同样地，我们需要考虑公民、法人或者其他组织所收集、持有的证据能不能提交给行政机关用以证明案件事实。对此，笔者认为，公民、法人或者其他组织收集的证据也要分情况对待。

一方面，不能将他们提交的证据直接用来作为证明案件事实的证据。行政机关要作出某种行政决定，必须要建立在一定的行政调查和行政证据的基础上。所以，获得行政证据是行政决定的前提。公民、法人或者其他组织如果掌握了某种证据，应该提交给行政机关。但该证据只是具有证据的初步形式，究竟能否作为行政案件的定案根据，还必须要求证据具备法定的条件，所以行政机关应当对该证据进行调查核实。经过行政机关调查核实以后的证据就不再是公民、法人和其他组织提交的初始证据，而是成为行政机关获得的可以作为定案根据的证据了。没有经过行政机关调查核实这一环节，该证据只是一个案件的线索，不能用来证明案件事实。如果行政机关匆忙地将其作为定案的根据，在法律上，应当视为其未经过调查取证就贸然作出了行政决定，毫无疑问，该行政决定是违法的。

另一方面，也不能一概排除公民、法人或其他组织提交的证据。公民、法人或者其他组织的证据不能直接用来证明案件事实，但这并不表示行政机关应该忽视这些证据。人们依然还会记得多年前广州市公安机关推出的一项政策，即针对市民举报车辆违章进行行政奖励。人们提交了很多的照片和录像用来作为证明驾驶员违法的证据。该措施后来因为引发社会的争议而被迫终止。质疑者认为公民没有调查取证的权力，交警部门利用这些证据来处罚违章者，是行政失职行为。笔者以为这样的结论是不客观也是不准确的。正如上文所说，虽然公民没有调查取证的权力，但是他们有权将自己发现的违法事实以某种载体的方式加以固定，并举报给行政机关，只要行政机关依法调查核实，就可以转化为合法的证据，从而可以用来作为合法的证据。广州市公安局的这项创新举措就此夭折，留下了极大的遗憾。❶

（四）行政机关对其他主体收集证据的实际应用

正如本书开头所提到的，行政机关在实务中对其他国家机关或者公民、法人和其他组织收集的证据并没有一定的标准。换而言之，这些证据是否可以作为确定案件事实的根据，主要看行政机关是否认为证据可用。对于其他国家机关收集的证据，在一般情况下，行政机关都会将其作为认定案件事实的根据。至于其他国家机关在调查收集该证据时是否存在程序或者实体违法的情形，一般情况下不做进一步的调查核实。究其原因，在笔者看来主要是因为其他国家机关调查收集的证据往往是要证明行政相对人存在某种违法行为，可以帮助行政机关证明自己行政决定内容的合法性，进而有利于行政机关完成既定的行政目标或者任务。所以，这种有利于行政处理决定的证据，行政机关自然没有必要也没有动力审查核实其合法性。而从另一方面来看，其他国家机关也是具有一定合法职权的主体，在行政机关看来，既然他们已经收集了证据，那当然这种收集证据的行为应该是合法的，自己自然没有必要再浪费行政执法成本审查其合法性。

而对于公民、法人或者其他组织提供的证据，情况稍显复杂一些。这些证据，有些是行政相对人自己提供的证据，有些是与案件无关的其他公民、法人或者其他组织提供的证据。并且这些证据中有些是可以证明行政相对人存在违法行为的证据，有些则可能是证明行政相对人没有实施违法行为，或者可以从轻、减轻甚至免除处罚的证据。更需要指出的是，公民、法人和其他组织不是国家机关，其收集证据的合法性、规范性在行政机关看来都比不上国家机关。这些因素决定了行政机关在面对公民、法人或者其他组织提供的证据时，会有不同的态度和立场。

总体来讲，如果行政机关已经确定要对行政相对人的违法行为实施行政调查并作出某种处理决定，那么对于公民、法人或者其他组织提供的能够证明行

---

❶　莫于川："中国行政调查制度的若干问题与完善路向"，载《学习论坛》2011年第4期，第71页。

政相对人违法的证据，行政机关往往会接受，并且直接用于案件事实的认定；而对于可以证明相对人没有违法的证据，以及可以证明其应当从轻、减轻或者免除处罚的证据，行政机关则要根据案件的情况决定是否接受以及在何种程度上加以接受。而对于这些被接受的证据，行政机关可能进行审核认定，也可能不经过审核认定而直接加以运用。虽然说行政机关在接受并运用公民、法人或者其他组织提供的证据时没有统一和直接的标准，但是事实上有一个关联性的标准，那就是要看行政机关是否已经确定对行政相对人作出某种行政行为，或者说行政机关事先是否已经确定某种行政目标和任务。如果确定，那些能够证明相对人违法的证据会被顺利接受，其他证据则可能被排除。如果行政机关尚未确定是否要立案调查并作出某种处理决定，则对于公民、法人或者其他组织提供的各种证据，行政机关都会进行审查，至于是否因此而可能引发立案调查程序，则没有必然性。

（五）结论

证据的取得对于行政机关作出行政处理决定，并且保证行政处理决定的合法性至关重要。证据的来源可能是行政机关自己调查取得的，也可能是其他国家机关和公民、法人或者其他组织提供的。从实务的情况来看，在对待其他主体提供的证据方面，法律上并没有明确规则，这或许应当归咎于我国证据法的不发达。然而即便没有统一的证据法规定应当如何规范处置其他主体提供的证据，在行政诉讼法等相关法律、法规和司法解释中，其实也有一些具体的要求，并且从行政机关调查取证的一般性规则中也可以推导出应当如何正确对待其他主体所提供的证据。

然而行政执法的实务在考虑现有规则的同时，还会根据行政执法的实际情况，形成另一套事实上的操作规则，即其他国家机关所调查获得的证据，不论其程序和实体是否具有合法性，行政机关都会予以采用；而对于公民、法人或者其他组织所提供的证据，行政机关往往会根据完成行政执法目标和任务的实际需要进行判断，如果有利于行政目的和任务的达成，该证据则可能被采用，反之则可能被束之高阁。

所以，即便是证据来源这样一个细小的问题，我们依然可以清晰感受到行政调查中心主义执法模式的影响。案件线索虽然重要，却不是孤立的，依然要服务于行政调查这一中心任务，只有符合行政调查要求、能够实现行政目标的证据才可能被接纳，否则证据本身即便充分，也依然可能被行政机关以各种理由加以推脱，进而导致案件事实难以确认，行政调查难以展开，相应的违法行为不能获得追究。从今后规范行政执法的角度来看，势必需要从立法和执法等角度对案件来源及其运用问题加以有效规制。

四、收集证据的通常方法

（一）导言

在实务上，行政机关收集证据的方法主要有两点：第一，以执法人员认为合理的行政强制措施收集证据。很多行政机关在调查收集证据的过程中，都是使用一些行政强制措施。如果被查出的案件最终证明确实是违法的，那么很多时候，行政机关实施强制措施的正当性往往会被忽略。例如，工商机关在查处非法传销案时，将查获的传销人员集中到某一固定的场所，进行调查收集证据。交通行政执法部门在截获了非法营运车辆时，会将驾驶员强制限制人身自由，对其进行调查取证。第二，书面固定言词证据。证人证言和当事人陈述一直是行政机关作为定案根据的重要证据。执法人员往往先要通过复印身份证的方式固定证人或当事人的真实身份，随后由两名执法人员开始进行询问。一名执法人员负责询问，一名负责记录。询问完毕，执法人员将笔录交由被询问人员核对、签字和按手印。根据笔者的了解，几乎每个案件都会有证人证言和当事人的询问笔录，只是根据案情的复杂程序，证言的内容和数量各有不同而已。

理论和制度上，行政机关应当根据法律、法规的规定收集证据。证据的种类很多，按照行政诉讼法的规定，为了证明案件事实，行政机关可以收集书证、物证、视听资料、证人证言、当事人陈述、电子数据、鉴定意见、勘验笔录、现场笔录等；可以是接受他人提供的证据，也可以是自己调查收集证据；可以直接收集证据，也可以采取一定的行政强制措施后收集证据。但是在行政实务上，行政机关调查收集证据的过程中会遇到很多问题，为了应对这些问题，他们往往会采取一些他们认为必要的，有的时候甚至是没有法律依据或者合法性存在争议的手段和方法收集证据。

本文要讨论的是，行政机关为什么在调查收集证据时主要采取上述两种手段？为什么有时候为了调查收集证据，行政机关会采取一些没有法律依据或者明显违法的手段和方法？在笔者看来，行政调查中心主义对行政机关调查收集证据所使用的手段和方法具有重大影响，如果这种执法模式不能得到改变，收集证据手段上的不规范性就无法避免。

（二）以行政强制措施收集证据

现行《行政强制法》明确规定，行政强制措施由法律、法规进行设定，即只有法律、行政法规和地方性法规才能够创设行政强制措施。而其中对于人身自由的限制，只能由法律进行创设。不仅如此，行政强制措施的实施并不是随意的，只有在行政管理过程中，为制止违法行为、防止证据损毁、避免危害发生、控制危险扩大等情形，行政机关才可以依法对公民的人身自由实施暂时性限制，或者对公民、法人或者其他组织的财物实施暂时性控制的行为。《行政强制法》第 5 条还专门规定："行政强制的设定和实施，应当适当。采用非强制手段可以达到行政管理目的的，不得设定和实施行政强制。"

但是在行政执法的过程中，如果按照法律的严格规定行事，那么很多行政强制措施行政机关往往无权实施。例如，目前对于查处非法营运，其最高依据是国务院《道路运输条例》，行政执法机关显然不能根据该行政法规实施对相对人人身自由限制的行政强制措施。而实务中执法人员对非法营运的司机限制人身自由，其合法性就值得怀疑了。再如，打击非法传销案件也存在同样的问题，工商执法机关依法具有对设备设施的强制措施权，但是并不具有对人身自由进行限制的权力，如果其实施了限制人身自由的行政强制措施，则可能因为于法无据而构成违法行政。

但是在实务中，类似于上述情况，一些行政机关在行政调查收集证据的过程中实际上会实施一些法律、法规没有授权，或者超出法律、法规授权的行政强制措施。少数情况下，可能是有些执法人员不清楚该行政强制措施的实施是违法的，而更多的时候，行政执法人员可能知道行政强制措施违法，但是为了收集到作出行政行为所需要的证据，他们依然会实施行政强制措施。那么执法机关为何还要实施这些人身自由的强制措施权力？他们通过这种手段获得的证据能够作为定案的根据吗？

在笔者看来，发生上述情况，对于执法机关而言其实也充满了无奈。按照法律的规定，只有公安机关才能够实施对人身自由的强制措施。但是，一则公安机关的执法力量有限，不可能随时配合其他行政执法机关实施行政执法活动，另外，公安机关介入其他行政机关的执法活动的前提是该案件可能涉及犯罪或者是《治安管理处罚法》明确规定的违法行为。而要形成这种综合执法或者联合执法的局面，就必须由其他执法机关向公安机关证明存在犯罪行为（对于一般的治安案件，公安机关不一定愿意抽出原本就有限的执法力量帮助其他执法机关开展执法活动），为了取得公安机关的配合，执法机关需要提请更高级别的政府机关领导人从中协调。所以，行政机关与公安机关的联合执法要么是事先已经确认的涉及犯罪的重大案件，要么是上级部门的统一布置。而大多数情况下，执法机关事先并不清楚案件究竟有多复杂，而且即便是简单的案件，执法机关依然可能在收集证据的时候需要对违法行为人的人身自由进行限制。由此，一方面是法律明确规定的人身自由的强制措施只能由公安机关行使，另一方面是行政执法实务要求行政机关不能不对违法行为人采取限制人身自由的强制措施。在这种情况下，为了查清案件，及时打击违法行为，行政机关的做法是选择了采取法律没有赋予的对他人人身自由或者财产、设施、财物进行限制的强制措施权。这其实也是体现了行政调查中心主义执法模式的特点，将对案件事实的查清放在最重要的位置。

从一般的行政法治角度来看，行政机关行使了法律没有授权或者超出授权范围的行政强制措施行为，构成违法行政。对于行政机关的上述做法，笔者认为不能简单地予以否定。毫无疑问，从《行政强制法》的规则规定看，执法机关行使了法律没有赋予的限制人身自由的权力，是违法的；但是他们行使这种权力是出于无奈，或者说是在价值冲突的情况下的被迫选择。

一方面，法律没有赋予他们这种权力，按照形式合法性的角度来看，他们不能实施强制；但是从另一方面，违法案件已经发现，违法行为人如果不采取限制人身自由的强制措施，行政调查就可能无法进行，无法收集足够的证据来证明存在违法行为，从而可能放纵了违法行为，从维护公共利益的角度看，有必要采取强制措施。笔者认为，此时，形式合法与公共利益维护这两种法律价值发生了冲突，并且两者之间不存在谁高谁低、谁的法律效力更高的问题。笔者反对将形式合法提高到不应有的高度，毕竟依法行政理念的提出，目的在于防止行政机关滥用权力，但是此时的行政权力并非滥用，而在个案的查处过程中，公共利益的维护更加具有紧迫性，所以此时，执法机关行使限制人身自由等强制权有其正当性。

这一点可以借鉴刑法上的规定。对于限制人身自由，普通公民同样没有权力，但是如果公民发现犯罪嫌疑人的，有权扭送司法机关。这实际上就是承认了在紧急情况下，公民也可以暂时行使公安机关的强制权。既然如此，在原理上也是一样的，在紧急的情况下，不具有强制权的行政机关也可以暂时行使对人身自由的强制权。当然，为了防止行政机关滥用人身自由的强制权，随意限制公民的人身自由，他们应当提供证据，证明自己采取限制人身自由的强制措施的必要性和紧迫性。但需要特别说明的是，公民对犯罪嫌疑人的强制扭送权具有刑法上的依据，是刑法典赋予了公民在特殊条件下的刑事强制权。而目前我国行政机关在各个行政法律中，并没有被赋予临时性的行政强制权。所以，一方面，笔者认为在目前没有法律规定的情况下，从个案中公共利益应当优先维护的原则出发，可以确认行政机关在行政调查的过程中，为了获得或者固定证据，行使临时性的行政强制权；另一方面，应当在有关的法律中概括性地规定行政机关的这种临时性行政强制权。唯有如此，行政执法人员才能够理直气壮地行使临时性的行政强制权，防止违法行为人逃脱，保证违法案件的及时查清并作出正确处理决定。

（三）笔录的关键作用

收集证人证言笔录和当事人陈述笔录做证据来证明案件事实，是行政机关长久以来的普遍做法。这种做法甚至可以追溯到几百上千年前的封建社会时期，那时候证人证言和当事人陈述（供述）笔录是定案的必备证据。而从现在的证据规则来看，证人证言和当事人陈述依然是法定的证据种类，行政机关内部也对如何制作证人证言和当事人陈述笔录有明确的要求。多年来，公安机关主要依靠这些证据查明事实真相，而其他行政执法机关在自觉不自觉间也学习借鉴了公安机关的这种证据收集方法，主要通过证人证言笔录和当事人陈述笔录证明案件事实。

但是这样的做法依然可能存在问题，这些问题其实在刑事诉讼法学理论上与实务中讨论很多了，即由于笔录是执法人员记录的，有可能导致执法人员根据自己的理解撰写笔录，其内容不是证人和当事人的真实表述。例如，执法人员可能根据自己的理解记录笔录，听错当事人表述的内容而记录笔录，严重的甚至有可能编造当事人和证人的表述内容。根据证据规则，笔录虽然要由证人或当事人签字和按手印，但是并不能代表他们的真实意图。证人或当事人有可能因为忽略而没有仔细阅读笔录内容，又或者在某些情况下，行政机关根本不允许证人和当事人修改笔录中的错谬之处。只是在行政法学上，这样的讨论几乎没有，这或许是跟行政执法证据规则不发达有密切的关系。其实对于行政执法机关制作的笔录可能存在真实性与合法性问题，执法人员、证人、当事人乃至复议机关、人民法院都非常清楚。但奇怪的是，执法机关坚持将笔录作为主要的证据之一，而复议机关和人民法院一般情况下也不会质疑笔录的合法性问题。尽管在很多诉讼中，原告律师提出了对笔录的看法，要求法院通知证人出庭作证，但是多数情况下，法院一般不要求证人出庭作证，或者就算当事人和证人出庭作证，当庭证言与笔录内容发生冲突时，优先适用笔录。

人们于是必然会对上述问题产生的缘由进行追问，为什么在证据种类非常丰富的情况下，行政机关依然会特别关注笔录证据呢？在笔者看来，这主要还是行政调查中心主义执法模式的影响。在行政执法中，证人证言和当事人陈述在证据链中占有了太重要的地位。行政执法人员需要依靠这些证言和陈述去寻找其他的证据，这些证言和陈述之间本身要形成完整的证据链，在执法人员甚至复议机关和法院看来就已经形成了能够证明案件真实情况的主要证据。如果质疑这些证据或者推翻这些证据，很多行政案件往往无法确保案件真相的查清和行政处理决定的合理作出。而从形式上看，证言和陈述虽然是执法人员记录的，但是有证人和当事人的签名，在证据形式上是合法的。法律又没有强令提供证言和陈述的人必须到庭作证。所以，在形式上，证言和陈述制成的笔录是合法的，但是问题在于这些证据不能排除合理性怀疑，在证据内容上可能存在虚假，这是最让人担心的。

证人证言和当事人陈述形成的笔录，其实已经成为很多错案的主要原因。如果说以前由于侦查技术的局限性等原因，上述笔录是查处案件的重要证据，那么现在随着侦查或检查技术的提高，以及对行政执法程序的进一步要求，上述种类的笔录应该受到法律的严格限制和监督。目前的现状表明，行政调查中心主义的执法模式如果不改变，为了查清案件，行政机关依然会大量地制作证人证言和当事人陈述的笔录，错案问题就不能在根本上获得纠正。

（四）结论

在行政调查的过程中，很多行政机关习惯于先采取行政强制措施，以固定证据防止证据灭失损毁。在证据的种类上，又非常重视证人证言和当事人陈述笔录。这样的做法其实在法律上都没有充分的根据。从依法行政的角度来看，调查收集证据不一定要采取行政强制措施，行政强制措施的实施必须遵守行政强制法的规定。证据的形式多样，证人证言和当事人陈述笔录只是其中的证据之一。由于笔录可能存在的缺陷，行政机关完全可以通过收集其他证据以补强笔录证据，或者通过其他证据进一步印证笔录内容的真实性。但是时至今日，一些行政机关和执法人员尽管知道证人证言和当事人陈述笔录存在缺陷，却依然主要通过收集上述笔录的方式确定作出行政行为的主要证据。

从行政调查中心主义的视角来看，行政机关在行政调查的过程中，广泛使用行政强制措施，其目的在于充分保证行政调查的顺利进行，通过这样的方式，可以充分获得作出行政决定所需的证据资料。尽管笔者认为从法律原则或价值冲突的角度来看，一些没有被赋予的行政强制措施权在特殊情况下可以由行政机关行使，但是行政机关随意行使行政强制措施权的行为，依然会对行政相对人的合法权益造成重大威胁。

而笔录之所以仍然是行政机关作出行政行为的主要证据，主要是因为行政机关传统执法方式的惰性和想要保证行政处理决定尽快作出，以及行政目标和任务能够及时得到实现。多年来，以证人证言和当事人陈述笔录作为主要定案根据的做法有它的现实意义。有了证人证言和当事人陈述笔录，很多其他证据可以及时获得，很多事实可以得到认定。但是笔录本身存在的重大缺陷要求行政机关必须转变传统调查收集证据的方法。

在笔者看来，如果行政机关不能及时改变以往调查收集证据的方式和证据的基本表现形式，在行政任务完成的同时，导致案件办理错误的情况会时有发生。行政调查中心主义对于证据的收集方式方法确实存在重大影响，人们需要反思这种执法模式的合理性。

第二节　执法证据的运用

行政机关调查收集了足够的证据以后，需要对这些证据按照一定的规则进行甄别、鉴定和确认，只有符合法律规定的证据才能用来作为定案的根据。所以在证据法上，一般证据和作为定案根据的证据是不同的。目前我国没有制定统一的证据法，所以既没有法律对证据的收集作出统一的规定，对证据的运用问题也没有明确的规定，这就导致了在行政执法实务中，证据的运用存在很多值得商榷的地方。本节主要对现实中主要存在的证据运用问题进行总结，尝试运用现有的法律和理论进行解释，进而思考这些问题产生的深层次原因。

一、违反法定程序收集的证据的合法性

证据的合法性是证据三性中的重要内容。合法性大致可以包括主体合法、

程序合法和载体合法三个部分。主体合法问题在上文已经讨论，在此就不赘述。理论和实务上最容易引发争议的，是程序违法获得的证据的合法性问题。其实，从一般意义上说，原本这也是一个不需要讨论的问题，程序违法必然导致证据违法，不能作为定案的根据。普通法上有一个著名的法谚叫"毒树之果"，就是说的这个意思。但是问题似乎并没有那么简单。在行政执法实务中，行政机关存在大量行政程序违法的问题，其中很多的程序违法行为在行政诉讼中，法院并不认为是违法行为，或者虽然违法，但是不需要承担具体的法律后果。违反法定程序收集的证据，依然作为定案根据进行使用，并据以作出具体行政行为。那么从现行法律的规定看，法院的做法是否正确？违反法定程序收集的证据究竟是否具有合法性？

1990 年的《行政诉讼法》第 54 条第（2）项规定，"具体行政行为违反法定程序的，判决撤销或者部分撤销，并可以判决被告重新作出具体行政行为"。第 55 条又规定，"人民法院判决被告重新作出具体行政行为的，被告不得以同一的事实和理由作出与原具体行政行为基本相同的具体行政行为"。而 1999 年最高人民法院的《若干问题解释》第 30 条第（2）项则规定，"被告严重违反法定程序收集的其他证据，不能作为认定被诉具体行政行为合法的根据"；第 54 条第（2）项又规定，"人民法院以违反法定程序为由，判决撤销被诉具体行政行为的，行政机关重新作出具体行政行为不受行政诉讼法第五十五条规定的限制"。从上述法律和司法解释的规定看，两者之间显然是存在矛盾的。《行政诉讼法》的规定，从文义解释的角度看，其立法的意旨在于指明，行政机关在作出某种行政行为时如果程序违法，相对人不服而起诉到法院的，人民法院应当判决撤销；同时还规定行政机关在重新作出行政行为时不得以同一事实和理由作出与原具体行政行为基本相同的具体行政行为，这就意味着具体行政行为一旦因为程序违法而被撤销，行政机关就必须重新进行调查取证，并且不得作出与原具体行政行为基本相同的具体行政行为，或者具体行政行为虽然相同，但是依据的事实或理由必须不同。但是这一立法意旨到了《若干问题解释》中就发生了变化。它的意思变成了：行政机关严重违反法定程序收集的证据，不能用来认定法律事实，并据以作出具体行政行为。其反对解释就是，行政机关非严重违反法定程序（或轻度违反法定程序）收集的证据可以用来认定法律事实，并可以据此作出具体行政行为。很明显，最高法院将程序违法等同于程序严重违法，而程序轻度违法就不再视为违法。不仅如此，根据《若干问题解释》第 54 条第（2）项的规定，如果行政机关由于严重程序违法而具体行政行为被判决撤销的，依然可以经过重新调查取证，以相同的事实和理由作出与原具体行政行为基本相同的具体行政行为。由此，行政程序违法已经被最高法院化解为一个小问题，轻度的程序违法不是违法，严重的程序违法可以弥补程序的缺陷以后重新作出。行政机关对此不需要承担任何法律责任，甚至实务中还有法院直接判决程序违法而实体正确的。

在一起交通肇事案中，某货车司机在路口右转时速度过快，将一正在过马路的行人撞成重伤。交警部门通过对事故的鉴定，认定货车司机负主要责任。司机不服，向人民法院提起行政诉讼，人民法院受理了该诉讼，并认定交警在处理该交通事故的过程中存在程序违法（只有一个交警进行现场勘查，并且该交警没有处置这一类交通事故的执法资格），法院据此判决撤销交警部门的事故责任认定，责令重新作出事故责任认定。❶ 交警部门以事故现场已经被破坏无法进行认定为由，拒绝重新进行事故鉴定。司机以事故鉴定结论被撤销，自己没有被认定为存在交通肇事责任为由，拒绝支付伤者医疗费。被撞伤人的家属提出上诉。二审法院经审理，认定交警部门程序违法，但交通事故责任认定结论实体正确。

为什么最高法院会作出这样有争议的司法解释？为什么很多程序违法的行政行为要被认定为合法？为什么程序严重违法的行政行为撤销以后，行政机关可以进行弥补？为什么程序严重违法而获得的证据可以用来认定法律事实？我们究竟应该怎么看待上述问题？笔者认为，《行政诉讼法》的规定过于超前了，无法适应行政执法的现状，尤其不能适应司法与行政关系的现状。行政执法的现状是，程序违法的情况非常普遍，执法人员严格依据行政程序的规定执法需要有一个过程，毕竟对很多执法人员来说，程序问题是一个非常陌生的问题。将违反行政程序的具体行政行为一律撤销，可能导致行政执法工作无法正常运转，很多违法行为得不到纠正或惩罚。或许是基于这样的考虑，最高法院将行政诉讼法所说的程序违法而撤销行政行为的情况限定为程序严重违法。但

---

❶ 现在根据《道路交通安全法》第 73 条的规定，公安机关交通管理部门应当根据交通事故现场勘验、检查、调查情况和有关的检验、鉴定结论，及时制作交通事故认定书，作为处理交通事故的证据。据此，法院不再受理公民对交警部门的交通事故认定书提起的行政诉讼。其实这样的做法是错误的，交警部门作出事故认定，必然要作出某种行为，这种行为显然不可能是民事行为或政治行为，而是其职权范围内的公权力行为，因此从行政法学的角度来看，提起行政诉讼是毫无问题的。立法和司法显然有包庇交警部门之嫌。

是最高法院如此做法还有另一层原因，即我们的人民法院从宪法和组织法上并没有被赋予监督行政机关行使权力的地位和能力。我国的宪法并没有规定司法对行政的监督权。从宪法典的文本规定看，其重点将人民法院定位于审判机关，强调其审判职能。《人民法院组织法》第3条规定的人民法院的任务是："……审判刑事案件和民事案件，并且通过审判活动，惩办一切犯罪分子，解决民事纠纷，以保卫无产阶级专政制度，维护社会主义法制和社会秩序，保护社会主义的全民所有的财产、劳动群众集体所有的财产，保护公民私人所有的合法财产，保护公民的人身权利、民主权利和其他权利，保障国家的社会主义革命和社会主义建设事业的顺利进行。"其中甚至都没有提到行政案件，更没有提到司法对行政监督的问题。不仅如此，人民法院的人员编制与办公经费，在《人民法院组织法》中没有明确规定，现实中，法官的产生和经费开支都从地方财政中列支。由此，司法根本没有能力来监督行政权，最高法院采取上述司法解释意在避免司法与行政的对抗，也是合情合理的。

因此，笔者持这样的观点，《行政诉讼法》中关于行政程序的规定不符合我国的体制现状，法院无法严格执行。在这种情况下，法院利用法律解释的权力，对其进行必要的限定，区分严重程序违法和轻度程序违法是符合现实情况的。只要行政机关的程序违法没有对法律事实的认定造成重要的影响，进而影响到具体行政行为内容的正确作出，那么这种程序违法是可以被容忍的。在这种程序违法的情况下获得的证据依然可以用来作为认定法律事实的根据。对于严重的程序违法，显然是指已经影响到定案证据的可靠性，已经最终影响到具体行政行为的内容，所以这种情况下收集的证据不具有合法性，据此作出的具体行政行为，法院应当判决撤销，并责令行政机关重新作出具体行政行为。

二、证据要证明到什么程度

（一）引言

笔者在行政机关参加一些行政处罚案卷的清理与评比的时候，曾经遇到过这样一个案件。禁渔期间某渔政执法部门在河流上例行检查时，截获一艘渔船，船舱里有一条重约2.5千克的翘壳鱼，渔民王某在笔录中承认这条鱼是自己刚刚在这条河里用渔网打到的。渔政执法人员用相机拍摄了鱼的照片，还制作了现场笔录，说明该鱼由执法人员在该条河中放生。渔政执法部门据此作出行政处罚决定，对在禁渔期非法捕鱼的王某处罚款 2000 元。对于这个案件，笔者一直在思考，执法机关在本案中的证据是否足够，是否已经足以认定渔民王某存在违法行为，可以依法对其实施行政处罚，2000 元罚款处罚是从重处罚，在本案中行政机关收集的证据是否能够证明渔民的违法行为后果非常严重？进一步来讲，行政执法机关在执法过程中收集的证据要达到什么样的程度才足以认定法律事实，作出合法与合理的行政行为？

对于证据应当证明到什么程度才能够确认法律事实，法律并没有明确规定。在西方国家，如德国和奥地利奉行自由心证主义，行政官员在审查判断证据证明力、认定事实时，法律不做硬性规定，由其自由决定。德国行政法院在判例中确立了行政案件的证明标准，即确定程度。其一般证明标准为"几近于真实之确信"，指行政案件事实关系的成立与否，无须满足良知至绝对确信，而以达到高度之或然性，经合理之思维而无其他设想之可能为已足。❶

本书将首先讨论我国法律对证据采信的基本要求，进而分析我国行政机关在利用证据认定案件事实上的基本做法，最后讨论实务中行政机关收集证据认定事实做法的主要原因。本书认为，尽管我国没有统一的证据法，但是行政机关已经在执法实务中形成了一套他们认为合理的证据收集运用标准，这种标准往往难以满足法律关于证据运用的要求，但是能满足行政执法目标和任务实现的需要。未来证据立法需要填补这方面的空白，以有效抑制行政机关不规范运用证据确认案件事实的行为。

(二) 我国法律对证据采信的要求

我国既没有确立证明规则，也没有引入法官自由心证原则，因此在我们国家证明程度是一个需要研究解决的现实问题。《最高人民法院关于行政诉讼证据若干问题的规定》（以下简称《证据规定》）对于证明程度有简单的要求，该解释第 54 条规定："法庭应当对经过庭审质证的证据和无需质证的证据进行逐一审查和对全部证据综合审查，遵循法官职业道德，运用逻辑推理和生活经验，进行全面、客观和公正的分析判断，确定证据材料与案件事实之间的证明关系，排除不具有关联性的证据材料，准确认定案件事实。"该规定可以视为最高法院对于司法机关审理行政诉讼在确认案件事实时的基本指导方针。从该条解释的内容看，最高法院首先要求法官对所有可作为定案根据的证据进行合

---

❶ 刘善春："论行政程序举证责任"，载《政法论坛》2009 年第 4 期，第 88 页。

法性审查，只有合法的证据才能够列入可定案的证据之中。其次，树立了三个标准，即法官职业道德、逻辑推理方法和生活经验。三个标准显然是有针对性的，法官职业道德要求法官在判断证据的时候要遵守道德底线以及法官职业的特殊要求。逻辑推理要求证据与待证事实之间存在逻辑关系，生活经验要求通过证据获得的法律事实不应该违反正常的生活经验法则。最后，要求证据与案件事实之间存在关联性。总体来看，该条司法解释给出了一个模糊的标准，允许法官在一定的标准下，自主决定证据对案件事实的证明程度。这事实上与国外的法官自由心证有类似的地方，但是我们依然可以从中总结出我国法官在证据证明程度上的一些基本要求。

第一，孤证一般不能用来证明案件事实。不论是直接证据还是间接证据，也不论书证、物证还是其他证据，单个的证据一般不能用来证明案件事实。孤证本身的合法性与真实性都需要其他证据进行证明，在这种情况下，不能依靠这个唯一的证据来证明案件事实，否则容易导致案件事实认定上的错误。那么只有同一种证据的情况是否算是孤证？比如只有两份证人证言，或者只有两份当事人陈述，又或者只有一份证人证言和一份当事人陈述，这些都是言辞证据，只有言词证据是否可以用来证明案件事实？从最高法院的司法解释看，其中只规定了证据的合法性条件，却没有规定证明程度，因此笔者认为，鉴于行政机关处置违法案件的效率要求，数个同种类的证据可以视为多个证据而不是孤证。

另外需要讨论的是，在以简易程序处置的案件中，孤证是否可以作为定案根据。例如，根据《行政处罚法》第 33 条的规定，违法事实确凿并有法定依据，对公民处以 50 元以下、对法人或者其他组织处以 1000 元以下罚款或者警告的行政处罚的，可以当场作出行政处罚决定。第 34 条第 2 款又规定，行政处罚决定书应当载明当事人的违法行为、行政处罚依据、罚款数额、时间、地点以及行政机关名称，并由执法人员签名或者盖章。两个条款都没有规定行政处罚简易程序中，作出行政处罚决定时，行政机关应当具备哪些证据条件。法律也没有对处罚决定是否列明证据种类作出规定。从实务上看，执法人员一般在简易程序中不做调查取证，直接就作出某种处罚决定。笔者认为，简易程序突出的特点就是要求行政执法提高效率，进行快速处理。只要相对人对案件事实没有争议，行政执法人员就可以当场作出处罚决定。因此，此时不能苛求执法人员收集足够的证据来证明相对人存在违法的事实。

但是，执法人员不作任何的调查，不收集任何证据，就作出行政处罚决定的做法也是不可取的。不论是简易程序还是一般程序，行政处理决定的作出必须以一定的证据所证明的事实为前提，因此简易程序也应当具备一定的证据，没有任何证据的行政处罚是违法的。当然，考虑到简易程序对行政效率的追求，对于证据的要求不能像一般程序那样周密、充分，只要执法人员收集到一定的证据即可。比如现场笔录，对于简易程序而言，现场笔录是最合适的证据。另外，对于简易程序作出的行政处罚，笔者认为可以考虑接纳孤证证明原则，亦即孤证可以用来证明以简易程序作出的行政处理决定的合法性。毕竟很多情况下行政官员能亲自看见或感知事实，其认定案件事实应当比较准确，只要其认定的事实是以证据为基础，不是主观臆断、滥用权力，就应当尊重行政官员对事实的认定。❶ 由于简易程序适用的前提条件是相对人对事实没有争议，只要行政机关能够证明是相对人实施了某违法行为即可，而不一定要求执法人员收集到充分的证据来证明该违法行为。如果相对人对事实有争议，则不适用简易程序，而应当启动一般程序，进行调查取证。

第二，证据之间应当形成一定的证据链。证据链的形成说明证据与证据之间没有矛盾，能共同实现证明目的。在一个案件中，如果证据与证据之间相互冲突、矛盾，就说明某些证据的真实性存在疑问，就必须首先确定哪些证据是真实的，哪些是伪造的，确认真实的证据才能够用来证明案件事实。但是同样，法律并没有对证据链的问题作出规定。什么是证据链，怎么样才算形成了证据链，哪些证据之间可以相互组合成证据链？由于没有法律规定，我们需要结合个案进行合理分析。

以上述禁渔期王某非法捕鱼案为例，该案中存在三个证据，即当事人陈述的笔录、鱼的照片和现场笔录。笔录中王某承认自己有非法打渔的行为，照片证明王某打到了一条鱼，笔录证明执法机关查获王某非法捕鱼被调查的情况。三者之间可以相互印证，形成了一个较为清晰的案件事实，即王某在禁渔期，用渔网在河里打到一条 2.5 千克重的翘壳鱼。所以从形式上看，三个证据之间形成了证据链。那么进一步分析，三个证据本身是否真实、合法可靠呢？笔录是执法人员填写以后，由被调查人员签字按了手印的，形式上似乎是合法的；

---

❶ 姬亚平："论'钓鱼'执法中的行政证据合法性问题"，载《甘肃政法学院学报》2010 年第 5 期，第 7 页。

但是其内容的可靠性存在疑问，执法人员写的内容是否就是当事人陈述的内容？实践中经常发生当事人陈述的内容和执法人员填写的笔录内容不一致，当事人提出以后，执法人员不予修改，并强令当事人签字按手印。所以，从规范的证据规则上，证据链在笔录这一环节值得怀疑，需要进一步验证。一旦提起复议或诉讼，法官应当对当事人就笔录的真实性进行询问。鱼的照片似乎也有进一步核实的必要。照片是静态的，究竟该鱼是否是当时渔船上的那条鱼，又或者可能是执法人员在其他地方找来的鱼的照片？这种疑问无法排除。其实如果当时执法人员采用摄像或者拍摄多张照片的方式，其中包括当时场景的照片，就可以排除这种合理的怀疑。现场笔录是执法人员制作的，也需要审核。

综合来说，在该案中，初步可以确定形成了证据链，但是这一证据链非常简单，证据本身还存在需要进一步核实的必要。所以，综合来说，只要有两个以上的证据就可以形成简单的证据链，但构成证据链的证据必须是合法真实的，与此同时，证据链不能完全由间接证据组成。原则上证据链必须都是直接证据，只有当直接证据缺失，而间接证据可以被证实其合法性与真实性时才可使用。

第三，证据的运用应当有基本的逻辑推理。零散的证据要组合起来，形成一定的法律事实，必须经过基本的逻辑推理过程。但是在多数行政执法过程中，行政机关一般都不进行推理，法官在庭审中以及裁判书中同样也不进行推理。他们仅就证据的合法性、真实性与关联性作出说明。逻辑推理应当存在于整个行政执法过程中，行政调查、行政决定和行政执行阶段都需要进行逻辑推理。逻辑推理体现的是行政机关包括人民法院对自己如何形成行政决定和司法裁判的说理、解释。只有具备完整科学的逻辑推理过程，案件事实、行政决定和司法裁判结果才能令人信服。

（三）行政机关运用证据认定案件事实的规则

尽管法律、法规乃至司法解释对运用证据认定案件事实有相应的规则，但这并没有影响行政机关在行政执法实践中确立自己的规则。以本书开头提到的渔政执法案件为例，我们可以从中总结出行政机关运用证据确认案件事实的基本规则。当然，综合很多其他行政执法的案例，这种规则具有一定的代表性。

第一，是不是孤证并不影响案件事实的认定。正如上文所述，孤证能否证明案件事实在法律上并没有明确规定，具体到行政执法实务中，行政机关会规避这一有争议的问题，既不认同孤证可以单独认定案件事实，也不否认孤证可以单独认定案件事实。在有些案件中，如果行政机关可以收集到多个、多种证据，行政机关一般不会只收集孤证证明案件事实、作出行政处理决定。但是在一些简易程序或者证据收集有困难的案件中，行政机关有可能收集孤证证明案件事实，作出行政处理决定。在一些极端的情况下，行政机关甚至有可能连孤证都没有，以一些法律文书充数来认定案件事实作出行政处理决定。

例如，交警部门在处罚违章停车时，收集的证据是执法记录仪拍摄的车辆乱停乱放的情况。除了这一证据，交警部门作出处罚决定不再具有其他证据。既无证人证言，也无当事人陈述笔录，更没有电子数据、现场笔录、鉴定结论的证据。而在某些查处非法营运的案件中，交通执法机关甚至连执法记录仪拍摄非法营运的情况都没有，也没有证人证言、当事人陈述笔录。他们通过跟踪或者截停等方式查获非法营运车辆，要求当事人在车辆查扣的凭证上签字，然后据此作出行政处罚决定。一些城管执法的做法也与这种情况类似。当发现违法摆摊行为时，执法人员将相对人的财物、设施予以扣押，出示或者不出示查扣凭证，据此作出某种行政处罚决定。

第二，主要证据配以次要证据证明案件事实。从证据规则来讲，主要证据辅之以次要证据证明案件事实原本没有问题。但是行政机关所收集的主要证据是指，根据其调查收集证据的习惯做法收集的某些证据被确定为主要证据，其他一些相关的证据被认定为次要证据，进而确定案件事实。例如，上文笔者已经提及，证人证言和当事人陈述笔录向来被行政机关确定为主要证据，而现场照片、法律文书等被认定为次要证据，两者相结合被行政机关用来确定案件事实。在本书开头，渔政执法人员收集证据对王某作出行政处罚决定时，尽管证据种类和数量并不充分，但是主要证据和次要证据的区分其实是非常明确的。渔民王某的陈述属于当事人陈述，是主要证据，有了这一证据，行政机关基本可以确定案件事实。而现场的照片和现场笔录则是次要证据，加之在行政调查过程中行政机关还会制作一些其他法律文书，如立案审批表、行政处罚决定书，乃至听证告知书等，在行政机关看来都属于次要证据，如此案件事实可以认定清楚，而行政处罚也可以顺利作出。

因此，所谓的主要证据并非行政法理论和制度中所言的能够直接证明案件事实的证据，而是行政机关认为必须收集的法定证据种类中的某一类或几类证据。而次要证据也不是法律上所言的能够间接证明案件事实的证据，而是行政机关认为证据效力不足，或者自己制作的法律文书类证据。由此可见，在行政执法实务中，行政机关对确定案件事实的证据的收集和运用，在认识上和法律的规定并不完全一致。他们会根据行政执法的实际情况，确定应当收集哪些主要证据、哪些次要证据，并因此判断是否可以作出某种行政处理决定。

第三，情节是否严重是法律问题，而不是证据问题。在很多法律、法规和规章规定的法律后果中，都规定了相对人违法行为的情节轻重，以此作为衡量究竟应当从重、从轻还是免除行政处罚。从法律和法理上看，情节轻重需要进行法律解释，因为它属于不确定法律概念，立法机关并没有在法律文本中明确什么才是情节轻微或者情节严重。但是对这一法律概念显然不能由执法机关或执法人员随意加以解释。从法律上讲，行政执法机关必须根据案件事实中行政相对人行为的事实情况、导致的法律后果等要素进行综合评判。换而言之，行政机关必须根据调查收集的证据来确定行政相对人的行为在情节上处于什么样的评价地位。

但是实务中，行政机关同样有自己的认识和做法。很多时候，行政机关作出某种行政处理决定，并没有严格按照自己调查收集证据所认定的案件事实来确定相对人的情节轻重。通常的做法是，调查收集的证据只要能证明行政相对人存在违法行为，那么如何作出行政处理决定由行政机关自行决定。他们可以认为行政相对人的行为情节轻微、较轻，或者存在可以从轻、减轻甚至免除处罚之处，也可以认为其违法行为情节严重，应当从重处罚。判断依据不是证据所认定的案件事实，而是行政机关自己对违法行为所造成影响的认识，有时也许是对相对人主动履行行政处罚决定内容可能性的判断。如果有些行政处罚的结果过重，行政相对人很有可能拒绝履行，为了保证行政处理决定得到履行，行政机关可能会寻找一些从轻、减轻处罚的理由。

实践中还有一种可能性或者现实做法，那就是行政机关直接忽略行政相对人违法行为的情节。只要调查收集的证据能够证明相对人违法，就可以作出行政处罚决定，而处罚决定的内容则一律是从重顶格处罚。毫无疑问，这依然是将情节严重与否的认定单纯视为法律解释问题，而不是证据和事实认定问题。例如，按照《道路交通安全法》的规定，车辆在路边违章停车的罚款幅度是20元至200元。但是人们很容易发现交警部门在作出处罚时，基本上都是统一的顶格处罚，罚款200元。虽然罚款数额并不超过法定的幅度，但是这种忽略违章停车行为的情节轻重而直接从重处罚的做法，非常容易引发行政相对人的不满，导致行政争议。

（四）行政实务做法的原因分析

很显然，行政执法实务中行政机关对证据收集运用的规则和证据规则的规定不尽相同。从实务做法来看，其收集的证据不仅可能导致案件事实不能获得充分的证据予以确认，而且还可能导致行政处理决定不合理、不合法。但是不少行政机关就是按照这样的规则从事行政调查和证据运用。所以，有必要分析行政机关为什么会突破证据规则的要求，在行政执法实务中采取他们自己认为合理的规则。

笔者认为，行政机关之所以这样做，最根本的依然是其行政调查中心主义执法模式的影响。当行政机关事先已经确定某种行政目标和任务之后，证据的收集和运用必然要以完成行政任务为中心。

首先，就证据的数量而言，法律并没有明确排除孤证的证明力，甚至在一些简易程序中，法律上甚至对证据没有提出具体的要求。因此，尽管在理论上人们对于孤证的证明力存在争议，行政机关实在没有必要纠结于孤证的证明力问题。只要能够最终作出行政行为，完成行政任务，运用孤证又何妨？以《行政处罚法》有关简易程序的规定为例，该法第 33 条规定，违法事实确凿并有法定依据，对公民处以 50 元以下、对法人或者其他组织处以 1000 元以下罚款或者警告的行政处罚的，可以当场作出行政处罚决定。虽然该条要求违法事实确凿，但是事实确凿并非证据确凿。如果行政相对人承认自己存在违法事实，那么即便没有其他证据，也依然可以认定为证据确凿。此时即便是没有特定的证据，行政机关也依然可以作出某种行政处罚决定，而如果存在诸如执法记录仪拍摄的录像作为证据，毫无疑问，即便是只有这一种证据，行政机关也依然可以作出行政处罚决定。

其次，在法律上，不管哪种证据，如果能够直接证明案件事实，就可以成为主要证据；但是在实务中，这些主要证据的收集难易不同。例如，视听资料可以作为主要证据，但是很多时候视听资料主要通过执法记录仪进行收集，而执法记录仪在有些案件中无法收集到关键性的证据。因为当行政机关开启执法记录仪收集证据的时候，可能违法行为已经结束。又如鉴定意见，只有需要对某些与违法行为有关的设备、设施、物品进行鉴定时，才可能形成鉴定意见，否则也就不存在所谓的鉴定意见。至于现场笔录，主要是行政机关对违法行为现场情况的记录，很多时候也不能直接证明相对人存在某种违法行为，而且行政机关内部似乎有一种认识，认为现场笔录是行政机关自己制作的，担心在诉讼中难以成为证明案件事实的主要证据。所以，一些行政机关在开始行政调查收集证据之初，就已经制订调查方案，其中将证人证言、当事人陈述笔录确定为主要证据，要求执法人员必须收集，确定案件事实时必须要有上述证据予以支持。

至于次要证据，既然不能单独用来证明案件事实，加之法定的证据种类很多，如书证、物证等，所以只要不能直接证明案件事实，但是与案件相关的，都被确定为次要证据。又或者说行政机关内部可能存在这样一种观念，即主要证据是证明案件事实的，而次要证据主要是为了证明行政机关具有管辖权，并且按照法定的程序履行了各种程序性义务。例如立案审批表、行政强制措施凭证、听证告知书、行政处罚告知书、行政处罚决定书等，虽然不能直接证明行政相对人是否存在违法行为，但是可以证明行政机关具有管辖权，证明行政机关依法履行了立案手续、听证告知义务等。这也是实务中行政机关的案卷材料中存在大量法律文书的原因。

最后，在理论上与案件事实相对应的是法律构成要件，与行政机关裁量权相对应的是法律后果。行政机关认为其调查取证的主要任务是证明行政相对人存在违法行为，这是行政机关作出某种行政处理决定之前必须履行的执法义务。而法律后果则是赋予了行政机关行政裁量权，在裁量权的范围内行政机关如何作为都是合法的，不需要相应的证据予以证明。不仅是那些没有规定情节轻重，只是赋予了行政机关行政裁量权的条款，即便是明确规定了情节轻重的法律条款，行政机关也依然认为属于自己法定的裁量权范围，不需要以相应的证据予以证明。

他们之所以有这样的认识，显然是和完成行政任务密切相关的。如果行政机关的义务只是调查收集证据，证明行政相对人存在违法行为，那么案件的处置效率就会得到提高。反之，如果对于违法行为的情节轻重也要予以证明，此时行政执法的成本就会明显提高。依然以本书开始的渔政执法案件为例，如果渔政部门的义务是证明行政相对人存在违法行为，那么当事人陈述笔录和船舱里捕获物的照片两者相结合就可以确认违法事实，就可以作出行政处罚决定。但是行政机关如果还要证明违法行为的情节轻重，那么可能还要收集证据证明禁渔期违法捕鱼的严重后果、该渔民捕获该鱼对该河中鱼类繁衍等造成的严重后果等情况。如此，行政机关就必须进一步调查收集证据，甚至还可能要收集专家意见和鉴定意见等，行政执法成本明显上升，行政处理决定迟迟不能作出，行政执法任务不能尽快获得实现。而这在评价行政执法机关的工作效率时，对执法机关和执法人员都是不利的。所以，当法律、法规和规章对于违法行为人的违法轻微情节轻重没有规定，或者虽然有情节轻重的要求，但是通过法律解释或者工作习惯可以确定行政机关不对情节轻重予以证明也能认定行政处理决定合法时，行政机关也就不对上述问题收集证据予以证明了。

（五）结论

尽管没有证据法的统一规定，但是单行法律、法规和司法解释中的证据规则实际上已经对行政机关收集证据证明案件事实的程度作出了规定。但是证据规则毕竟是抽象的，需要执法机关在调查收集证据与运用证据的时候予以具体理解和解释。一直以来，行政机关在实务中已经形成了一套收集和运用证据的规则。虽然这些实务规则与证据规则之间不尽一致，但是这种做法以往一致被司法机关和其他监督机关认同。所以，虽然根据这种实务规则作出的行政处理决定常常受到行政相对人甚至社会公众的质疑，但是司法机关和监督机关却不认为此举违反证据规则的规定。

但是在法治政府建设的过程中，如果我们依然允许行政执法机关利用实务规则调查收集证据并运用这些证据作出行政处理决定，那么行政执法的合法性可能会受到损害。在行政相对人和社会公众看来，如果行政机关一直不遵守法律的规定，可以随意调查、随意认定案件事实，并随意作出行政处理决定，而司法机关和监督机关也不对此予以相应的规制，那么法治政府的建设目标又如何实现呢？

三、证据真实性的确定

（一）导言

证据的真实性是证据三性的组成部分，毫无疑问是非常重要的，虚假的证据不可能获得案件的真实情况。但是对于证据的真实性，应当进行完整的理解。一般人们所理解的证据的真实性，是指证据内容的真实性。作为定案根据的事实，必须是能够证明行政行为中行政法律管辖的产生、变更、消灭的事实。[1] 如书证中记载内容的真实性，鉴定结论的科学可靠性等。其实证据的真

---

[1] 沈福俊："论行政证据中的若干法律问题"，载《法商研究》2004 年第 1 期，第 63 页。

实性还应当包括形式的真实性、例如相对人签字的真实性、执法机关调查收集证据的真实性、提交证据的真实性等。

但是在行政执法实务中，一方面，有些行政机关在收集证据或者制作证据时，在证据的内容上制造虚假内容。如对于证人和当事人的陈述，执法人员在记入笔录时加入了自己理解的内容，导致证据内容的不真实。不论是执法人员现场记录的笔录，还是经过事后整理、打印后由当事人补签的笔录，都可能存在失真的可能性。另一方面，执法人员在收集证据、制作证据乃至提交证据时存在虚假。如收集制作根本不存在的证人的证言、制作立案审批表时在立案时间上做虚假的标注、提交证据的时间超过法律规定的期限等。

那么行政机关为什么只关注证据内容的真实性，而忽视其他真实性，为什么一些明显不符合真实性、客观性要求的证据，行政机关依然会收集，作为确认案件事实和作出行政处理决定的依据，甚至还敢提交给监督机关？本书将首先讨论行政执法证据真实性方面主要存在的问题，然后探讨导致证据真实性出现问题的根本原因。本书认为，行政机关的上述做法与行政调查中心主义执法模式存在重要关联，要想改变目前行政证据的真实性存在的问题，保证行政案件事实确认正确，以及行政处理决定的合法性，必须扭转目前的行政调查中心主义执法模式。

（二）行政执法证据真实性存在的问题

证据的重要性在于，由于人类不具备回到过去的技术能力，对于过去发生的事实，人类发明了一种确认案件事实的规则，那就是证据。通过案件事实发生以后存在的证据反推过去曾经发生了什么事情，除此之外，人类还没有其他更好的办法来确认已经过去的案件事实。证据只有达到真实、客观的要求，才能够用来证明案件事实，如果证据是伪造的，不符合证据规则的要求，那么这些证据就不能成为可定案的证据，完全不能证明案件事实。

对于案件事实，应当从两个方面进行把握。首先是内容的真实性。所谓内容的真实性，是指证据本身所载明的内容是客观存在的，没有经过修饰、篡改。从朴素的证据观而言，内容的真实性是证据真实性的基本内涵。其次是形式的真实性。证据本身有形式内容和实质内容之分，通常人们认为的内容真实性主要针对的是证据的实质内容。例如，在证人证言中，证人陈述的有关行政相对人行为的内容，可以直接证明相对人行为的合法性，这属于证据的实质内容。但是证据还有形式的合法性，这种形式的合法性有些包含于证据之中，有些则是和证据有关联，和证据的收集和提交具有关联性。例如，证人证言上，证人和执法人员的签名是否真实，属于证据的形式内容；而行政机关是否在法定的期限内制作证据等也属于证据的形式合法性，但是不包括在证据之内。所以，我们可以将这些形式化的真实性统称为证据的形式真实性。

证据内容的真实性在执法证据中是一个经常出现的问题。行政执法机关和执法人员可能有意或者无意地制造一些虚假不真实的证据材料。如上文所述，执法人员可能在制作笔录的时候错误记录行政相对人的陈述笔录，或者做了错误的理解。又如，行政机关需要某一鉴定意见来证明行政相对人生产的产品是否符合法律规定，或者是否符合专业技术要求。这种鉴定意见有些是由行政机关自己进行的，有些是行政机关委托给专门的鉴定机构和人员作出的。在涉及技术鉴定的案件中，最后的鉴定意见往往会对最终的案件事实认定和行政处理决定的作出具有重大影响。由于专业技术以及其他主客观原因，鉴定意见有可能发生错误。

证据形式的真实性在一些人看来是一个小问题，容易被忽视或者忽略，但是这样的真实性很容易出现问题。如法律文书的签名是行政执法程序的基本要求，按照规定只有具有执法资格的人员才可以实施执法活动，但是行政机关目前管理了很多社会事务，而行政编制却受到了严格限制，为此很多行政机关都招聘了辅助执法人员。辅助执法人员没有执法资格，身份也不合法，因此在一些法律文书上签名的往往是具有执法资格的人员，辅助执法人员只参与执法，但不出现在正式的法律文书上。而案件一旦引发复议和诉讼，监督机关只进行形式审查，而相对人也往往难以提供相反的证据证明当时并不是那些具有执法资格的人实施执法，或者辅助人员参与了执法。这些虚假的证据在监督程序中最终可能被认定为真实证据，从而使行政行为被确认为合法。

又如上文曾经提及的立案问题。按照法律的规定，行政机关应当先立案，再进行全面调查，当然，在立案之前行政机关可以进行证据核实或者初步调查，以确定是否存在违法行为，是否需要进行立案。但是实务中行政机关往往先调查再立案。调查人员将初步调查和全面调查合一，先调查收集证据，能够证明行政相对人存在违法行为，可以依法作出行政处理决定的，再办理内部立案审批手续。为了规避立案手续太迟导致违法行为超过法定的追溯时效，也为了避免落入违反行政执法程序的口实，行政执法人员有可能伪造立案的时间，从而可能导致监督机关无法对行政执法机关违反法定程序的行为进行监督。

（三）导致证据不真实的原因

执法人员之所以能在证据的内容与形式上制造虚假的信息或记录，与行政调查中心主义执法模式有重要的关联。就证据的内容而言，如证人证言和当事人陈述所形成的笔录，一直以来过于受到行政执法和司法裁判的重视，将其视为证明案件事实的基本手段。然而这些笔录如果由证人或当事人自己书写，则效率不高，而且可能无法达到行政调查的目的。通过执法人员询问，由执法人员自己记录则可以比较全面地记录执法人员希望获得的信息，甚至可以将一些原本证人和当事人没有表示的所谓的事实也加入笔录中去。

对于笔录的内容，证人和当事人即便不认可，也不能拒绝签字，这样，通过笔录执法机关可以将案件描述成自己希望的摸样，并用以确认事实，作出处理决定。所以，笔录的缺陷是显而易见的，但最重要的是，立法上允许这种笔录的存在，只要其基本形式符合要求，就可以作为证据使用。更为严重的是，立法上甚至最高法院的司法解释还放纵这种笔录在法律上的失控状态。对于提供笔录的证人，基本上可以允许其不出庭作证，即便证人和当事人出庭作证，尽然我国并没有西方式的所谓"禁止繁衍"原则或制度，但是法院在司法实践中实际上采取了这一原则，即除非证人或当事人有证据证明自己之前提供的证言或陈述是由于被强迫等原因提供虚假言论，否则不能推翻之前的证据。这样，笔录的真实性、可能存在的错误甚至造假问题就无法获得验证。

另外，证据在形式上可能存在的虚假问题，其基本的原因也在于行政调查中心主义执法模式下，缺少行政系统内部的监督。证据的很多形式问题，外部的公民、法人或者其他组织乃至其他监督机关都很难察觉。因此，若要对其进行有效监督，防止出现形式造假问题，最好的监督主体是行政机关内部的监督机构，如由法制机构进行监督。但是由于没有相对独立的内部监督，执法人员在实施行政调查过程中需要办理行政手续的，没有机构进行及时监督。如立案调查，原本在对案件进行初步调查以后，就应该在行政机关内部进行审查，如果符合立案条件的，要办理立案手续，然后由执法人员进行调查。

调查与审查是两种不同的职能，后者主要是从合法性的角度考察，如果符合法律的规定，行政机关就应该进行立案。前者是执行权，当行政机关决定对某一案件进行立案后，专门的执法人员就负责去调查收集证据。两种职能应该分开，由不同的机构行使。但是在行政调查中心主义的执法模式之下，行政调查是行政机关工作的中心，其他机构都是为调查工作服务的，不能妨碍调查的进行，正因为如此，行政机关内部并没有建立真正独立的法律审查机构。目前，行政机关内部的法制机构没有独立的地位，无法保证行政调查的合法性，无法很好地监督调查工作，执法人员发生证据在形式上的造假问题也就难以避免了。

（四）结论

执法机关发生上述问题与行政调查中心主义执法模式存在关联，或者说行政调查中心主义执法模式决定了执法机关可能发生收集和提供虚假证据的情况。在以查明案件事实、作出行政决定、顺利完成行政任务为目的导向的这种执法模式下，当行政执法人员不能收集到足够的证据以支持其作出某种行政决定时，就可能发生证据造假的行为。通常情况下，执法人员会根据经验和部分证据，初步确定相对人是否实施了某种违法行为。但是其能够获得的证据有限，无法从法律上充分证明相对人实施了该违法行为，此时，他们可能在某些证据上造假，如笔录。另一种情况是，执法人员由于对行政执法程序的不重视，导致自己在某些程序上违法，可能引起对执法机关不利的情况。比如，行政调查已经实施完毕，有的执法机关却始终没有立案。待到被提起了行政复议或者行政诉讼以后，执法人员才发现自己在程序上存在瑕疵或违法。为了弥补自己在程序上的不足，有的执法人员可能会在形式上制作虚假的记录。

证据不真实的两种情况，在一些人看来重要性不同。证据内容的真实性会影响到对行政行为合法性的判断，因此监督机关会对这种真实性进行监督。尽管事实上对不少内容上的真实性仅仅进行形式的审查是很难辨别的，但是至少监督机关对此会进行监督。正如上文所说，证据内容的真实性是证据传统三性的重要内容。但是证据形式的合法性往往会被忽略，被忽略并不表示监督机关不关注其合法性，而是由于很多时候其是行政机关的内部程序，外部的行政相对人乃至监督机关常常无法进行监督。要对这种真实性进行有效监督，只能依靠行政执法机关内部的监督制度。当然，要发挥这种监督制度的作用，根本上还是要改变目前的行政调查中心主义执法模式。

第三节　小　结

在行政机关调查收集证据和运用证据的过程中，存在不少与法律、法规的规定和人们的设想不一致的做法。这些做法毫无疑问影响到了案件事实的正确认定，也必然会影响到最终行政处理决定的合法性与合理性。在本书中，笔者通过分析提出了行政调查中心主义执法模式是造成这一现状的主要原因。在该模式下，行政目标和行政任务被预先设定，行政执法机关必须通过具体的执法活动来完成上述目标和任务。这些目标和任务有些是宏观的，例如政府提出整治环境，争创卫生城区；有些是具体的，如拆除某一建筑，实现土地出让与开发。行政执法机关的执法行为必须完成这一目标和任务。

笔者已经提及，具体案件的查处与行政机关按照职责完成事实性的行政任务是不一样的。当行政机关要建设某一道路、桥梁、车站等公共设施时，他们可以事先确定行政目标和任务，并且设计合理的计划并按部就班地加以完成。从思维方式来看，这是一种演绎的方式方法。从一个抽象的目标和计划开始，逐步具体化并加以完成，最终达到开始设计时的目标。但行政执法则与之完全不同。面对个案，行政机关不可能事先了解行政相对人行为的合法性，也没有充分、全面的证据来证明行政相对人行为的合法性。因此，需要行政机关通过调查行为获得作出行政行为所需的证据材料，然后根据这些材料逐步整理形成案件事实，然后再依法作出行政行为。换而言之，行政机关对于个案事先无法作出某种判断，确定某种目标和任务。从思维方式上来说，这是一种归纳的方式方法。调查取证是前提，获得了充分的证据资料，运用归纳的方法确认究竟行政相对人实施了什么行为，进而结合法律判断应当如何评判行政相对人的行为在法律上的意义。

但是多年来，行政机关已经习惯于将一切行政活动的方式方法定位于演绎式的逻辑思维。由于行政机关存在首长负责制，也由于行政机关内部对于行政事务在性质上的区别没有充分客观的认识，他们一直以来采取同样的思维组织各类活动。当行政首长事先确定了行政执法需要达到的目标和任务之后，行政执法机关和执法人员事实上在具体的案件中没有法律上应有的选择余地。他们只能去调查收集证据，以便为最后将要作出的行政处理决定找到依据。毕竟随着法治政府建设要求的提出，在没有证据哪怕是形式证据的情况下，随意作出行政处理决定要承担的风险是很大的。

然而这种不合理的思维方式注定会出现问题。为了迎合需要作出的行政处理决定，行政机关必须找到相应的证据，而当证据的内容和形式不能满足作出行政处理决定的需要时，行政机关难免要对证据的真实性进行修正。这种修正证据的目的是为了能够排除可能存在的障碍，以便行政机关能够顺利获得其认为证明案件所必需的证据；同时，在证据规则上也要排除对证明案件事实不利的规定，以便这些已经获得的证据能够顺利地被用来证明案件事实。

总体上看，目前的有关证据收集的规定以及证据运用的规则，犹如一道道事先已经设计好的计算机程序，不论行政机关在案件收集和运用上出现什么样的问题，都能够顺畅地进行下去。这些规则在形式上不具有明显的违法性，完全符合形式法治的要求。但是如果深究这些规则就可以发现，很多规则的规定可能存在漏洞与不足，这些漏洞与不足为某些行政机关与执法人员错误执法提供了可能性条件。要改变这些现状，提高我国行政机关的执法水平，就必须从理念上改变这种行政调查中心主义执法模式，从立法开始改变规则，尝试以行政审查或决定为中心，建立更加合理的执法模式。

第九章　法律适用

　　法律适用通常情况下指的是人民法院审理案件适用法律、作出司法裁判的活动。其实行政机关运用法律作出某种行政决定也是法律适用。所不同的是，人民法院适用法律是为了解决法律纠纷；而行政机关适用法律可能是为了解决行政纠纷——如行政复议，也可能是为了解决民事纠纷——如行政裁决，又可能是为了处理某种社会事务或行政事务——如行政处罚、行政许可等。

　　在行政实务中，历来重视行政复议机构和行政复议工作人员的法律职业素养，因为觉得这是和法律打交道的工作。在行政法上也强调行政复议的准司法性。（至于行政裁决，行政实务上还没有认识到其是作为一种解决纠纷的手段，而更加看重其作为一般行政权力的属性。）而对于其他行政行为，实务上更加重视的是执法机构和执法人员的行政管理能力，对于其法律专业能力还没有引起足够的重视。也就是说，行政机关适用法律问题，无论在理念上还是在能力上都还没有得到应有的重视。这种现状导致我国行政机关及其工作人员的执法能力不高，行政决定的合法性、规范性还有待加强。本章主要考察行政机关在法律适用过程中主要存在的几个法律问题，分析在现行行政调查中心主义执法模式下，行政机关是如何适用法律的，这种适用法律的做法主要会导致什么问题，并讨论造成这些问题的根本原因。

第一节　法制机构的法律地位

　　在改革开放、建设社会主义法治国家和法治政府的背景下，政府机关越来越重视依法办事。从国务院到地方县级以上各级人民政府及其行政职能部门，都设置了专门的法制机构。政府一般设置"法制办"，职能部门一般设置"法规司""法制局""法制办""法规处"或"法制科"。多年来，这些法制机构为实现政府及其职能部门依法行政作出了很大的贡献，在法治政府建设方面发挥了很大的作用。

但是这一机构也面临着很多现实性问题。从机构设置的目的来说，法制机构主要是促进政府和行政部门依法行政的。但是在实务中法制机构有些时候可能无法有效监督和制止行政机关及其执法人员的违法行为，不仅如此，一些行政机关往往将法制机构视作自己不合法或不合理行为的"保护人"，要求法制机构帮助它们实现不合法、不合理行为的合法化。这些问题使得法制机构的功能发挥受到了很大的限制，无法从实质上提高行政机关的行政执法能力，也不能有效保证行政处理决定的合法性。本节主要对法制机构的基本职能定位以及现实中法制机构所面临的尴尬问题进行分析，剖析造成这些现状的根本原因，并在此基础上尝试设想今后法制机构的发展方向。

一、法制机构的功能定位

在国务院，法制办被定位为政府的办事机构。何谓办事机构，法律、法规没有明确规定。《国务院行政机构设置和编制管理条例》第 6 条第 5 款规定："国务院办事机构协助国务院总理办理专门事项，不具有独立的行政管理职能。"该规定虽然没有明确什么是办事机构，但是提出其主要职责是协助国务院总理办理专门事项，不具有对外独立的行政管理职能。换而言之，该机构是国务院的内部机构，代表国务院处理专门性的行政事务。虽然不具有独立的行政管理能力，但是只要有国务院的委托，就可以行使各类行政事务，包括行使受委托的对外管理活动的管理权。

在地方各级人民政府，法制办的定位一般是政府直属机构。什么是直属机构，也没有法律定义，《国务院行政机构设置和编制管理条例》第 6 条第 4 款规定：国务院直属机构主管国务院的某项专门业务，具有独立的行政管理职能。如果按照该条例的规定，那么地方政府的法制办应该具有独立的行政管理职能，主管某项专门业务。但是该条例只是对国务院直属机构内涵的界定，却并非对直属机构这一概念的专门界定，所以是否因为地方政府将其法制办界定为直属机构而其法制办因此具有了对外的行政管理职能，还没有定论。

法制办在国务院层面主要是对内的职能，如法律、行政法规的起草以及行政法规的解释等，对外的职能主要是代表国务院实施行政复议。而在地方各级人民政府，法制办除了承担对内的职能以外，还增加不少对外职能，如规范性文件的审查登记、行政执法监督和指导、行政执法责任追究的监督和协调等。

县级以上政府职能部门的法制机构属于职能部门的内设机构。其主要职能是组织本部门规范性文件的起草、制定，对本部门的执法工作进行指导、监督、协调、检查等。

总体来说，从国务院到地方县级以上各级人民政府及其职能部门，都已经设置了法制机构。这些法制机构的基本职能总结起来就是"依法行政方面的参谋、助手和法律顾问"❶，并大致分为以下几个方面。

第一，规范性文件的起草、解释等立法性职能。包括行政法规、部门规章、地方政府规章和其他行政规范性文件等，要由法制机构负责起草，上述法律文件在理解和适用时出现不明确之处的，要由法制机构代表所在的制定机关负责解释。

第二，行政复议等司法性职能。说是司法性职能，是因为此时法制机构要代表所在的行政机关对行政、民事争议依法进行裁处。在裁处的过程中，法制机构要处于中立者的地位，按照法律的规定不偏不倚地作出裁处行为。

第三，行政执法监督检查等行政监督职能。基于层级监督的原理，法制机构要代表政府或者行政职能部门对下级行政机关和所在行政机关的执法人员的行政执法活动进行监督，防止其实施违法行政的行为。

第四，调研、交流等职能。通过这些活动，使得行政机关能够掌握行政规范性文件制定、事实情况和其他行政活动的合法性、有效性。其中对于行政执法而言最具意义也最需要讨论的，是其对行政执法的监督、协调、检查的职能。正如上文所言，这关系到行政执法的规范化和依法行政乃至法治政府建设目标能否实现的问题。

二、法律机构面临的现实问题

不论是政府的法制办还是职能部门的法制机构，目前都面临诸多尴尬。这些尴尬的局面主要表现在以下几个方面。

第一，行政级别不高。目前政府的法制机构被定位为办事机构、直属机构或职能部门的内设机构。尤其是作为政府办事机构和直属机构的法制机构，其地位最为尴尬。名义上他们要代表政府实施一系列立法、行政执法监督和准司法工作，但是事实上，其行政级别与其他行政职能部门没有高低之分，绝大多

---

❶ 李建功："论部门法制机构的地位和作用"，载《政府法制》2007 年第 2 期（上），第 5 页。

数工作都是以自己的名义实施。因此，人们其实将其视为政府的职能部门。在这种情况下，让法制机构对其同级职能部门的执法工作进行监督显然是比较困难的。实践中，就曾经发生过某市的法制办在行政复议中撤销了旅游局作出的具体行政行为，旅游局局长找上门与法制办主任争吵的事情，旅游局局长认为，两个部门都是同级别部门，法制办没有权力撤销其作出的行政决定。

第二，监督力量不够。从上文关于法制机构的职能配置中可以明显感知，法制机构被赋予了很多行政职能，既要代表所在的行政机关起草各类行政规范性文件，又要对政府或行政职能部门所属的执法机关或执法机构的各种活动进行监督，更要按照法定职能实施各种行政复议、行政裁决、行政应诉等行为。如此众多的职能，现实中却配以数量极其有限的监督力量。目前法制机构尤其是区县一级政府法制机构和职能部门内部的法制机构，人员编制偏少，与其承担的法制工作任务和推进依法行政工作任务不相协调，属"小牛拉大车"❶，无法真正承担起实质性、专业性的行政管理事务。

第三，没有实质性的监督权。虽然从职责定位来说，法制机构有对行政执法的监督、协调和检查权，但是从笔者调研获得的信息来看，法制机构要真正行使这种执法监督权并不容易。他们作出的监督意见不能直达执法人员，只能向所在的行政执法机构提出处理意见，是否处理、怎么处理只能由所在的执法机构决定，法制机构本身没有决定权。就职能部门的法制机构而言，如何行使对执法机构人员的监督权，法律、法规并没有作出明确规定。当执法人员实施行政调查或行政检查，以及收集证据等行为存在程序和实体的违法时，法制机构该如何实施监督，并没有明确的法律依据。所以，从实务上的做法来看，执法人员实施调查取证以后，将案件的证据材料连同处理意见一同交给法制机构。法制机构名义上要进行审查或审核，但是这种审查或审核既不能将案件打回执法机构重新调查取证，也不能改变对案件事实的认定，而只是提出一个类似于参考意见的看法或者审核意见，最后连同执法机构的案卷材料、处理意见和法制机构的审核意见交由所在的行政机关负责人决定。

第四，充当违法行为的"保护人"。这一点原本与监督权有关，但是笔者认为有单独表述的现实必要性。随着我国法治国家和法治政府建设的不断推进，很多政府和职能部门知道作出某种行政决策或决定必须要有法律依据，或

---

❶ 李建功："论部门法制机构的地位和作用"，载《政府法制》2007年第2期（上），第5页。

者至少要获得法制机构的同意，只有这样才能规避可能发生的行政决策和行政执法风险。例如，行政机关负责人决定要在短期内尽快完成某一地块的土地征收和房屋拆迁工作，但在决策和执行的过程中必然会面临法律依据和法律纠纷问题。实务中，一些地方的领导在进行决策或作出决定前会要求法制机构提供法律意见。但是这种法律意见有时并不是客观地判断决策或决定行为的合法性，而是要求法制机构为其提供合法性支持。即便是一些可能违法的决策或决定，领导也可能会要求法制机构想办法使其合法化，或者在合法性审查时予以通过。

三、基本原因分析

法制机构之所以不能完全按照预设的职责实施各种行为，从宏观上看是行政调查中心主义执法模式决定的，目前这种以达到行政目标和完成行政任务为主的行政执法模式很难让法制机构真正发挥作用。本书将对此展开仔细分析。

（1）行政组织不适应现代行政权力运行的要求。人们对行政权力的运行，在不同的时代有不同的要求。在改革开放以前，行政权力作为国家权力的一种，被视为是用来"为人民服务"的。不论是什么样的服务，都是行政机关的任务，所以行政机关的工作目标就是高效地完成行政任务。改革开放以后，国家意识到行政权力存在着可能被滥用的风险，行政机关不仅要完成行政任务，而且要合理合法地完成行政任务。这种理念已经和西方国家的法治政府理念非常接近了，此时的行政机关在完成行政任务的方式方法上受到了一定的限制。

到了 21 世纪，行政权力的运行又出现了新的特点，或者说人们发现了行政权力运行的新特点。那就是行政权力并不是单纯的执行权，其中还有一种更重要的权力，即决策权。行政机关并非如经典政治哲学家们所设想的，只是简单地执行法律的规定，贯彻立法的意图。对于很多社会事务，法律并没有作出明确规定，或者虽然作出了规定，但是已经与现实相脱节。但是行政权作为一种积极主动的国家权力，又必须承担塑造和规范社会秩序的责任，于是行政机关就必须作出大量的行政决策。基于上述这些情况，行政权力的现代特点可以总结为：行政机关不仅要完成任务，而且要在规则的约束下完成行政任务；行政权不仅仅是行政执行，还有行政决策与行政监督。

行政权力的上述特点决定了必须由与之相配套的行政组织来承载不同的行

政职能，达到不同的行政目的。实务中，我们也确实作出了一定的尝试。一些地方政府开始以决策、执行和监督的"行政三分制"来组建行政机关，分别由其承担决策、执行和监督的职责。在没有实行"行政三分制"的政府及其职能部门中，通过设置一些监督机关或监督机构来规范行政机关的行政行为。例如，在政府系统设置监察和审计机关对政府部门乃至国有企事业单位的公务员、预算使用情况进行监督，设置法制机构对职能部门的执法情况进行监督检查；在职能部门内部也设立监察机构、法制机构来监督公务员的违法违纪以及执法情况。但是从实施的情况来看，情况似乎并不尽如人意。以深圳市为代表的"行政三分制"改革推行以来，阻力非常大，改革并没有到位。❶ 而未进行"行政三分制"改革的行政机关，法制机构发挥的作用更是十分有限。

不论是实行"行政三分制"还是在行政机关内部设置专门的监督机构和法制机构，都可算是为了应对现代行政权力的运行特点而进行的改革尝试。前者的改革力度较大，要对现有的行政组织体系进行彻底的改变，重新进行排列组合。后者是在现有行政组织架构基础上的进一步完善，改革步伐相对较小。但是两种改革似乎都遇到了重大障碍。表面上看，"行政三分制"改革的主要障碍是部门利益，很多行政机关基于部门利益不愿意和其他部门合并。而在笔者看来，根本的还在于改革的目标不明确，改革的思路不清晰。什么样的部门可以被确认为决策部门，执行部门的设立标准又是什么？决策、执行和监督部门三者之间是什么关系，他们与政府领导人之间又是什么关系？其实现有的大多数行政部门都有决策和执行的职能，这些职能该如何分离，以什么样的标准与其他部门的决策或执行机构相合并？至于未实行"行政三分制"的行政机关，其监督机关（机构）和法制机构与其他行政机关或机构平级，没有独立的地位，也无法进行监督。

（2）行政权力运行的目标过于单一化。目前的政府及其职能部门虽然都设置了法制机构，但是在很多地方政府看来，法制机构只是行政首长的法律顾问，其主要的功能是减少行政首长在决策或作出其他决定时发生错误，出现违反法律、法规的情况；帮助政府制定一些规范性文件，对各个行政机关或者行政机构制定规范性文件或作出行政行为时在法律上进行把关，不要出现重大的

---

❶ "深圳'行政三分制'将如何操作"，载新浪网，http：//news. sina. com. cn/o/2009 - 07 - 24/153016008180s. shtml，最后访问时间：2013 年 8 月 3 日。

违法情况。但行政机关始终将行政任务单纯地设定为处理某种社会事务或行政事务，并不将依法行政作为一项行政任务来处理。特别是当法制机构坚持依法行政，而导致自己的意见与行政机关尤其是行政领导的意见不相一致时，法制机构的尴尬地位就会暴露无遗。有的行政机关的领导甚至认为法制机构是多余的，碍手碍脚，欲除之而后快。❶

四、法制机构的未来

法制机构的未来首先要和设置这一机构的初衷相联系起来。如果仅仅将法制机构的功能定位于为行政机关领导人提供法律咨询，那么现在对法制机构的定位足矣。如果要法制机构对有关法律、法规、规章和其他规范性文件的起草、制定等工作发挥关键性作用，那么就必须扩大该机构的规模，配备更加专业的工作人员和内部机构。如国务院法制办设有政府法治研究中心，这个机构配有专门的研究人员，可以为法制办提供科研能力支持。而在地方各级政府的法制机构则几乎没有相应的研究机构。如果要让法制机构代表所在的政府或职能部门发挥复议和应诉的功能，就必须配备一定数量的专业的工作人员。目前的政府法制机构一般设置了处置复议和应诉的机构，但是人员编制非常有限，有的区县一级的政府法制办，从事复议工作的甚至只有一名工作人员。如果要发挥法制机构对执法的监督作用，那么这种监督不仅包括对各个执法部门一般性执法工作的监督检查，还应当包括对行政机关个案调查处理的监督。政府法制机构承担的是一般性的执法监督职能，而行政职能部门的法制机构则既要承担本部门、本系统的一般性执法监督职责，还要负责本机关对个案处理问题的监督。很明显，如果政府法制机构要能真正发挥其对一般性执法的监督功能，就必须在法律上赋予其对违法部门和违法人员的监督处分权。❷ 目前的问题在于，法制机构名义上具有对一般性执法的监督权，但是其监督权是虚设的，法制机构不能直接对有关执法机关及其执法人员的违法行为实施行政处分权，这必然使其执法监督的权威性大打折扣。职能部门的法制机构要发挥其对个案的监督权，就必须使其与执法机构和人员相分离。法制机构的监督审查程序需要

---

❶ 陈煜儒："行政许可法呼唤政府法制机构的角色到位"，载《政府法制》2004 年第 1 期（下），第 7 页。

❷ 吴传毅："基层政府依法行政的对策研究"，载《中共中央党校学报》2010 年第 6 期，第 75 页。

成文化，并将其作为行政处理决定作出前的必经程序，而且是独立的审查程序。

法制机构的未来更要和我国行政组织的改革相联系。我国的行政组织机构的设置目前存在很大的问题，例如种类复杂、缺乏统一的标准、缺乏科学性与民主性。❶ 对此，需要对其进行专题性的调查研究，并根据我国的宪法体制予以改革调整。只有这种顶层设计方面调整完毕，法制机构的未来才能有合适的位置。我国是单一制的国家，但是行政组织采取的是一种类似于西方国家中央与地方分权的二元制行政组织体制。既然是单一制国家，那么国务院就是国家的最高行政机关，对于全国的行政事务，国务院都有领导和管辖权。为了具体处理全国的行政事务，国务院设置了大量行使行政权力的行政机关。这些行政机关包括国务院组成部门、直属机构、管理公用事务的事业单位，以及国务院部门管理的国家局，还有一些议事协调机构。上述这些行政机关或事业单位都有相应的下属部门，比如作为国务院直属机构的国家工商行政管理总局，在省、地级市、县都有工商局，在乡镇街道还有工商所。国务院在工商管理方面的事务，交由国家工商总局贯彻实施，后者又可以分别交由下级工商机关去执行。类似的情况还有公安部、教育部、税务总局等。其实在这种情况下，全国的行政事务几乎就可以被国务院管完了。如果是这样，就完全没有必要设置地方各级人民政府。现在为了避免地方人民政府没有职能部门的尴尬，我国又实行了双重领导体制，将国务院部门下属的某些职能部门同时归口所在地人民政府领导。就这样，这些职能部门就有了两个上级。目前的双重领导体制，基本上实行的是上级主管部门进行业务指导，同级政府进行领导。这种情况使得宪法关于单一制的原则已经名存实亡。这些双重领导的职能部门如果接受上级主管部门的命令，就是单一制，如果接受同级政府的命令，就是实际上的地方自治。

在这种背景下，"行政三分制"改革以后，决策部门依然要接受上级主管部门的业务指导和同级人民政府的领导。执行机构和监督机构也同样要接受上级主管部门的业务指导和同级政府的领导。这样，相对于上级主管部门和同级政府，这三种机构依然是执行机构。"行政三分制"改革并不能从根本上改变这些职能部门的地位和作用。

---

❶ 应松年、薛刚凌："行政组织法与依法行政"，载《行政法学研究》1998年第1期，第13~14页。

　　因此，要合理定位法制机构的地位，要使得"行政三分制"取得成功，必须进行顶层合理设计。"行政三分制"中所设计的决策部门，其实并不是真正的决策部门，其只是提出了自己的设想和建议，最终决策的是同级政府或者上级主管部门。执行部门对决策的执行依然要听命于同级政府和上级主管部门。同样的道理，所谓的监督机关，也并没有权力单独作出监督决定，其还得按照《行政监察法》等的规定，在作出监察决定之前，报上级主管部门和同级人民政府批准。所以，从深圳的"行政三分制"设计来看，它并非真正意义上的行政系统内部的权力分立，而仅仅是对其职能进行重组，将一些职能类似的行政机关组合成一个大的机关。目前国务院行政机构所进行的大部制改革就是从深圳的做法借鉴而来的，深圳的"行政三分制"称为"大部制"可能更准确一些。由此可以得出初步的结论，"行政三分制"的准确称谓应该是"大部制"，而大部制只是行政机关内部行政职能的有机重组，并非行政组织体制的顶层设计，它无法解决法制机构的准确定位问题，也解决不了目前行政调查中心主义执法模式存在的问题。要根本性地解决问题，需要遵循宪法体制的规定，从宏观到微观进行行政组织体制的改革。

　　第一，在宏观上有两种选择。一是将现行双重领导的行政机关改成垂直领导。国务院设立各种组成部门、直属机构和公共事业单位，统称国务院部门。国务院部门在本系统将下级职能部门设置到县一级，有的甚至可以设置到县镇街道，如教育部、省教育厅、市教育局、县教育局；有的部门可以在县镇设派出机构，如工商所。所有原来实行双重领导的机关不再接受同级政府的领导。保留原来的地方各级人民政府以及原来只隶属于本级政府的行政机构，这些机构依然只隶属于同级政府，不受国务院部门下属机构的领导。

　　第二，国务院各部门在每一级下属职能部门内部划分决策、执行和监督机构。如县工商局内部，局长办公会议或党政联席会议负责作出决策。对外具有管理职责的机构行使执行权，如行政执法大队。法制机构为机关决策提供法律咨询，并代表机关首长负责对执法机构和人员的行为进行监督，并审查执法机构和人员的行政执法程序以及获得的证据，确认法律事实，作出行政处理决定。各级人民政府如果也有对外管理的职能，其内部机构也可如此设计。政府领导负责决策，下属机构负责执行，法制机构进行执法监督和个案审查决定。当然，这种设计还处于逻辑分析的阶段，但具有一定的可行性，可以尝试在一些地方或机关进行试点。

第二节　法律依据的确定

一、行政机关适用法律依据的普遍做法

在行政执法实务中，对于执法机关而言，寻找法律依据是既复杂又简单的事情。复杂是因为不论是哪个执法机关，其能够依据的法律、法规、规章和规范性文件数量非常庞杂，经常搞得眼花缭乱。尤其是同一件事情，经常不同的规范性文件都作出了规定，究竟应该适用哪个不太清楚。简单是因为行政机关基本上都形成了一种习惯性的做法，那就是依照规章执法。对于某种行政事务，只要部门规章或者地方政府规章作出了规定，执法机关会毫不犹豫地选择规章规定的内容；而如果没有规章做依据时，他们就会选择地方性法规或者行政法规；最后就是依据法律。

笔者发现这个规律以后，很觉得诧异。为什么执法机关不是从法律开始选择执法依据，而是从规章开始选择依据呢？根据《行政诉讼法》的规定，规章只是人民法院审理行政诉讼案件时的"参照"。所谓参照，按照最高立法机关的解释，合法的规章是司法裁判的依据，违法的规章人民法院就不依据。言下之意，对于规章，对于行政机关在行政决定中所依据的条款的合法性，人民法院要先进行合法性审查。既然存在这种合法性风险，那么为什么行政执法机关依然义无反顾地大量引用呢？进而言之，为什么我国不能在法律和法规中明确规定行政执法的依据，而将更具体的规定放在规章中呢？带着这些问题，本节要对行政执法机关寻找和适用法律依据的问题进行细致的讨论。

二、法律的政策功能

规范地实施行政执法活动，对于执法机关和执法人员来说确实是一件不太容易的事情。这不仅是因为行政调查和证据运用的问题，还因为那些令人眼花缭乱、头昏脑涨的法律依据。改革开放以来，全国人大及其常委会制定了很多法律，其中大部分法律与行政权力的运行有关联。有学者做过的统计表明，现行法律中，有近80%的法律是行政法。但是这些法律还只是行政执法依据的很小一部分，国务院制定的有关行政执法的行政法规在数量上要远远高于法

律。而按照我国现行《立法法》的规定，地方较大市以上的人大及其常委会可以制定地方性法规，国务院部门和地方较大市以上人民政府可以制定部门规章和地方政府规章。所有这一切都是行政执法的依据。这还不算完，基于行政隶属性原则，上级行政机关还可以制定其他行政规范性文件来指导和规范执法行为。最高人民法院《行诉法若干问题解释》第 62 条第 2 款还规定："人民法院审理行政案件，可以在裁判文书中引用合法有效的规章及其他规范性文件。"合法的其他规范性文件，人民法院都可以引用，行政机关在执法中引用当然是不成问题的。

如此，行政执法的依据的复杂性就呈现出来了。那么该如何选择这些依据呢？这首先要确立一个选择法律依据的标准。西方法治国家曾经的原则是"依法律行政"，说的是行政机关执法要根据法律规定的内容。随着委任立法的兴起，行政机关也具有了一部分立法权，它们可以根据议会的授权制定法规命令，这些法规命令也是行政执法的依据，于是"依法律行政"变成了"依法行政"。然而根据法律优先的原则，在法律和法规命令中，行政机关应当优先适用法律。法律优先原则自然也是我国行政法的基本原则，行政机关在执法的时候也应当优先适用。但是为何在行政执法实务中，行政机关会出现优先适用法规和规章的情况呢？

基本的原因是在很多情况下法律被当作了政策，需要具体的落实才能实现其立法目的。我们的国家太大了，地方的差异更是悬殊，在一部法律中将具体的问题都十分清楚明白地作出规定，存在很大的困难。而执法实务也并不是一定要法律规定得清楚明白才可以执法。很多地方和行业与其说需要一部法律，不如说需要国家给予政策。给了政策，它们可以自己立法形成法律依据，实施执法活动。如果对比西方法治国家，我国的很多法律更像是恩奎斯特法官所说的"含混不清的授权法"❶。有了类似于授权法的法律，地方人大或行政机关可以据此制定地方性法规和规章，作为执法的根据。如果对现有的法律进行考察，可以发现很多法律都规定了某些具体的措施由国务院等制定行政法规或者其他规范性文件的授权条款。可能是基于这样的传统，行政执法机关习惯了依据规章或者法规。

---

❶ 余凌云："对行政裁量立法控制的疲软———一个实例的验证"，载《法学论坛》2009 年第 5 期，第 45 页。

三、作为法律依据的规章

规章作为行政执法的依据有其积极作用，最明显的作用是能够较为具体地规定各种行政执法的方法和依据。法律所要规范的是全国性的事务，而规章所规定的只是本部门或者行政区域的事务，在行政执法的范围上被相对缩小了。规章分为部门规章和地方政府规章，分别由国务院部门和地方较大市以上人民政府制定。由于工作范围的缩小，制定规章的主体就不需要像制定法律那样考虑不同地方的差异问题和特殊性问题。所以，在法律条款的创制方面会更加偏重于考虑具体行政执法活动的实际需要，而这就使得行政执法机关更容易在规章中找到自己在执法时需要的各种法律依据。

当然，规章的缺点也是非常明显的，这也是很多人对于行政机关在执法中主要依据规章的做法产生疑虑的主要原因。由于起草机关的立法技术能力、部门利益等原因，一些规定的内容会和上位法甚至和法律相冲突。关于如何克服规章的缺点，目前没有很好的办法，没有建立起有效的监督体制。《立法法》规定了规章的备案程序，该法第98条第（4）项规定："部门规章和地方政府规章报国务院备案；地方政府规章应当同时报本级人民代表大会常务委员会备案；设区的市、自治州的人民政府制定的规章应当同时报省、自治区的人民代表大会常务委员会和人民政府备案。"但是目前的备案并不具有审查和纠正的功能。不少规章也在定期不定期进行立法后评估，但是评估的主体一般都是起草该规章的执法机关，评估内容往往难以涉及规章的根本性问题，也难以发挥纠正和监督的作用。

所以，目前的规章就是一把双刃剑，一方面可以为行政执法提供依据，方便行政执法机关有效实施管理和服务；另一方面可能放纵了行政执法机关的违法行为，导致公民、法人或其他组织甚至是公共利益的损害。而从法治国家和地区的经验来看，行政机关制定法令作为行政执法的依据似乎是大势所趋。这种二级立法的存在有其合理性和必要性，可以弥补专门的立法机关由于立法效力和行政专业能力的缺失而导致的执法依据不足问题。但是法治国家和地区一般都建有较为健全的监督机制，对行政机关制定的法规命令的合法性问题进行全面的监督。从比较法的角度来看，他们的做法是可以借鉴的。既然规章的制定是具有现实必要性的，那么不如承认这种现实。立法机关不用在自己亲自立法和授权行政机关进行行政立法之间徘徊不定，可以将很多法律的内容定位于规定原则性的事项，除了某些领域确实已经非常成熟，可以制定详尽的法律以外，其他的内容先由法律制定一个原则性的条款，授权行政机关制定专门的规章。当然，在授权的时候不能像现在的某些法律所规定的那样，只是笼统的规定，由行政机关规定具体措施；而是应该按照《立法法》的要求，对行政机关制定规章的条件作出明确要求。同时，应当尽快建立某种监督机制，对行政机关制定规章的行为以及规章内容的合法性问题进行有效的监督。

第三节　行政执法解释

在行政调查中心主义执法模式下，行政机关在适用法律作出某种行政决定时，法律概念的理解、解释能力较弱。从实务的做法看，行政机关一旦通过调查取证确认了法律事实，便会引用某法律规范作出某种决定。在决定书中，行政机关一般不会对为什么适用该条款，为什么相对人的某种行为符合法律、法规或者规章规定的某行为构成要件作出说明。由于不做说明，就相对人来说，似乎在有些情况下，自己之所以被处罚是因为自己运气不好，而不是因为自己违法了。因为他们可能会认为，一旦行政机关盯上了你，想要整你，那么"欲加之罪，何患无辞"，由此很容易和行政机关之间引发纠纷和争议。那么行政机关为何不对自己的法律推理过程作出说明，为什么不对于某些可能存在争议的法律概念作出解释？笔者认为，搞清楚了这些问题，我们就能采取有效措施来弥补行政机关在法律解释方面的不足，而不是简单地认为，既然行政机关目前的法律解释不足，就在立法上强制其对自己的行政决定作出解释。根据笔者的研究，行政机关之所以不对推理过程和法律概念作出解释，主要的原因大致可以包括以下几点：行政调查取证存在不足，执法解释无法进行；专业能力所限，没有能力解释；体制的原因，没有解释的必要。

一、无法解释

行政调查、法律事实的确认和法律规则的适用三者之间有着密切的联系，并非是截然分开的。从逻辑上讲，需要经历一个归纳到演绎的过程。行政执法解释的重要性在于，行政机关及其执法人员不仅要在内心明确这种归纳演绎过程，更要将这种归纳演绎过程表现出来，解释清楚，让相对人乃至社会舆论明白行政机关的执法过程和执法理由。只有这样，执法过程和结果的合理性才可以获得讨论，才能检验其合法性与合理性。也正因为如此，我们不能简单地将行政执法解释理解为行政主体阐明行政法规范含义的活动。❶

行政执法解释的第一步，或者前提条件，是要解释行政机关是如何实施了行政调查活动。只有经过了正当的行政调查，人们才相信行政机关能作出合法正确的行政决定。所以，行政机关必须要解释自己经过了哪些行政执法程序。但是正如前文所言，行政机关在行政调查程序中经常发生违反法定程序的行为。比如应该回避的执法人员没有回避，超过法律规定的办案期限，没有告知相对人程序性权利，没有听取相对人陈述或者举行听证会等。行政违反法定程序的主要原因，前文已经论及，这种行政执法程序的违法导致行政机关无法在最后的行政处理决定书中对自己的行为作出解释。

行政执法解释的第二步，是行政机关需要解释自己通过行政调查获得了哪些证据，这些证据分别是什么形式，能够证明什么法律事实，证据与证据之间是什么关系，如何能够形成证据链，并且要总结通过这些证据，行政机关可以依法确认什么样的法律事实。这是一个归纳的过程，行政机关需要对零散的证据分别进行说明，并进行合理的归纳，从而得出确切的法律事实作为结论。如果能做到这一点，那么在法律事实的认定方面，行政机关就能够获得正当性，得出的结论经得起相对人、社会舆论乃至行政复议机关和行政诉讼机关的推敲和质疑。但是正如笔者前文所言，行政机关在收集证据时，由于缺乏法制机构的审查和要求，对于该收集哪些证据，什么样的证据才具有合法性，证据与证据之间如何才能形成证据链，证明到什么样的程度才能排除合理的怀疑、得出确切的结论，执法人员都不太清楚，他们只能凭借自己以往办案经验进行调查取证和确认法律事实，这是行政调查中心主义执法的必然结果。

行政执法解释的第三步，是行政机关根据法律事实确定适用的法律规则。行政调查、法律事实认定和法律适用虽然分属不同的行政执法程序，但是并非截然分开的。在行政调查的过程中，执法人员会逐渐形成对案件的基

---

❶ 伍劲松："论行政执法解释之基本方法"，载《甘肃行政学院学报》2010 年第 3 期，第 106 页。

本观点，初步确定相对人的行为可能违反了什么样的法律规则，而执法机关在寻找法律规则的时候又要返回到案件中，寻找案件中相对人的行为符合什么法律规则规定的行为构成要件，这就是学者们所谓的在个案与规范之间"眼光往返流转"❶。由此，什么样的法律事实决定了应当适用什么样的法律规则，而什么样的法律规则又要求行政调查必须获得行为规则所确定的构成要件。如果执法机关在行政调查时就没有能够根据规则的要求找到合法的证据，那么即便适用了某法律规则，也无法解释出适用该规则的合法性。

从法律事实的认定到法律规则的确定，是行政执法解释最关键的环节。因为其中既有归纳，又有演绎。将一个具体的案件归入一个抽象的法律规则之中，这需要一定的归纳能力。法律规则并非为某一个具体的个案而专门制定的，所以，这些规则适用的前提必须是行政机关对个案中相对人的行为进行抽象与归纳。如美国苹果公司侵犯中国深圳唯冠公司商标专用权案中，唯冠公司认为苹果公司制造并销售 iPad 的行为侵害了其已经依法取得的 iPad 商标专用权，2011 年 3 月唯冠公司向北京市工商机关投诉，要求工商机关处理；与此同时，唯冠公司提起诉讼，要求苹果公司赔偿侵权损失。诉讼中，唯冠公司和苹果公司达成调解协议，苹果公司支付给唯冠公司 6000 万美元（约合人民币3.8 亿元），唯冠公司将 iPad 商标专用权转让给苹果公司。❷ 虽然达成协议，但是苹果公司未经许可在中国内地非法销售侵犯他人商标专用权的产品达 3年之久，对于这种行为，工商机关是否可以对其予以行政处罚？如何认识这个问题，工商机关该如何处理该案，就涉及归纳与演绎的方法了。根据《商标法》（2001 年第二次修正）第 53 条规定："有本法第五十二条所列侵犯注册商标专用权行为之一，引起纠纷的，由当事人协商解决；不愿协商或者协商不成的，商标注册人或者利害关系人可以向人民法院起诉，也可以请求工商行政管理部门处理。工商行政管理部门处理时，认定侵权行为成立的，责令立即停止侵权行为，没收、销毁侵权商品和专门用于制造侵权商品、伪造注册商标标识的工具，并可处以罚款。当事人对处理决定不服的，可以自收到处理通知之日起十五日内依照《中华人民共和国行政诉讼法》向人民法

---

❶ ［德］卡尔·拉伦茨：《法学方法论》，陈爱娥译，商务印书馆 2003 年版，第 3 页。

❷ "苹果唯冠和解 iPad 商标案：苹果支付 6000 万美元"，载新浪网，http://tech.sina.com.cn/it/2012-07-02/10527336195.shtml，最后访问时间：2013 年 7 月 27 日。

院起诉；侵权人期满不起诉又不履行的，工商行政管理部门可以申请人民法院强制执行。进行处理的工商行政管理部门根据当事人的请求，可以就侵犯商标专用权的赔偿数额进行调解；调解不成的，当事人可以依照《中华人民共和国民事诉讼法》向人民法院起诉。"而该法第 52 条第（1）项规定，未经商标注册人的许可，在同一种商品或者类似商品上使用与其注册商标相同或者近似的商标的，属侵犯商标专用权的行为。如此，运用归纳的方法，苹果公司在长达 3 年的时间里没有取得在中国内地的 iPad 商标专用权而违法销售 iPad，符合《商标法》第 52 条第（1）项规定的行为构成要件。而运用演绎的方法是：根据第 53 条的规定，商标专用权纠纷发生以后，商标注册人可以选择向法院起诉和向工商机关投诉，所以，唯冠公司向北京工商机关投诉并向法院提起诉讼的行为是符合第 53 条规定的。工商机关一旦受理，行政调查启动所要保护的不是个体的利益，而是法律规定的商标管理秩序。而唯冠公司起诉要求法院保护的是自己的合法权利。因此，诉讼和行政处理两者之间并不发生矛盾。最后，在诉讼中唯冠公司与苹果公司达成调解协议，唯冠公司的个体利益获得了保护，但是被苹果公司破坏了的国家的商标管理秩序没有获得修复。此时，北京工商机关应当根据《商标法》第 53 条的规定，对苹果公司在获得 iPad 商标专用权之前制造和销售的侵权商品和专门用于制造侵权商品、伪造注册商标标识的工具予以没收、销毁，并可处以罚款。可惜北京工商机关最后没有作出处罚，笔者认为这是严重的不作为违法行为。

总而言之，行政执法的解释必须经历上述三个阶段或步骤。如果行政执法机关在三个步骤中的任何一步没有走好，就无法解释自己是如何实施行政调查的，如何运用证据确认了什么样的法律事实，如何将相对人的行为抽象成法律规定的构成要件，或者将法律规定的内容具体演绎而与相对人的行为内容相符，从而作出正确合法的行政处理决定的。从目前我国行政执法的现状来看，行政机关能在这三个阶段或步骤上都做得完善的很少。

二、无能力解释

一直以来，行政机关没有重视自己的执法解释能力的培养。这既是行政调查中心主义执法模式使然，也是造成行政调查中心主义模式形成并难以改变的重要原因。行政执法与法院司法有相同和不同之处。相同之处在于都是在适用法律。法院适用法律的目的在于解决法律纠纷❶，行政机关适用法律的目的在于处理各种社会事务。不同之处是，法院处理法律纠纷一般采取被动的方式，而行政机关处理社会事务采取的是积极干预的手段。如果我们能够将行政机关也看作一个法律适用机关，那么就可以解决好很多前提性问题，能很好地提高行政机关及其公务人员的执法能力。现在我们由于对行政机关的认识存在不足，导致了很多问题。

第一，缺乏法学专业人才。从公务员招录开始，行政机关对招录的公务员的法律专业能力要求就不高。目前的公务员考试从考试内容上看，在报名时根据岗位，对报考人员的专业有所要求。但是招录法律专业的岗位往往都是行政机关法制机构的工作人员，似乎行政机关的其他岗位，尤其是执法机构的岗位不需要法律知识，而只需要有健康、强壮的身体即可。所以，目前很多执法机构的工作人员一般都为男性，具备法律专业知识的工作人员稀少，导致执法时经常发生程序与实体违法的情况，与相对人之间频繁发生纠纷，甚至发生暴力执法事件。

第二，没有规范的行政执法方法。做好任何事情，都是需要一定的技术和方法的。这些技术和方法经过人们长期的实践、改进和理论提炼，不断获得提升和进步。例如，人们对于桥梁的建造，从地质勘探、结构设计到工程施工，不同年代的人都是在前人的技术和方法的基础上不断得到改进，所以，桥梁建设的水平不断得到提高。行政执法活动从法治国家产生之日起就不断得到实践，在西方国家，行政执法从程序到实体、从形式到内在都形成了一定的技术和方法上的要求。比如，在行政调查的过程中，利害关系人应当回避；在行政调查和行政决定的关系上，要求两者相分离；行政决定的作出必须要说明和解释理由；等等。反观我国的行政执法活动，在封建社会时期，行政执法被视为"牧民"，官员管理老百姓就像牧羊人牧羊一样的道理。新中国成立以后至改革开放之前，国家主要依靠国家机关工作人员的个人能力实施管理，没有形成

---

❶ 笔者的观点是，我国人民法院在设立民事诉讼、行政诉讼甚至一部分刑事诉讼案件时，其主要的目的是为了解决法律纠纷。传统上认为，民事诉讼在于保护受损害的公民的合法权益，行政诉讼是为了监督行政机关依法行使职权，刑事诉讼是为了惩罚犯罪。笔者认为这种定位用于西方国家的司法目的不成问题，但是在我国，司法的目的就是解决纠纷和争议。我国的法院在法律地位上与西方国家的定位存在重大不同，就行政诉讼而言，法院没有独立的地位，没有能力像西方国家的法院那样对行政权实施司法审查。法院应该采取更加务实的态度，运用司法权，采取强制的司法裁判手段和非强制的调解、协调等方法及时有效地解决行政纠纷。

制度化的执法和管理方法。改革开放以后，国家逐渐制定了一些行政法律、法规，要求行政执法活动应当遵守这些法律、法规的规定。但是由于法治国家提出较晚，在法治理论上也缺乏适应我国的有效理论指导，法律、法规的质量不够高、可操作性不太强，所以依然没有固定而成熟的方法。以行政处罚为例，虽然 1996 年国家制定出台了《行政处罚法》，对行政机关实施行政处罚的行为作出了规定，但是行政处罚决定的作出需要经历相当复杂的行政程序，需要一定的执法技术。而《行政处罚法》并没有对行政处罚的整套程序作出明确的规定。如行政处罚案件的调查是否需要立案，案件的来源具有哪些，行政机关应当如何实施行政调查，听证的过程具体该如何进行，听证笔录对行政处罚决定如何发挥作用，行政机关应该如何讨论和决定行政处罚的内容，处罚决定应该如何撰写，需要达到什么样的要求等。对于这些问题，该法并没有作出具体的规定，该法只是笼统地谈到了行政机关实施行政处罚需要遵守和注意的事项。由于法律的规定比较粗糙，虽然有了基本的法律依据，但是行政执法实务中，违法实施行政处罚的情况非常频繁。但即便是这样的法律，也依然不多，目前为止，对行政机关的行政执法行为实施调控的法律仅有《行政处罚法》《行政许可法》和《行政强制法》，被学者们称为"行政行为法三部曲"。而更多的行政执法行为，如行政调查、行政裁决、行政征收、行政确认等，都没有专门的法律依据。面对每天都在发生的行政事务或者社会事务，行政机关需要实施行政执法行为，履行职责，维护社会基本秩序，保护公共利益和个体利益，但是没有基本的法律依据，又如何执行法律？目前而言，在行政执法领域急需制定的是行政程序法，尽管学界呼吁了很多年，一些学者甚至亲力亲为地帮助立法机关起草了行政程序法的专家试拟稿，然而行政程序法却依然千呼万唤难出来。

没有专门的法律依据，行政执法机关就难以从中总结出一套固定而成熟的行政执法手段和方法。因此，对于行政执法解释问题，自然是行政执法技术和方法中的重要内容，但是该方法和技术没有形成，行政机关自然也无从形成良好的行政执法解释方法。这里不排除个别的行政执法机关或者部分行政执法人员可以根据自己的行政执法经验和法律专业素养，形成自己的行政执法方法和行政执法解释能力。例如，湖南省和山东省已经分别以地方政府规章的形式制定出台了《行政程序规定》，对本省行政执法机关的规范执法提出了要求，但是该规定的法律效力较低。一则对本身行政执法人员的控制力较低。因为行政执法首先依据的是法律、法规，如果目前的法律、法规对于行政执法解释等问题没有作出规定，那么即便执法人员没有按照本省的《行政程序规定》去做，也并非违法，行政机关内部也不太好追究其行政责任。更何况正如笔者上文所言，目前的政府法制机构也没有专门的权限来制止这种不按照《行政程序规定》实施行政执法活动的行为。二则对于其他省市的执法人员来说，基本没有影响力。其他地方的执法机关和执法人员的执法行为并不受该规章的约束，自然不需要遵守这些规章，而对于其他省市的领导而言，《行政程序规定》的出台可能对自己的权力（如决策权）有限制的作用，借鉴湖南和山东的经验制定本省市的《行政程序规定》不见得是一个好的选择。

因此，要让行政执法机关能够对自己的行政执法行为作出合理的解释，首先必须健全执法依据，使其能够总结形成一套科学可行的行政执法技术和方法。只有掌握了行政执法的技术与方法，行政机关才能知道该怎么对自己的行为作出解释，知道了解释反过来也能推进行政执法行为的规范化。

三、不必解释

虽然由于起步较晚，我国行政法领域一些重要的法律至今没有制定出台，如行政程序法，但是也必要要看到，在短短的时间里，我国的立法机关已经制定了不少行政法。如行政组织法领域有《国务院组织法》《地方政府组织法》《公务员法》等；行政行为法领域有前面已经提及的《行政处罚法》《行政许可法》《行政强制法》等；在行政监督救济领域有《行政监察法》《中华人民共和国审计法》《行政复议法》《行政诉讼法》《国家赔偿法》等。而有关行政权力运行的行政法规、地方性法规、部门规章和地方政府规章更是数量庞大。所以从某种程度上说，我国的行政执法已经具备了一定的法律依据。在这些已经出台的法律依据中，对于行政执法解释问题并没有作出明确的要求。例如，《行政处罚法》第 39 条规定，行政处罚决定书应当载明下列事项：当事人的姓名或者名称、地址；违反法律、法规或者规章的事实和证据；行政处罚的种类和依据；行政处罚的履行方式和期限；不服行政处罚决定，申请行政复议或者提起行政诉讼的途径和期限；作出行政处罚决定的行政机关名称和作出决定的日期。行政处罚决定书必须盖有作出行政处罚决定的行政机关的印章。从中可以发现，法律要求处罚决定书应当写入行政机关收集的证据和确认的案件事实，以及处罚的依据，但是并没有要求对法律依据为什么会适用到个案的推理过程以及对有关法律概念的内涵作出解释。既然法律没有作出要求，行政机关当然不会多此一举进行解释了。

那么法律没有规定，行政机关就不做解释的做法是否合法？对此，可能会存在两种完全不同的观点。第一种可能认为，行政权力行使的法治要求是"法无规定皆禁止"。因此，既然法律没有规定行政机关应当对自己的行政决定作出解释与说明，行政机关便不可作出解释与说明，或者既然法律没有赋予行政机关对自己的行为作出解释与说明的义务，那么行政机关不对决定的内容进行解释与说明并不是违法不作为。第二种可能认为，行政机关有对自己的行为作出解释与说明的天然义务。因此，即便没有法律、法规要求行政机关对自己的决定作出解释与说明，行政机关也应当主动为之。对于这种观点，反对者可能会提出解释与说明理由是西方国家行政法上的基本原则和要求，我国并没有这种传统，也没有法律规定这种原则，因此不予适用。

笔者的看法是，第一，"法无规定皆禁止"适用于行政机关作出不利于相对人的行为。从先前的规制行政到后来形成的给付行政，行政机关的行政方式也在不断发展，这些方式从主要对相对人权利进行限制，到不仅限制权利同时又赋予权益。但是不论何种行政方式都可能给一定的行政相对人造成权利上的不利影响，所以"法无规定皆禁止"的法律原则在行政机关作出不利于相对人的行为时，应当被遵守。但是如果行政机关的行政行为有利于行政相对人，那么就不一定要苛求行政机关必须作出合理解释。所以，在行政机关对其行政执法行为作出解释和说明这一问题上，并不适用"法无规定皆禁止"的原则。第二，天然义务说也不一定符合行政执法的现实。依上文所言，行政机关在作出对相对人不利的行政决定时，确实有义务对自己的行为作出解释。这样做的理由可以从很多行政法的基本原理中推导出来，比如行政民主性原则以及公民的知情权保护，设置可以包括的行政权力行使的正当性或者宪法上的权力监督原则。现代行政的基本要求就是权力行使的民主性，不能允许行政机关独裁专断，所以行政机关有义务对自己作出某种行政行为的原因作出说明。知情权是公民在宪法上以及行政法上的重要公权利，基于这一权利，公民有权向行政机关获得作出行政决定的基本理由。

在我国的宪法上，行政权力隶属于权力机关，人民可以通过人大机关对行政机关实施质询，要求其对行政决定的内容作出解释与说明。总之，不论是何种原理，都可以要求行政机关对自己的行为作出解释与说明。但是也正如上文曾经提到的，行政机关在作出对相对人有利的行政行为时——只要这种有利的行政行为没有对公共利益或者第三人的权利构成影响——就不一定要强制行政机关作出具体的解释与说明。

那么为什么现有的法律不对行政机关解释自己行政决定的理由作出强制性的规定呢？这里的原因可能比较复杂，有一种可能在上文已经提及，那就是，立法者可能意识到行政执法机关没有法律推理和解释的能力，无法作出解释与说明。另一种可能是，很多法律、法规的起草者本来就是行政机关，起草者能够写入的只能是自己能做到的，或者不会给自己增加太多义务的条款，这就是所谓的立法中的部门利益问题。基于这样的原因，法律、法规中就不对行政执法解释问题作出规定。当然还有一种可能，就是至今人们还搞不清楚，行政执法机关在个案中是否具有法律解释的权力。一直以来，在理论和实务上，对于法律解释究竟是权力（权利）还是法律适用的方法或手段，存在不同认识。❶有人认为法律解释是一种法定解释权，只能由最高人民法院和最高人民检察院享有；而有的认为法律解释是一种方法，包括各级法院、检察院都具有法律解释权。这种争论可能也是导致法律上不规定行政机关在执法中对法律适用进行解释的原因吧。

---

❶ 范瑜："法律解释的理论与实践"，载《金陵法律评论》2003 年秋季卷，第 24 页。

第十章　行政执法裁量权的行使

　　行政裁量权是现代行政法的核心问题。由于社会事务的专业性，为了有效调控社会事务，行政权力的专业性特点也在不断强化。在这种情况下，经典政治哲学家所设想的立法机关制定规则，行政机关严格按照法律的规定实施行政权力的"传送带"模式事实上已经宣布破产。❶ 为了保证行政机关能够及时合理地处置社会事务，立法机关不得不在法律中授予行政机关行政裁量权，由行政机关在个案中根据具体情况合理作出行政决定。当然也因为如此，行政裁量权无法受到立法机关的有效控制，存在滥用的可能性，如何有效控制行政机关的行政裁量权是各国行政法上的一个重要问题。我国行政机关同样享有大量的行政裁量权，从行政执法的实务看，行政裁量权行使不当的情况也较为常见。这些不当大致包括如下几个方面：法律解释能力不强导致行政裁量瑕疵；先有行政决定，再寻找行政裁量理由；行政裁量判断标准的误用；等等。本章主要针对行政执法实务中存在的上述问题，分析问题的成因，以及这些原因与行政调查中心主义执法模式之间的关系。

第一节　行政裁量中的法律解释

一、现状与问题

　　依传统的观点，法律解释主要针对的是不确定法律概念，与行政裁量一般

---

❶　余凌云："对行政裁量立法控制的疲软——一个实例的验证"，载《法学论坛》2009 年第 5 期，第 44 页。

情况下分属不同的阶段。❶ 法律规范一般包括两个方面，即假定条件（或构成要件）与法律效果。例如，《公司法》第 200 条规定："公司的发起人、股东虚假出资，未交付或者未按期交付作为出资的货币或者非货币财产的，由公司登记机关责令改正，处以虚假出资金额百分之五以上百分之十五以下的罚款。"其中，"公司的发起人、股东虚假出资，未交付或者未按期交付作为出资的货币或者非货币财产的"是假定条件，而"由公司登记机关责令改正，处以虚假出资金额百分之五以上百分之十五以下的罚款"是法律效果。从法律解释和行政裁量的关系看，假定条件所规定的法律概念如果存在歧义，就需要进行法律解释，如本条中的"股东虚假出资"，关于什么才是虚假出资，如果法律没有明确定义，或者虽然有定义但是依然不能排除有两种以上含义的，就需要进行法律解释。而法律效果，是根据假定条件的内容、法律解释后的含义和确认的案件事实作出的相应的处理结果。法律后果部分一般需要的是作出公正合理的处理结果，不需要法律解释。但是也不尽然，有的法律会在法律后果部分规定某些法律概念，这些概念同样需要进行法律解释。事实上从立法来看，"将裁量及不确定法律概念，在法条里连结规定，于现行法律中甚为常见"❷。如同样是《公司法》第 206 条第 2 款规定："清算组成员利用职权徇私舞弊、谋取非法收入或者侵占公司财产的，由公司登记机关责令退还公司财产，没收违法所得，并可以处以违法所得一倍以上五倍以下的罚款。"其中，"没收违法所得"属于法律后果，是行政机关行使裁量权的领域，但是对于什么是违法所得，存在多种理解的可能性，比如，有的认为违法所得就是直接的销售收入，有的认为应该是销售收入减去经营成本。那么究竟应该如何理解非法所得的内涵，就需要法律解释，所以，此时法律解释与行政裁量权都在法律后果作出了规定。也就是说，一般情况下，行政裁量权行使时不需要进行法律解释，但是有时依然需要法律解释。

目前的现状是，行政机关分不清楚法律解释与行政裁量的关系，或者是很多行政机关及其执法人员根本不知道在作出行政处理决定时需要经历法律解释

---

❶ 依吴庚先生的说法，这种将不确定法律概念的解释与行政裁量分列不同阶段的学说，称为质的区别说，目前是德国及瑞士行政法通说。其认为在行为构成要件部分存在不确定法律概念，在法律后果部分存在行政裁量。但 1975 年以后不少德国学者主张量的区别说，甚至有人主张无区别说。吴庚：《行政法之理论与实用》，中国人民大学出版社 2005 年版，第 81~82 页。本书不对裁量理论专门进行研究，故暂时按照传统学说的观点进行论述。

❷ 吴庚：《行政法之理论与实用》，中国人民大学出版社 2005 年版，第 75 页。

和行政裁量两个阶段或者两个固定动作。传统上行政机关由于一般不进行法律解释，所以也就不会进行行政裁量过程的解释。但不同的是，不进行法律解释并不直接导致行政处理决定违法。虽然说行政机关在适用法律的时候应当说明理由，对自己如何理解有关法律条款的规定，对某些存在多种含义的不确定法律概念作出解释。但是即便不作出解释，在我国的法律上也并不构成行政行为违法。只是如果相对人不服，在行政复议和行政诉讼中，当事人可以就某些法律概念或者相对人的行为是否符合法定的构成要件进行辩论。而此时，行政机关可以就自己如何理解法律规范的内涵作出解释，如果法院认为行政机关的解释存在错误，可以纠正，并可判决撤销行政行为或者确认行政行为违法。但是行政机关不对其行政裁量作出解释或说明，可能导致行政处理决定的违法。那么法律解释与行政裁量究竟存在哪些区别，为什么不做法律解释不会导致行政决定违法，而不对行政裁量作出解释与说明却会导致处理决定违法？既然不对行政裁量进行解释会导致行政处理决定违法，为什么行政机关长久以来坚持不对裁量权行使作出解释？

二、行政裁量不做解释的合法性

法律解释针对的是不确定法律概念，当法律规范中规定的法律概念的内涵存在两种以上的可能性时，就需要法律适用机关对该法律概念作出解释，以便准确理解该法律概念的内涵，作出正确的决定。西方国家的法官和行政机关甚至法律解释对于准确理解法律、作出正确的司法裁判和行政决定以及方便公众的理解与讨论，都具有非常重要的作用。但是我国的司法机关和行政机关一般都不会实施法律解释，基本的原因前文已经提及。目前的司法机关和行政机关都没有这个能力和法律上的必要性。而不做法律解释却不会导致行政处理决定违法，这里的违法是指形式上的违法。只要行政机关在作出决定的时候具有法律依据，那就符合了法律规定的形式要求。在法律上并没有要求行政机关必须对法律概念作出解释与说明，所以形式上并不违法。当然，如果行政处理决定因相对人不符，被提起行政复议或者行政诉讼，那么在复议或诉讼中，复议机关或者人民法院如果认为法院在法律的引用和理解上发生错误，可以决定或者判决撤销，进而导致行政处理决定违法，但是也可能行政复议机关或人民法院认为行政机关引用法律正确而决定或判决维持。

而行政裁量则不同。它是法律赋予行政机关根据个案情况，在法定的种类和范围内可以自主作出行政处理决定内容的权力。在西方的行政法学上，行政裁量大致包括两个方面：一是决定裁量，即行政机关有权根据个案情况，决定是否作出某种行政处理决定。二是选择裁量，即行政机关根据个案情况，选择法定的种类和幅度。这两种裁量显然不能像对法律概念那样不做解释。就决定裁量来说，例如，网传"气大师功"王林掺杂使假，借助一些江湖杂耍手段，编织一张庞大的社会关系网来增加自己的光环，诈骗钱财。萍乡市公安局认为目前王林与一些商人之间是个人经济利益纠纷，公安部门还没介入，纪检部门也没介入。❶ 这则事例中，有人认为所谓的气功大师王林其实是个骗子，既然是诈骗，那么公安机关应该介入调查，如果是犯罪应当追究刑事责任，如果是违法《治安管理处罚法》的行为就应当予以行政处罚。此时公安机关依法具有行政裁量权，这种裁量权就是所谓的决定裁量，就是决定是不是立案。对此，公安机关选择的是不立案，其理由是认为这不是诈骗，而是个人之间的经济纠纷。公安机关的认定理由不论是否正确，但是至少给出了自己不介入、不立案的理由。所以，从形式上看，公安机关的行为是合法的。但是更多的情况是，行政机关在行使裁量权时并未进行解释。如笔者在调查中遇到了两则截然相反的案例。第一则案例，某渔民禁渔期在某河流上用渔网捕鱼，捕获一条重约 2 千克的野生鱼，渔政部门对其作出了罚款 2000 元的行政处罚。第二则案例，某人在河流中用炸药炸鱼，被渔政部门查获，并被处以罚款 200 元。在两则案例中，渔政部门都没有对自己为何作出上述处罚内容进行解释与说明。而按照《中华人民共和国渔业法实施细则》第 29 条第（1）项规定，"炸鱼、毒鱼的，违反关于禁渔区、禁渔期的规定进行捕捞的，擅自捕捞国家规定禁止捕捞的珍贵水生动物的，在内陆水域处五十元至五千元罚款，在海洋处五百元至五万元罚款"。两则案例中，当事人的行为在性质上是一样的，但是被处的罚款数额相去甚远。从法律规范的规定内容看，对第一则案例中的当事人作出的是正常的处罚，而对第二则案例中的当事人作出的是从轻处罚。但不论是从轻还是正常处罚，行政机关都应当对自己的行政裁量作出说明，否则就有滥用权力之嫌。《行政诉讼法》（1989 年）第 54 条第（2）项规定，行政机关滥用职权作出具体行政行为的，判决撤销或者部分撤销，并可以判决被告重新作出

---

❶ "司马南称王林用伪气功骗钱　警方：个人经济纠纷"，载搜狐网，http://business.sohu.com/20130728/n382741679.shtml，最后访问时间：2013 年 7 月 27 日。

具体行政行为。所以，对于行政机关在行使裁量权时不做解释的，法院应当判决撤销该具体行政行为。同样的内容也规定在《行政复议法》第 28 条第 1 款第（3）项。

三、行政机关为何坚持不做解释？

令人不解的是，尽管法律有明确规定，但是行政机关在行使行政裁量权时不进行解释和说明的情况依然屡见不鲜，而复议机关和法院也很少依据上述规定撤销行政机关的行政处理决定。导致这种情况的原因，笔者认为首先是复议机关和人民法院没有充分利用上述规定，对行政权力的行使进行监督。多年来，原《行政诉讼法》第 54 条第（2）项关于滥用职权的规定，被学者们称为"睡眠条款"，几乎没有法院曾经以此为由，对具体行政行为作出撤销判决。有观点认为，这可能是因为法院对于什么是"滥用权力"定义不明。但是这样的说法如果成立，只能反证了法院的失职。因为对不确定法律概念的解释是法院和法官的基本职责与职业特点。在理论上，一般将滥用职权界定为行政行为的目的与立法目的不一。对于两种目的不一致的现象，行政执法实务中普遍存在，而法院却熟视无睹，实在不可思议。这很显然不能简单以法院审理案件是没有正确适用法律依据来解释了，其背后应该有更深层次的原因。从比较法的视角来看，这种滥用权力内涵符合"裁量滥用"的特点，而后者正是大陆法系行政法上认定的裁量瑕疵行为之一，因其"已影响裁量处分之合法性"，故属于司法审查的范围。❶

这个更深层次的原因，应该是复议和诉讼制度的设计存在问题，使得复议和诉讼的监督功能得不到有效发挥。复议的监督作用，目前的研究已经比较清晰，复议机关的不独立以及可能承担的被告责任，使得复议机关既有后顾之忧，又难以超脱办案。行政诉讼制度的设计缺陷，则要比行政复议更加大。宪法体制上并没有为法院监督行政机关创造基本的条件，法院在人事、经费、组织等方面都没有独立于行政机关，甚至要依赖行政机关，这种情况表明，制宪者希望法院所要发挥的是解决纠纷的功能，而并不曾为其监督另一种国家权力留出空间。不仅宪法没有规定，《人民法院组织法》同样没有为法院监督行政权创造任何条件。在这种情况下，我国的行政诉讼法却要求法院利用行政诉讼

---

❶ 吴庚：《行政法之理论与实用》，中国人民大学出版社 2005 年版，第 80 页。

监督行政机关依法行使行政职权，实在有些异想天开了。

实践充分证明了这一点，公民、法人和其他组织提起行政诉讼以后，法院对于行政诉讼普遍抱有消极的态度。判决行政机关败诉是得罪人的事情，由于自己的诸多利益受到行政机关的牵制，判决行政机关败诉对人民法院来说意味着利益可能受到损失。即便有法官敢于冒着风险判决行政机关败诉，判决的执行依然存在问题。目前来看人民法院并没有赋予足够的权力和权威对行政机关不履行判决书采取有效的强制手段。所以，即便是《行政诉讼法》上界定非常清楚的事实不清、证据不足、具体行政行为违法等行为，法院都采取消极的态度予以对待，而对于滥用职权这样内涵比较模糊的概念，法院就更加不愿意受理了。

第二节　裁量权实施主体

一、问题的提出

行政裁量权究竟是授予行政机关还是授予执法人员？究竟是授予了具有管辖权的行政机关，还是赋予了整个行政系统？这些在现实中也是需要进一步思考的问题。如《公司法》第 198 条规定："违反本法规定，虚报注册资本、提交虚假材料或者采取其他欺诈手段隐瞒重要事实取得公司登记的，由公司登记机关责令改正，对虚报注册资本的公司，处以虚报注册资本金额百分之五以上百分之十五以下的罚款；对提交虚假材料或者采取其他欺诈手段隐瞒重要事实的公司，处以五万元以上五十万元以下的罚款；情节严重的，撤销公司登记或者吊销营业执照。"公司登记机关各有不同，有的登记机关是县级工商行政机关，有的是市级或省级工商机关，有的甚至是以国家工商总局为登记机关。那么是不是只有该公司登记的机关才有管辖权与裁量权？其他工商机关有没有这些权力？又如该法第 202 条规定："公司在依法向有关主管部门提供的财务会计报告等材料上做虚假记载或者隐瞒重要事实的，由有关主管部门对直接负责的主管人员和其他直接责任人员处以三万元以上三十万元以下的罚款。"该条表述的是由有关主管部门实施罚款。那么这个主管部门指的是哪个、哪一级主管部门？分析这些问题的意义是什么呢？从笔者了解到的情况来看，由于存在内部考核制度，行政机关内部普遍存在一种"执法风险"思维。按照目前的法律、法规的规定，承担案件查处职能的往往是区县一级行政职能部门，地市一级的行政职能部门查处案件的情况少，而且他们还可以决定将案件是否交由县级行政职能部门管辖。行政机关调查处理行政案件，最终都要决定是否作出某种行政处理决定，以及作出何种行政处理决定，这就是上文所提到的行政裁量权。对于法律没有明确规定由区县行政职能部门查处的案件，如果上级职能部门将案件交由其查处，那么法定的裁量权究竟应当由谁来行使？区县行政职能部门行使裁量权是法定的权力，还是上级行政机关的委托行使？所有这些问题，最终对于外部相对人和社会秩序的维护都有重要的影响，因为这关系到行政机关是否能够及时发现并查处违法行为。

二、现有制度与理论的解释

从现有的理论来看，行政裁量权显然是授予的行政机关而不是公务员。有一种观点认为行政裁量权是法律授予执法人员的，由执法人员根据个案的情况决定如何作出行政处理决定。这种观点在西方的行政法上应该是成立的，因为在西方法治国家，法律将某种公权力授予个人的情况是比较普遍的。但是，在我国，行政裁量权的授予对象只能是行政机关，因为在我国的行政法上，并不承认法律对公务员个人的权力授权，授予个人的公权力在行政法上都视为委托。因此可以总结的是，在我国行使行政裁量权的应当是行政机关而不是公务员。当然，行政机关是公务员的集合，最终依然要公务员根据个案衡量决定如何行使行政裁量权，作出怎样的行政处理决定。公务员虽然不是行使行政裁量权的主体，但是需要按照法定的条件，综合考虑各种因素，代表行政机关作出裁量，公务员违法实施行政裁量应当承担行政法律责任。

虽然可以明确我国的法律将行政裁量权授予的是行政机关，但是具体是哪些行政机关，法律的规定不尽相同。从现有的法律文本分析，主要包括两种情形：第一种，法律授予行政机关裁量权时，明确规定了被授权的主体。如上文例子，《公司法》第 198 条明确规定，由公司登记机关对虚报注册资本、提交虚假材料或者采取其他欺诈手段隐瞒重要事实取得公司登记的违法行为实施行政处罚。在这种情况下，只有法律明确授权的行政机关才能行使法定的处罚裁量权，其他行政机关无权行使裁量权。例如，该公司在国家工商行政管理总局登记注册，那么只有国家工商行政管理总局才具有裁量权。而在这之前，下级工商机关可否对该违法行为实施行政调查？或者说下级工商行政机关是否有义务对该公司的上述违法行为进行立案调查？笔者以为，下级工商机关可以接受社会公众的举报，或者自己在实施行政检查时发现案源，并可依法立案，在行使行政裁量权作出行政处理决定时，应当报请登记机关决定。这样做的原因在于，区县行政职能部门是违法行为的一般管辖机关，如果发生违法行为的，应当依法进行立案调查，否则，上级工商机关特别是国家工商总局一般都是决策性机关，又不驻地方，不可能及时发现并查处违法行为，如果只有登记机关才有立案调查的权力，不利于违法案件的及时查处。所以，调查权和行政决定权并不一定要由同一行政机关实施，一个行政机关实施行政调查，一个行政机关实施裁量、作出行政决定也是正常的。第二种，法律授予行政机关裁量权也要采取概括性授权，不明确具体的行政机关。如上文提到的《公司法》第202条规定，只是笼统提到了有关主管部门，但是没有明确究竟是哪个行政主管部门。对于这种情况，行政机关一方面要解释自己是否属于该种"有关部门"，同时还要确定究竟应该由哪一级的主管部门行使管辖权，实施行政裁量。对于这种情况，如果社会公众或者其他国家机关向受案机关举报或者移送案件时，该行政机关就有义务回复和解释自己是否属于法律规定的"有关部门"，如果不做解释又不受理案件，可能导致违法不作为。同样，在行政复议或者行政诉讼中，行政机关也要向复议机关和人民法院解释自己是否属于法定的"有关部门"。在确定究竟谁是法定的管辖权和裁量权主体时，最重要的就是确定哪一级行政职能部门。由于存在部门利益和执法责任的风险，上下级行政职能部门之间可能发生在管辖权和裁量权方面的争议。对于某些可能获得部门利益的案件，上级行政职能部门会和下级行政职能部门争夺管辖权与裁量权；而如果案情比较复杂，可能导致案件办理发生错误、违法，从而引发行政法律责任的案件，上级和下级行政职能部门之间可能发生裁量权行使方面的推诿，或者上级行政主管部门随意指定下级主管部门实施裁量，从而在管辖权和裁量权方面发生争议，导致案件查处不顺利。笔者认为，此时最重要的是确定上下级行政主管部门在查处案件中各自的职责和权力的性质。一方面应当制定规则，树立某种标准，确定上下级行政主管部门在案件查处方面的分工；另一方面还应当确定，上级行政主管部门将属于自己管辖范围的案件交由下级行政主管部门实施管辖的法律属性。笔者认为，上级行政主管部门如果将自己管辖权范围的案件指定下级职能部门管辖，那么下级职能部门行使管辖权和裁量权的行为应该视为裁量权委托。这样既有利于促使上级职能部门配合和督促下级职能部门积极查处案件，提高办案效率，又可以减轻下级职能部门的办案压力，避免因为内部考核制度的存在而导致下级职能部门消极执法情况的发生。

三、怎么解释现状

那么为什么会发生行政裁量权的实施主体不明，有关行政职能部门在行使行政裁量权时向下级规避的情况呢？又该如何保证行政裁量权主体的明确性呢？这些问题背后都有很多复杂的原因。首先，就立法机关而言，我国县级以上行政职能部门都有行政执法权，可以以自己的名义作出行政处理决定。但是上下级职能部门之间在管辖权上如何分工，很多时候并没有法律作出明确规定。比如，县工商机关与地级市工商机关之间在行政执法权上如何分工，并没有明确规定。不明确规定的原因在于，这些不同级别的执法机关之间既相互独立，又连成一体。比如，县工商机关与地级市工商机关都隶属于国家工商管理系统，管理的范围具有一致性。但是，它们各自又相互独立，在法律上具有独立的行政主体资格，各自以自己的名义而不是国家工商总局的名义实施执法活动。立法机关在法律中只笼统规定有关主管部门而不明确主管机关的名称和级别，似乎是希望某一系统的行政机关能有效进行执法，防止过于明确规定具体的执法机关而限制了行政事务的处理。其次，上级主管部门——主要是省市级行政主管部门，其职能具有双重性，一方面具有对本行政区域内行政事务管理的决策指挥权，另一方面也有对一些重要行政事务的直接处理权。这样在某些案件的处理上，不同级别的执法部门之间需要沟通协调，如果协调不畅，就可能耽误了案件的查办。比如，根据笔者的了解，一些市级职能部门每年有查处一定数量案件的任务。如果案件较少而不能完成预定数量的案件时，市级行政执法部门就会争抢原本应该由区县执法部门管辖的案件，而到完成了预定数量的案件以后，也可能发生市级执法部门将原本属于它们管辖的案件交由区县执法部门管辖的情况。从这种表现分析，市级执法部门在案件查处方面具有更多的主动权，而区县执法部门则常常处于被动状态，对它们而言，执法的风险比较大。因为有些比较有利的案件，如罚款数额较大的案件，被实际执法部门"抢去"；而一些案情复杂、涉及面广、容易引发冲突矛盾却无实际利益的案件，总是交由它们来处理。但是在另一种情况下，地市级执法部门更愿意和区县职能部门一样积极参与个案的查处。主要原因是执法机关内部对执法人员配备了较为可观的执法经费，执法人员办案意味着可以获得利益。但是地市级执法部门由于距离较远，对当地情况不熟悉，并且为了节约执法经费开支，调查取证不积极，不少时候耽误了执法工作的顺利进行。

这就是行政调查中心主义执法模式的缺点。案件的处理以行政调查为中心，行政调查活动缺乏有效的监督，执法人员只是根据自己的职业道德、执法经验等来实施执法活动。

第三节　裁量基准的制定

一、制定裁量基准的初衷

近些年来，为了控制执法机关的行政裁量权，防止裁量权的滥用，很多上级行政机关都在制定行政裁量基准，俨然形成了一场轰轰烈烈的竞赛，甚至已经呈现出"运动化"的趋势。❶ 行政裁量基准在很多国家和地区确实都存在，对于规范行政权力的行使确实有一定的作用。但是应当看到，裁量基准有优点，但是也有缺陷。规范裁量权还有很多其他的方法，行政机关应当广泛利用各种可以有效规范裁量权的手段，而不应当过多寄希望于行政裁量基准。

上级行政机关喜欢为下级制定行政裁量基准，其目的可能有如下几点：第一，体现行政管理创新。很多现有的行政法律制度不能有效地控制行政执法行为，导致行政处理决定违法或不公。近年来，国家不断强调要在行政管理、社会管理方面实现制度与措施的创新。所以，上级行政机关制定行政裁量基准显然是符合国家的要求的。行政裁量基准（制度）原本是国外行政法上的概念，我国行政法学上并无此说法。但是随着与国外行政法交流的加强，我国的一些学者开始研究行政裁量基准制度，并建议国内的行政机关也适时制定类似的行政裁量基准。如2003年起，江苏省的南京、盐城、南通、连云港等市相继开展了规范行政自由裁量权试点工作，2007年江苏省市县政府依法行政工作会议明确要求全省各级行政执法部门要推行行政处罚基准制度。❷ 第二，基层执

---

❶ 章志远："行政裁量基准的兴趣与现实课"，载《当代法学》2010年第1期，第68页。

❷ 余凌云："游走在规范与僵化之间——对金华行政裁量基准实践的思考"，载《清华法学》2008年第3期，第55页。

法人员的要求。我国的法律、法规对于行政执法在具体程序、行为要件认定和法律效果适用等方面都规定得非常模糊，授予了行政机关大量的行政裁量权。这种模糊的操作依据对于行政执法人员来说，一方面可能导致行政执法风险，如果行政裁量权运用不当，执法人员个人可能要承担不利的后果；另一方面过大的裁量权空间也会助长人们动用"关系网"去公关说情，以便减少处罚。❶行政裁量基准的出台可以消除执法人员对执法风险的焦虑与人情关系处理的尴尬。第三，社会舆论的呼吁。对于行政机关过于宽泛的行政裁量权，公民、法人和其他组织也充满了不安，他们希望上级行政机关能够制定更为具体详尽的行政裁量基准制度，来加强对具体执法活动的控制，保护他们的合法权益。

二、裁量基准的缺点

裁量基准有其目的性与正当性，但是也不能不看到裁量基准存在缺点。这种缺点并不是因为裁量基准本身制定的不够完善，而是上级行政机关过多地制定裁量基准会造成下级行政机关的裁量怠惰和法治的空洞化。此处所谓的裁量怠惰，就是行政机关对原本应当进行裁量的案件未做裁量。虽然其和大陆法系行政裁量理论上所说的裁量怠惰在内涵上基本一致，但是其产生的原因和行为的性质存在很大的差别。在大陆法系的行政法上，裁量怠惰是指行政机关依法有裁量的权限，但因故意或过失而消极地不行使裁量权。❷但是我国的行政机关发生裁量怠惰的原因不尽相同。为什么会导致这种情况的发生呢？法律、法规或者规章在对相对人可能发生的违法行为设置了法律结果以后，具有管辖权的行政机关应当根据法律的规定，在已经确认法律事实的前提下，正确运用行政裁量权，对案件作出合法合理的处理决定。正如前文所述，法律、法规原本将裁量权授予的是对案件具有管辖权的行政机关。但是，基于行政隶属性原则，上级行政机关对下级行政机关的管理行为具有控制权，为了能够控制下级行政机关，防止其作出违法或不合理的行政处理决定，上级行政机关可以出台具体的行政命令或者抽象的规范性文件，所以，上级行政机关制定行政裁量基准有其正当性。但是对于下级行政机关而言，可能会导致在法律依据上的无所

---

❶ 章志远："行政裁量基准的兴趣与现实课题"，载《当代法学》2010年第1期，第69页。

❷ 吴庚：《行政法之理论与实用》，中国人民大学出版社2005年版，第80页。

适从。既然法律已经有规定，并且将裁量权授予了自己，自己原本就应该是法定的裁量权机关，可以根据个案自主作出行政处理决定。但是上级行政机关又利用自己的行政地位制定了有关行政裁量的规范性文件，要求下级行政机关遵守，这种情况下，究竟是应该遵守法律，还是遵守上级规范性文件？一般情况下，下级行政机关都会遵守上级行政机关的规范性文件，因为虽然法律效力更高，但是对下级行政机关的利益有直接影响的是上级行政机关。在这种情况下，法律关于行政裁量的规定就被其他规范性文件取代，法律如何不会出现空洞化的结果？更为重要的问题是，下级行政机关原本在运用法定裁量权的过程中可以逐步积累经验，形成一套行之有效的裁量权运用规则，但是自从上级行政机关制定了裁量规则以后，下级行政机关就不再需要裁量，只需要按照裁量基准作出行政处理决定即可。即便是个案，按照裁量基准处理可能发生不公正的结果，下级行政机关也无能为力。❶ 长此以往，处理个案的行政机关事实上不可能行使裁量权，即便是在某些领域上级行政机关没有制定行政裁量基准，下级行政机关也会习惯性地等待上级行政机关制定，如此行政执法的水平就无法获得实质性提高。

三、规范裁量权的办法

行政裁量基准的目的在于规范行政裁量权，而规范裁量权的方法却不只是行政裁量基准。如果做一个不是很恰当的比喻，上级行政机关制定裁量基准的行为就如同最高人民法院为全国各级各类法院制定司法解释。司法解释是最高法院对于各级各类法院如何适用法律所做的解释，而行政裁量基准是上级行政机关为下级行政机关制定的如何进行行政裁量的规范性文件。其实正如最高法院对于规范下级法院的司法裁判活动有多种方法一样❷，上级行政机关规范下级行政机关的行政裁量权也应当有多种方法与手段。这些方法至少包括以下几种：第一，公布典型案例。尽管行政裁量基准将法律、法规所规定的行政构成要件和法律效果予以具体化了，比如对于什么是"情节严重"进行明确阐述

---

❶　这种情况当然是有可能发生的，因为法律之所以授予具有个案管辖权的行政机关裁量权，就是希望行政机关能够根据具体的情况合理地作出行政决定，而上级行政机关的行政裁量基准显然并不是根据个案制定的，但是其裁量基准的制定事实上就剥夺下级行政机关的行政裁量权。

❷　最高法院除了通过司法解释规范各级各类法院的司法裁判行为以外，近年来还发展出其他一些方法，其中最引人注目的是案例指导，学者们认为这将开启并形成中国自己的判例制度。

和列举、对行政处罚的幅度进行明确的分级等，但是从本质上说，裁量基准依然是一种制度，是为贯彻执行法律而实施的"二次立法"。❶既然是一种抽象性的行政制度，在个案中依然需要行政执法机关予以具体化。就对行政执法人员的具体指导功能来说，其肯定不如典型案例更加具体、更加直观。正如法治国家的司法机关公布的一些司法判例对法院具有非常具体的指导作用一样，如果在行政执法中，上级行政机关能够公布一些如何运用行政裁量权的典型行政案件，要求下级行政机关予以学习与参考，其指导效果肯定要好于行政裁量基准。第二，协调、参与下级行政机关的办案过程。目前的行政执法中，大量的行政案件或者行政事务都是由县级人民政府职能部门进行处置。所以，我国实现依法治国、依法行政的关键是在基层。但是基层执法机关的执法人员虽然具有比较丰富的行政经验，却在依法行政能力上严重不足。多年来，我国培养的法律人才很少有能够进入基层执法队伍的。在这种现状下，与其制定一系列的行政裁量基准，使得执法人员在大量的法律规范之中迷失方向，不如由上级行政机关经常性地参与下级行政执法部门的办案过程。对基层执法人员在执法过程中的一系列执法行为进行指导和监督，这种手把手的现场教导也要远远胜于抽象的行政裁量基准。当然，还有很多规范行政裁量权的方法和手段。只要上级行政机关不是为了政绩过于强调行政裁量基准的作用，真正将心思用在如何规范行政裁量权上，就肯定能把行政权力控制在法定的区域内，保证其积极作用，防止侵害公民、法人或其他组织的合法权益。

第四节　　"相关因素"的判断标准

在行政裁量权的行使过程中，必须要考虑相关的因素。根据这些相关的因素，来确定行政机关是否应当作出某种行政决定，应该作出怎样的行政决定。关于相关因素，在行政法学上多有论及，但是学者们一般都是笼统地论及，却并不结合实务。对于行政机关而言，既然行政法学上对于行使行政裁量权需要考虑相关因素，那么就应当考虑相关因素。但是问题似乎并没有这么简单，执法机关和执法人员常常在哪些是相关因素、哪些不是相关因素方面不能区分清

---

❶　余凌云："游走在规范与僵化之间——对金华行政裁量基准实践的思考"，载《清华法学》2008 年第 3 期，第 57 页。

楚，而即便是能够区分清楚的，有时执法人员也会主动规避相关因素而考虑了不相关的因素，或者将不相关的因素解释成为相关的因素。更有甚者，预先已经确定了行政处理决定的结果，然后再故意寻找能够确定行政处理决定合法正当的那些所谓的相关因素。所以，在本节，笔者认为需要去考虑的是，什么才是我国行政执法机关在执法中应当考虑的相关因素，相关因素与不相关因素之间究竟应当如何区分。实务中，行政机关为何无法区分相关因素与不相关因素，为何在明知的情况下任意寻找那些所谓的相关因素来迎合行政处理决定的记过？

一、什么是相关因素

关于什么是相关因素、什么不是相关因素，域外法和国内学者多有论述。但是要么简单地表述与行使裁量权相关的因素，但是并不具体指明什么是与行使裁量权相关的因素；要么只在个案中具体表明某种因素是否属于本案中行政机关行使行政裁量权所应当考虑的因素，但缺乏对如何确定相关因素的标准和相关因素具体范围的专门性研究。❶ 或许因为这样，虽然实践中行政执法机关和执法人员也知道行使行政裁量权应当考虑相关的因素，但是对具体哪些是相关因素并不清楚，甚至选择了明显不相关的因素作为行使裁量权的依据。

那么什么才是确定相关因素的标准？行政机关是否作出以及如何作出某种行政行为，取决于行政相对人实施的行为是否达到了法定的要求。所以，相对人的行为应当成为确定相关因素的标准。在实践中，常常有行政机关根据相对人的生活状况或者经济情况行使行政裁量权。例如，某出租车司机经常被举报有拒载的行为，有一次该司机又拒载，被乘客举报，司机不满被举报而殴打乘客。交通行政执法部门经调查，依法欲对该司机作出罚款和吊销从业资格证的行政处罚。该司机在听证时提出自己家庭生活条件艰苦，父亲卧病在床，妻子失业，儿子还在念小学，请求交通行政执法部门从轻处罚。交通行政执法部门

---

❶　毛雷尔认为基本权利和一般行政法原则，特别是必要性和比例性是对裁量的客观限制。哈特穆特·毛雷尔：《行政法学总论》，法律出版社 2000 年版，第 131 页。陈清秀认为裁量应遵守一般法律原则和符合法令授权之目的，并不得逾越法定之裁量范围。陈清秀："依法行政与法律的适用"，载翁岳生主编：《行政法》，中国法制出版社 2009 年版，第 269 页。我国内地学者也认为只能考虑符合立法授权目的的各种因素，排除不相干的因素，尤其是出于个人利益和目的的因素。马怀德主编：《行政法与行政诉讼法》，中国政法大学出版社 2012 年版，第 15 页。

经集体讨论，认为该司机确实存在家庭条件艰苦的情况，但是该司机的行为已经不适宜再在窗口行业从事出租车驾驶员的工作，于是作出了吊销从业资格的处罚决定，免除了原本依法应当作出的罚款决定。这一案例是笔者在接受某行政执法机构委托，整理其行政处罚案件材料时发现的，而且类似的案件还很多，基本模式都是相对人提出自己家庭困难，行政机关以此为由，减轻甚至免除了对相对人的罚款处罚。行政机关普遍觉得这是自己的执法活动体现人本主义的最好象征。但是从依法裁量的角度看，行政机关在行使行政裁量权时，考虑的并不是相对人的行为以及行为造成的某种损害程度，而考虑的是相对人的生活条件这一客观状态。由于其确定是否属于相关因素的标准存在错误，所以事实上，他们这种减轻或者免除处罚的理由是不合法的。

相关因素大致应当包括哪些种类要取决于很多条件。第一是行政裁量权的存在形式，即在哪些行政领域行政机关需要行使行政裁量权。一般来说，行政裁量是行政机关根据法律的授权，在法定的职权范围内，自主决定是否作出以及如何作出行政行为。最为人熟知的行政裁量是行政处罚裁量，但是从内涵上分析，行政裁量在很多行政行为中存在，如是否作出行政许可、如何实施行政强制等。第二是行政裁量的时机。行政裁量是行政决定作出之前，行政机关综合考虑各种法定和酌定条件的行为方式。行政裁量必须是行政决定作出之前的公权力行为，所以相关因素也必须是在行政裁量时已经存在的因素。如上文案例提到的，对于行政机关而言，当事人家庭困难不是在作出行政行为之前就需要考虑的，而是在行政机关依法作出了行政行为以后，在履行行政行为内容的过程中，如果发现相对人由于家庭困难确实无法履行行政行为所规定的义务的，可以变更执行的方式或者内容。所以，家庭条件问题是行政执行中的问题，不是行政决定作出之前的裁量因素。第三是同样的行政行为可能导致的结果或者产生的法律效果是不一样的，所以，相关因素还必须考虑行为所产生的结果或法律效果。只有在达到了法定的结果或者效果的情况下，行政机关才能作出某种行政行为。

二、行政机关对相关因素的考虑

行政机关在作出行政行为之前，也知道需要考虑相关因素。但是对于相关因素的考虑，一方面是为了作出公正合理的行政行为，另一方面则是为了维护行政机关以及执法人员自身的利益。毫无疑问，随着法治国家和法治政府建设的不断推进，我国行政执法机关和执法人员的执法水平不断得到提高。在作出行政行为之前，行政机关需要依法考虑自己作出的行政行为内容是否符合法律的规定，是否公正合理。因此，在不少行政案件的处理上，行政机关需要根据上述相关因素，考虑如何恰当行使行政裁量权。然而值得我们关注和思考的是第二种情况，即行政机关以及执法人员将行政决定的内容、行政裁量权的行使、相关因素的选择和考虑与自己的利益相关联。究竟是什么原因促使他们将原本不相关的几个问题相关联起来？他们又是怎么将这些问题关联起来的？这种关联是否合法，应该如何加以克服？

在制度和理论上，行政机关和执法人员是依照国家制定的法律、法规对社会事务实施管理，他们执法代表的是国家利益、公共利益，自己并不具有独立的利益。当公民的行为不涉及公共利益时，国家对公民的这种个人行为一般不予干预，因为这是纯粹的私人行为，例如公民购买生活用品；当公民的行为影响到他人利益，而不影响到公共利益时，国家同样也不积极干预，例如公民之间的小额借款问题。但是当公民的行为涉及公共利益时，不论这种行为针对的是自己、他人还是其他组织，国家都必须出面干预，国家的存在就是在于维护社会公共利益的，例如，公民故意伤害他人的行为不仅侵害了他人的权利，同时还损害了国家的治安管理秩序，所以，公安机关就要代表国家对违法行为人实施制裁。所以，行政机关是国家机关的一种，代表的是公共利益，是为维护公共利益而存在的组织，本身并没有独立的私利。同样的道理，公务员是代表所在的行政机关执行法定职责的工作人员，执法获得的利益归属国家，导致的法律责任也由国家承担，所以，就执法行为而言，执法人员也没有独立的利益。但这只是就制度和理论所进行的分析，而就现实情况分析来看，行政机关和执法人员自己也存在一定的利益。就行政机关而言，其工作需要上级主管部门和同级人民政府的支持和协调，需要其他国家机关和企事业单位的帮助与配合，甚至还需要公民、法人或者其他组织的理解、执行。如果没有其他国家机关的上述协同行为，行政执法机关的工作将无法顺利开展；如果没有公民、法人和其他组织的配合，行政执法将陷入困境。执法人员在现实中也存在自己的利益，其中包括工资福利、行政奖励、职务晋升、违法违纪的处理等。

行政机关与执法人员的这些利益与执法活动常常存在着千丝万缕的联系。执法行为由于会对他们的权利义务构成影响，被执法的相对人必然会采取相应的方法和手段来组织行政执法活动，维护自己的利益。这些手段和利益，有的可能是利用各种人际关系向执法机关和执法人员说情或者施压，有的是通过一定的利益诱惑执法人员甚至行政执法机关，也有的会通过各种对抗手段阻止行政机关实施执法活动。这种对行政执法活动的干预或者干涉存在于行政执法的各个环节，当然也就可能发生在行政机关行使行政裁量权，以最后确定是否对其作出和如何作出一定的行政决定时。

正如前文笔者已经提及的，在这种情况下，执法机关和执法人员将面临非常艰难而尴尬的选择。如果严格按照法律规定的条件确定相关因素，行使裁量权、作出行政决定有可能导致自己利益的损失。执法机关在今后的执法活动中将难以获得其他国家机关、企事业单位的支持、帮助，公务员可能在日后的工作考核、职务晋升等方面遇到障碍。而如果接受他人的干扰，考虑了不相关的因素，作出了不合法与不合理的裁量决定，就有违法行政的风险，今后有可能会被追究相应的法律或纪律责任。这种情况下，执法机关与执法人员必然要面临如何作出执法行为的选择，最后的结果往往并非严格按照法律的规定办事，而是一种妥协的方案。这种妥协的方案可能包括以下几种情况：第一，如果是上级机关或者领导实施了一定的干预，甚至对于最后的决定内容提出了一定的要求，那么执法机关需要在领导的指示内容下，寻找可能的相关因素或裁量理由，以便在形式上既遵守了领导的指示，又不出现违法的情况。例如，执法机关发现某企业生产的产品存在质量问题，按照法律的规定，质监部门应当对其进行严厉的处罚，但是地方政府的领导认为严厉的处罚可能导致企业破产、职工下岗，引发社会不稳定因素，要求质监部门从轻处罚。在这样的指示下，质监部门只能照办，如果企业的行为本身并没有相关因素可以导致从轻处罚，那么质监部门就必须寻找其他看似相关的不相关因素，为自己的从轻裁量寻找理由。实务中一般的理由是：企业经营效益较差，没有履行能力。也正是这样的原因，我国的行政执法机关对社会事务的监管效果普遍较差，这些违法的企业面对轻微的行政处罚，根本不可能停止自己的违法行为。第二，执法行为本身存在瑕疵，被相对人提起了复议、诉讼或者上访。中国有一句俗语"打铁还需自身硬"，执法机关要查处违法行为，首先要自己做到合法行政，但是由于诸多原因，不少行政机关和执法人员在执法的过程中发生程序和实体方面的瑕疵。在这种情况下，执法行为如何能够令人信服地查处违法行为？一旦被相对人提起行政复议、诉讼甚至信访，有关国家机关就需要对行政机关的上述程序和实体问题进行审查，行政决定面临可能被撤销或者改变的风险，最后不得不接受其他国家机关的调解、协调改变行政决定的内容，为了规避责任，执法机关就必须寻找其他不相关的因素，作为自己改变行政行为的合法考虑。第三，相对人与行政机关实施对抗。相对人如果对行政行为的内容不服，除了按照法定的方式提起行政复议、行政诉讼之外，还可能采取其他的手段，拒绝行政行为内容的实现。例如，在媒体上公开批评执法机关，在执法机关工作场所吵闹，干扰正常工作，甚至召集他人实施游行示威，引发群体性事件。在这种情况下，为了解决这些问题，执法机关也可能会改变原行政决定的内容，而改变内容的理由通常也是与相对人的行为无关的其他因素。

第十一章　行政强制权的行使

　　行政机关在行政执法的过程中常常会行使行政强制权。行政强制按照法律的规定包括了行政强制措施和行政强制执行。在为制止违法行为、防止证据损毁、避免危害发生、控制危险扩大等情形下，行政机关可以依法实施行政强制措施；当行政机关作出行政行为以后，行政相对人就应当按照规定的要求履行义务，如果行政相对人拒绝履行，行政机关就可以依法予以行政强制执行。对此，《行政强制法》《行政诉讼法》等法律都作出了明确的规定，原本并没有什么需要特别讨论的。但是在行政调查中心主义的影响下，行政强制权的实施在执法实践中会发生一些变化，形成一些独特的现象。这些变化和现象大致包括联合执法问题、随意实施行政强制措施问题、滞纳金征收问题、代履行问题等。本章将分析这些变化与现象的具体表现形式，并分析这些变化与现象和行政调查中心主义之间的关系。

第一节　联合执法问题

一、引言

　　所谓联合执法，有时也称联动执法，是多个行政机关为了处置某一社会实务或者行政案件，在某一行政机关的组织协调下共同实施行政执法活动的行为。例如，在拆除违章建筑的执法过程中，政府组织城管、公安、消防、建设、国土等行政部门进行联合执法。参与的行政部门各自在其职责范围内对属于自己职责范围内发生的社会事务进行管理或规制。

　　联合执法由来已久，当遇到一些复杂的案件或社会事务时，一些行政职能部门会与其他部门进行沟通协商，希望实施联合执法；有时为了处置一些社会上具有重要影响的实务，县级以上地方各级人民政府会主动出面组织协调各个行政部门进行联合执法。但是联合执法无论在实务上还是理论上，一直以来都饱受争议和批评。赞成者认为此举有利于提高行政效率，及时查处违法行为，恢复社会秩序，救济被侵害的公私权利。反对者认为行政相对人的某一个行为都会有一个行政主管部门进行管辖，其他行政部门参与联合执法有超越管辖权、滥用行政权力之嫌。以违章建筑拆除的行政执法活动为例，按照《中华人民共和国城乡规划法》的规定，违章建筑在城市由规划部门组织强制拆除，在乡村由乡镇人民政府组织强制拆除。其他行政部门或行政机关不具有管辖权。但是实务中这些具有管辖权的行政机关在实施强制拆除行为的过程中经常遇到权力的边界。它们不仅执法力量有限，而且在法律上不具有人身自由的强制权。如果遇到超过其管辖权范围内的事项，自己更加没有权力进行监管。因此，在行政执法实务中，行政机关比较倾向于在执法机关之间形成合力，实施联合执法或联动执法。

本书将首先讨论联合执法在法律上的定位，继而分析实务中联合执法究竟存在哪些问题，随后还将讨论与联合执法相关联的综合执法问题。本书认为，联合执法的存在与行政调查中心主义执法模式密切相关，联合执法并非完全不可行，但是要遵守一定的规则与标准，而综合行政执法可以取代联合执法，使得行政执法更加高效，更加合法。

二、联合执法存在的法律问题

联合执法多年来形成了一个独特的现象，很多行政机关都希望在行政执法的过程中能够和其他行政机关进行联合或联动执法。而很多行政相对人以及社会公众认为联合执法是违法的，行政机关应当在法定的职责范围内具体实施执法行为，不应当将其他行政机关拉进行政执法活动。关于联合执法究竟是否合法，究竟存在哪些争议，本书试做梳理。

（1）法律依据不足。行政权力的行使尤其是那些限制公民、法人或者其他组织合法权益的行政权力，在行使的时候必须要有明确的法律依据。当然，在现代法律依据包括法律、法规和规章，但是至少要有上述法律依据才可以行使规制性行政权。联合执法是多个行政机关同时对某一个社会事务进行执法，当然也应当具有法律依据。有一种解释似乎认为联合执法是具有合法性或者法律依据的。因为参与其中的行政机关都是在各自职责范围内行使行政权力，不会超越行政职权。以拆除违章建筑为例，城管部门负责拆除违章建筑，而公安机关可以在现场维持秩序，防止被拆迁人与行政执法机关之间产生冲突。海南省等地方还以此成立了所谓"公安＋城管"的联合执法模式，公安机关为配合城市管理还专门成立了公安城市管理支队。

时至今日，国家并没有制定法律、法规对联合执法作出规定，因此尽管各个地方都在实施联合执法行为，但是这种联合执法行为在法律上没有明确的依据。目前的联合执法都是当地政府出面进行组织指挥，确定若干行政机关就某一社会事务共同实施执法活动。这种没有行政组织法依据也没有行政行为法依据的做法当然会引发担忧。如果公权力机构都可以在没有明确法律依据的情况下实施共同执法，那么法律所规定的行政机关之间的职责划分，法律、法规授予特定行政机关的行政管辖权，岂不要被空洞化？

（2）职权职责不清。原本行政机关的职责通过行政组织法和行政行为得到了明确的界定。例如，公安机关的行政职责由公安机关"三定方案"和《治安管理处罚法》《道路交通安全法》等法律法规予以明确规定。当一个行政机关发现某种行政属于自己法定职责时，就应当进行立案调查并作出某种行政处理决定。但是联合执法有可能打破法律、法规在不同行政机关之间的职责分工。多个行政机关在共同实施执法活动的过程中，为了完成同一个行政目的或任务，难以避免地会共同实施行政执法行为。例如，当城管在执法的过程中与行政相对人发生纠纷与矛盾时，公安机关就可能利用自己的人身自由强制措施权对行政相对人实施人身自由的强制措施。而一旦联合执法引发了法律问题，如损害赔偿、行政强制措施违法或者行政处罚决定违法，参与联合执法的行政机关之间就可能发生相互推诿责任的问题，导致相对人的权利无法及时得到救济，而实施违法行为的执法人员的法律、纪律责任也可能无法得到应有的追究。

（3）弱化平时执法。联合执法很显然不可能经常开展，即便是那些相互之间建立了联合执法机制的行政机关之间，也不可能经常开展联合执法。从实务上来看，联合执法主要针对一些社会影响重大的事件、行为或现象。这也是联合执法与下文要提到的综合执法的重要区别，后者能够经常性地开展平时执法。行政机关作为主管机构，原本应当经常性地进行监督检查，确保国家法律、法规受到公民、法人或者其他组织的遵守，对于违法者予以制止和制裁。但是联合执法有可能会影响行政机关的日常执法，事实上人们也能够在现实生活中发现，一些行政机关平时不积极实施监督检查活动，出现了违法现象和问题，就动员政府组织实施联合执法。这就使得人们会形成行政机关执法不公、执法不严的不良印象，从而损害行政机关的社会公信力。

（4）执法违法。联合执法相比于单个行政机关的执法活动更容易发生执法违法的现象，也最容易引发行政机关与行政相对人之间的矛盾与冲突。如果说单个行政机关实施行政执法活动是为了该行政机关事先确定的行政目标与任务，那么多个行政机关是为了实现上级确定给参与联合执法的行政机关的共同任务。在联合执法的过程中，如果某一个行政机关没有积极履行职责、实施行政执法行为，可能会导致该行政任务不能完成。此时它们不仅要面临其他行政机关的压力，尤其还可能受到上级行政机关的批评与责备。例如上文提到的拆除违章建筑，如果行政相对人与城管部门发生矛盾与冲突，而公安机关认为不属于自己职权范围而置之不理，进而导致违章建筑不能及时拆除，那么城管部门会对公安机关的执法行为感到不满，区县政府也会认为公安机关没有尽到自己的行政职责。这就使得公安机关必须积极参与矛盾冲突的解决，公安机关此时可能以妨碍公务或者扰乱社会秩序对行政相对人的财产和人身采取行政强制措施。如果公安机关真这么做了，那么它们离滥用权力、执法违法也就不远了。

三、联合执法的标准

联合执法存在争议，法律法规上对于联合执法也没有明确规定，是否因此可以认为联合执法是绝对不合法的呢？笔者以为虽然法律并没有规定，但并不表示联合执法完全不合法，实务中对联合执法存在争议主要是因为联合执法的过程中出现了不符合现行法律规定的一些做法。如果联合执法的行政机关能够遵循一定的标准和规则，克服以往联合执法中存在的问题，联合执法并非完全不可行。关于联合执法的标准，笔者经初步研究认为应当包括以下几个方面。

第一，县级以上政府组织联合执法。联合执法既可以是多个部门相互协调形成，也可以是在县级以上政府的组织协调下形成。但是如果要避免行政机关利用联合执法滥用行政权力，损害公民、法人和其他组织甚至社会公共利益，就应当由县级以上政府组织联合执法。如果仅仅是部门之间相互协调，可能导致一个部门在实施调查取证的时候，对于其他行政机关来讲其管辖范围内的事务尚未发展到需要立案调查或者采取行政强制措施的地步。例如上文提到的拆除违章建筑，城管部门在对拒绝自行拆除的行政相对人实施强制拆除行为的时候，公安机关如果参与联合执法，此时行政相对人并没有实施违反治安管理的行为，公安机关如果出现并维持秩序，对有意见的相对人采取强制措施或实施处罚，是不符合法律规定的。

但是如果有县级以上地方政府组织进行联合执法，则情况完全不同。县级以上政府职能部门在法律上具有独立的行政职权，可以以自己的名义行使职权，也可以独立承担法律责任。但是在行政组织法上，它们终究是县级以上政府的工作部门，是为了完成宪法和政府组织法赋予政府的职责而成立的专门性部门。宪法和政府组织法将行政权力赋予了国务院和地方各级人民政府，由于行政事务繁杂多样，政府又通过"三定方案"将自己的行政权力转给自己的工作部门。但是政府的这种权力转授与宪法和政府组织法的授权性质截然不同。政府转授出自己的行政权力之后，可以根据政府行政职能的定位和行政机构的重新排列组合，将这些权力在行政职能部门之间重新组合，还可以由县级以上政府根据具体情况亲自行使原本已经授予行政职能部门的权力。

例如，政府成立工商、质监、食药监、卫生等行政职能部门，但是因为市场监管的需要，政府可以将上述职能部门进行合并，成立单独的市场监管局。原本由上述四个部门行使的行政权力，经过机构改革可以改由市场监管局行使。同样，如果政府认为工商或者质监行使市场监管在某一个案件中效果不佳或者存在重大困难，可以将这些行政职责收回，由自己亲自行使。

第二，以县级以上政府的名义实施执法活动。多个行政职能部门联合执法如果能以政府的名义实施，则可以避免出现不同部门由于同一行政执法时间而导致超越职权、滥用权力等问题。当县级以上地方政府以自己的名义行使行政执法权时，行政职能部门就成为自己的工作机构。政府可以根据案情决定首先由哪一个行政职能部门介入案件调查，根据案件调查的情况再决定由其他哪个行政机关及时介入调查。甚至当政府认为有必要多个部门同时实施行政执法活动时，可以要求这些行政机关同时开始行政执法活动。此时即便在法律上案件还没有发展到需要其他行政部门介入的程度，这些部门依然可以介入其中。因为此时它们不是以自己的名义执法，而只是县级以上政府的执法机构。政府认为应当由城管部门先行介入的，城管部门先启动调查程序，政府认为公安等部门有必要同时介入或者相继介入的，这些部门就应当及时介入，因为此时它们是县级以上政府执法的手段，如何执法要听从县级以上政府的部署。

第三，由县级以上政府承担法律责任。联合执法由县级以上政府组织实施，自然也应当由其承担法律责任。按照我国行政主体理论和行政诉讼法律制度的规定，县级以上对外具有行政管理权的行政机关具有行政主体资格，可以以自己的名义行使行政权力，也可以独立承担法律责任。但有行政主体资格不一定在任何时候都由它自己承担法律责任。作为县级以上政府同样也有行政主体资格，更为重要的是除了实行垂直领导体制的行政部门外，同级行政部门的行政职责来自同级政府的授权。政府可以授权，同样也可以收回行政权力。联合执法是县级以上政府组织实施的，此时参与执法的行政部门就不再是独立的行政主体，而成为政府执法的手段和机构，它们行使权力导致的法律后果自然应当由政府承担。唯有这样，联合执法导致的法律后果才不会发生行政机关逃避法律责任、无人承担法律责任的问题。

总而言之，联合执法并非不可行，但是应当由同级政府组织实施，相关的行政机关部门参与行政执法活动，执法应当以同级政府的名义实施，也应当由同级政府承担法律后果。如果不能做到这一点，其他的联合执法活动难免会在执法的过程中出现上文提到的诸多问题，笔者认为这样的联合执法是不可行的。

四、综合执法的初步分析

综合执法是通过行政机构改革将相关联的行政职权集中由某一行政机关行使的执法模式。近年来综合执法体制改革如火如荼，如很多地方将工商、质监、卫生、知识产权、食药监等部门进行合并，成立统一的市场监督管理局；交通行政部门内部将路政、运政、水上等行政执法部门合并，成立统一的交通行政执法机构等。综合执法与联合执法原本并不是一回事，不应当在此专门讨论综合执法的问题。但是笔者认为两者之间存在密切关联，有必要在阐述联合执法时专门讨论综合执法的问题。

综合执法与联合执法的区别在于执法主体是单个统一还是多个分散。综合执法是由一个行政执法机关统一行使原本由多个行政执法机关行使的行政权力。而联合执法是多个行政机关各自按照法定职权行使行政执法权，分别作出行政处理决定。从结果来看，两种执法体制最终都可以解决现实问题，但是联合执法多年来饱受批评。从近年来国家的政策和制度规定来看，联合执法逐渐淡出而综合执法不断被强调。从国家确定的目标和现实的行政执法体制改革来看，综合执法将是联合执法的替代物，未来联合执法终将被综合执法代替。

上文笔者提到，联合执法要避免发生目前争论的诸多弊端，就必须由同级政府组织实施，以政府的名义执法并且由政府承担法律责任。但是不可否认，政府组织实施联合执法也面临很多现实问题。最为突出的是，政府的职能由宪法和政府组织法确定，但是组织法只能确定职责范围，不能明确具体的行政职权。而目前的单行法律、法规和规章将具体的行政职权授予了行政部门。于是，如果以政府的名义执法，有可能产生主体是否合法、是否超越权限的争议。所以最好的做法是通过综合执法体制改革，将分散在不同行政部门的行政职权集中于某一个具有综合性权力的行政部门，如此就可以避免职权过于分散、"九龙治水"和政府主体是否适格的争议。

综合行政执法体制在近年来的改革证明，这一体制符合我国目前市场监管和社会治理的现实需要。通过综合行政执法体制改革，行政执法机关的执法力量得到整合和加强，可以更好地对社会事务实施监督管理，避免了职权分散带来的监管不利的弊端，也避免了出现以往单个行政执法机关由于行政执法权力不够导致超越职权，随意剥夺和限制公民、法人和其他组织合法权益的问题。

五、结论

联合执法在我国已经实施多年，从现实效果来看，确实可以查处一些重大违法案件。但是这一执法体制的弊端多年来也饱受批评，由于行政执法力量不足，权限不够，而行政目标和任务必须完成，一些行政执法机关不得不实施一些超过自己职权范围的行政行为。这势必造成"以暴制暴"、以"违法行为查处违法行为"的不正常现象。要解决联合执法的问题，只有两种选择。第一是由县级以上政府出面组织实施联合执法。第二是进行综合行政执法体制改革。第一种选择具有合法性，但是依然会存在很多争议，事实上政府也可能无法经常有效地组织联合执法，更不愿意承担原本不应当由其承担的法律责任。第二种选择其实已经成为现实，各地已经实施的综合执法体制改革取得了明显成效，从发展的眼光看，联合执法需要向综合执法转变。

第二节 行政强制措施的必要性

一、导言

行政强制措施是行政执法的重要手段之一。根据《行政强制法》的规定，行政机关在行政管理过程中，为制止违法行为、防止证据损毁、避免危害发生、控制危险扩大等，依法对公民的人身自由实施暂时性限制，或者对公民、法人或者其他组织的财物实施暂时性控制的行为，即行政强制措施。当行政机关在执法中发现存在违法行为，证据可能损毁导致案件事实无法证明，危害情况可能发生甚至扩大导致公私权益受到侵害时，可以依法采取查封、扣押、冻结、限制人身自由等行政强制措施。

然而如果我们观察行政执法实践，会发现一些行政强制措施的实施缺乏合法性基础，引发了大量行政争议，甚至造成了公私合法权益的重大损失。例如，一些地方的公安民警在执法活动中随意实施限制人身自由的行政强制措施，将公民强制传唤到公安机关并留置 24 小时甚至 48 小时；一些地方的交警将违反交通规则的行人限制人身自由，在现场维持指挥交通秩序。还有不少行政机关随意查封、扣押行政相对人的场所、设施、财物。人们不禁会产生疑问，行政强制措施可以由行政机关任意实施吗？《行政强制法》的规定是否已经得到了执法机关和执法人员的遵守？为什么有些执法机关和执法人员可以随意实施行政强制措施？如何才能有效制止任意实施行政强制措施的行为？

本书将首先讨论现实中行政执法机关任意实施行政强制措施的主要情形，然后分析是什么原因导致行政执法机关和执法人员可以不受法律限制地实施各种行政强制措施。本书的研究认为，行政调查中心主义执法模式下，为了完成行政任务，行政机关往往具有突破现有法律秩序的冲动，在没有改变这种执法模式并且没有有效监督的情形下，行政强制措施被滥用是无法避免的。

二、行政强制措施的滥用

根据行政执法实务的表现，笔者将行政强制措施滥用的情形主要概括为以下几种，当然或许这不是普遍现象，也不一定仅限于以下几种情形。

第一，非法限制人身自由。限制人身自由是对相对人的合法权益影响最严重的行政强制措施，按照《行政强制法》的规定，该权力应当由公安机关依照法律的规定行使。从表面上看，既然法律做了如此严格的规定，公民的人身自由权利可以获得全面的保护。然而在现实中却不一定如此。一方面，一些没有人身自由强制权的行政机关为了保证顺利收集证据，有可能会行使这一法律没有赋予的权力。如城管执法、计生执法、交通执法等领域，执法机关为了防止相对人逃避执法、实施对抗行为、隐匿证据，可能会将行政相对人或者其近亲属限制在一定的场所，使其行动失去自由。以往媒体曾经报道，一些乡镇政府为了让超生人员及时缴纳社会抚养费，将其年迈的父母关在某处，直至超生人员缴清费用才能领回父母。

另一方面，一些具有人身自由强制权的行政机关违法行使该权力。按照法治的要求，行政机关具有某种行政权力并不意味着就可以随意行使该权力，如何行使行政权力也要遵守法律、法规和规章的具体规定。然而现实中随意行使权力的情形却屡禁不止。具有人身自由强制权的主要是公安机关，其滥用限制人身自由强制权的情形也时有发生。如前不久广东深圳发生的民警违法传唤两名女生到派出所进行留置盘问的事件便是典型。该案件的基本案情是，某民警在商场发现两名女生，要求其出示身份证接受检查，遭到两名女生的拒绝。于是该民警以其中一名女生长得像男生，进入女厕所有不轨企图为由，强制将两名女生带回派出所进行留置盘问。民警在女生偷拍的视频中认为，按照《中华人民共和国人民警察法》（以下简称《人民警察法》）的规定，他有理由认为该女生有违法犯罪的嫌疑，可以将其留置盘问 24 小时。然而按照《人民警察法》第 9 条规定，警察实施当场盘问或留置盘问，其对象应当是"有违法犯罪嫌疑的人员"，以及是"被指控有犯罪行为的；有现场作案嫌疑的；有作案嫌疑身份不明的；携带的物品有可能是赃物的"人员。从法律解释的角度看，这些所谓的嫌疑人员，警察应当有相应的证据予以证明，而不能向有些人认为的只要警察认为存在嫌疑，即成为嫌疑人员，否则警察权将有可能被滥用而导致公民的人生自由权受到严重损害。但是行政执法实务中公安机关在行使这一权力时基本上坚持由执法的民警自由心证，不需要相应的证据予以证明。

第二，登记保存限制设施、财物。按照《行政处罚法》第 37 条第 2 款的规定："行政机关在收集证据时，可以采取抽样取证的方法；在证据可能灭失或者以后难以取得的情况下，经行政机关负责人批准，可以先行登记保存，并应当在七日内及时作出处理决定，在此期间，当事人或者有关人员不得销毁或者转移证据。"很明显，登记保存是行政机关调取证据的重要手段之一。然而实务中这种手段也存在用错或滥用的可能，究其原因在于登记保全是一个笼统的概念，实务上对其理解存在偏差。迄今为止，还没有哪一个规范性文件专门解释什么是登记保存。行政机关的一般做法是，那些可以复制、录像的证据，通过复制和录像等方式予以登记保存。这种做法应该说是符合立法本意的。但是实务中不少行政机关将登记保存变相实施成为查封、扣押。如一些执法机关将行政相对人的设备、产品予以扣押，这种行为明显属于《行政强制法》上的查封、扣押措施，行政执法机关对外却宣布其为登记保存。

笔者认为，所谓登记保存，重点在于对于那些无权查封、扣押的证据通过复制、录像等方式来固定，防止灭失。登记保存行为的重点是登记，将证据的内容、形态、数量、质量等以一定的方式固定，行政机关要保存的是固定这些证据的载体。如公安机关利用执法记录仪将当事人或者证人当时的言行固定下来，作为今后的证据，或者将违法货品的数量、质量、存放地点、当时物理状态等通过记录、拍摄等方式固定下来，这才应当是立法上关于是登记保存的本意。笔者认为，执法实践中行政机关直接对行政相对人的设施、财物予以查扣的行为不能称为登记保存，因为此时这些设施、财物的支配权已经从行政相对人转移到行政执法机关。这样的做法在本质上应当属于查封、扣押，而不是登记保存。

第三，滥用查封、扣押权。查封、扣押是行政执法中运用最为普遍的行政强制措施，在很多法律、法规中都规定了行政机关在调查取证的过程中可以对有关的场所、设施、财物予以查封、扣押。从实务的做法来看，滥用查封、扣押权的情况也是比较普遍的。这种权力的滥用主要包括两个方面。

首先是依法具有查封、扣押权的行政机关随意实施查封、扣押。尽管在很多法律、法规中规定行政机关具有查封、扣押权，但是这些权力的行使往往具有比较严格的条件。如按照《中华人民共和国食品安全法》第110条的规定，"县级以上人民政府食品药品监督管理、质量监督部门履行各自食品安全监督管理职责，有权采取下列措施，对生产经营者遵守本法的情况进行监督检查：……（四）查封、扣押有证据证明不符合食品安全标准或者有证据证明存在安全隐患以及用于违法生产经营的食品、食品添加剂、食品相关产品"。食药监部门要合法查封、扣押有关食品、食品添加剂、食品相关产品，应当有证据证明上述物品不符合食品安全标准或是存在安全隐患。但是在实务中有的行政机关没有证据，仅仅凭借执法人员的个人判断就采取查封、扣押的行政强制措施。

其次是没有查封、扣押权的行政机关变相采取查封、扣押权或者实际上实施了查封、扣押权。上文笔者已经提及，查封扣押权被授予了很多行政执法机关，但是依然有不少具有行政执法权的行政机关或行政主体不具有查封、扣押的权力。如乡镇政府、街道办事处、具有管理公共事务职能的事业组织等。虽然他们具有一定的行政管理权，如行政收费权、行政确认权甚至行政强制执行权等，但是很多时候法律、法规并没有授予其查封、扣押、冻结的权力。然而在实务中，为了完成一定的执法任务，一些行政主体可能会实施法律、法规所没有授予其的查封、扣押权力。还有一种情况是即便是那些法律、法规授予了查封、扣押权，但按规定只有在特定的执法领域实施，并非在其所有执法领域都可以实施查封、扣押权。然而这些执法机关为了完成行政任务，可能会违反法律、法规的规定，通过采取登记保存等方式，变相实施查封、扣押权。

三、主要原因分析

关于行政执法机关违法实施行政强制措施的原因，笔者在本章伊始就已经大致阐明，跟行政调查中心主义执法模式具有明显的关联。以下笔者将结合行政强制措施的种类来具体分析行政执法机关违法实施行政强制措施权的主要原因。

第一，滥用限制人身自由的行政强制措施的原因。在现代社会中，人身自由被认为是人最重要的权利，属于基本人权的范畴。随着市场经济的发展，公民的权利不断增强，如果自己的人身自由权利受到违法侵害，必然会引发争议甚至复议和诉讼。为了有效保护公民的人身自由权利，法律上也规定了只有特定的行政执法机关按照法定的权限和程序才能实施限制人身自由的行政强制措施。但是实务中为什么一些公安机关的执法人员可以随意行使限制人身自由的强制措施权呢？笔者认为，具体来说有两点。

一是对行使限制人身自由强制权的目的不清。从目前法律规定来看，似乎公安机关及其执法人员行使这种强制措施权的法定条件是非常宽松的。正如上文笔者所言，执法人员只要认为公民存在违法犯罪的嫌疑，就可以现场盘问或留置盘问，普通执法人员可以行使留置盘问 24 小时的权力，经行政机关负责人批准可以延长到 48 小时。在很多起有争议的案件中，笔者发现执法人员争辩自己"有权力"对某行政相对人留置盘问 24 小时。笔者对于这样的执法人员和执法机关的执法能力感到惊讶不已，行政执法要是如此进行，公民的权利将时刻处于危险之中。且不说怀疑行政相对人有违法犯罪的嫌疑需不需要提供证据，限制人身自由这样重大的行政强制措施，执法机关和执法人员是不是应当根据《行政强制法》的规定，在作出决定和执行之前扪心自问：现在真的有必要采取限制人身自由的行政强制措施吗？他们可能忘了《行政强制法》第 5 条规定："行政强制的设定和实施，应当适当。采用非强制手段可以达到行政管理目的的，不得设定和实施行政强制。"有权行使行政权力就行使该权力不是行政法治的本质，行政法治的真正本质在于行政机关有权行使行政权力时，还需要思考有没有必要行使行政权力。

二是在私利和他人权利之间选择了前者。从行使限制人身自由的行政强制措施权而言，作为执法人员可能面临这几种利益的冲突与选择：是尽可能少的影响行政相对人的权利，还是为了避免可能发生的危害公共利益和公共秩序的行为而牺牲行政相对人的权利；是牺牲行政相对人的权利，还是避免由于发生危害公共利益和公共秩序的行为而使自己在考核中处于不利地位。从执法实务中一些执法机关和执法人员随意限制公民人身自由的做法来看，显然他们选择了更加有利于维护公共利益和公共秩序，有利于使自己避免在考核中处于不利地位的做法。这既体现了一直以来执法机关公共利益优先的执法理念，又体现了他们趋利避害的理性人思想。

第二，查封、扣押强制措施。查封、扣押措施的实施有利于固定某种事实状态，限制行政相对人的行为，保证行政执法尤其是行政调查活动的顺利进行。但是这些强制措施的实施必须有法律、法规的依据，而实务中出现的行政机关过度行使查封、扣押权却另有原因。

一是长期的执法习惯使然。行政执法有自己的习惯性文化，当一种文化形成以后，要进行改变是比较困难的，它需要一个逐渐改变的过程。而在行政执法的过程中，对有关的场所、设施、财物进行查封、扣押就是行政执法习惯之一。不论是有查封、扣押的强制措施权还是没有查封、扣押权，为了顺利实施行政执法活动，行政机关在行政执法的过程中都有实施查封、扣押的冲动。由此，一些没有法律依据的、违反法定程序的、没有必要的查封、扣押强制措施都实施了。

二是排除妨碍，尽快结束行政调查，完成行政任务。完成行政任务是行政调查中心主义执法模式的核心问题，为了尽可能高效地完成行政执法任务，行政机关在行政执法的过程中如果遇到障碍，必然会利用其国家机关的地位，采取有效的措施排除这些障碍。例如，工商机关发现某市场主体可能存在销售假冒伪劣产品的行为，在进行调查的过程中，市场主体为了逃避处罚有可能转移、隐匿这些产品，如果这一行为付诸实施，行政机关可能无法找到有效的证据证明该市场主体存在违法经营行为。一旦情况发展到这一地步，查处该违法行为的行政任务就可能无法完成或者要付出更高的行政执法成本。为了能够制止市场主体转移、隐匿违法产品的行为，尽快收集证据，作出行政处罚决定，行政机关就需要采取查封、扣押的行政强制措施。此时如果法律、法规赋予了行政执法机关查封、扣押权，则实施该权力没有问题；如果法律、法规没有规定，或者法律、法规规定的条件尚未成熟，为了避免出现意外，一些行政执法机关仍然可能采取查封、扣押的行政强制措施。而一旦该措施付诸实施，即便解除查封、扣押的条件已经满足，行政机关为了防止意外，也可能延迟解除而继续实施查封、扣押措施。

四、结论

限制人身自由、查封、扣押、冻结等行政强制措施是行政执法的过程中行政机关经常实施的行政行为。目前的法律、法规对于行政机关如何规范行使上述权力作出了比较明确的规定。但是在行政执法实务中，依然会发现一些行政机关和行政执法人员违反法律、法规的规定实施上述权力。有法而不执行，这是任何法治国家都无法容忍的。但是仅仅对违法行使上述权力的行为表示不满与愤懑是毫无意义的，关键在于寻找到法律、法规被架空、空洞化的真正原因。

行政机关实施行政强制措施由于会直接影响公民、法人和其他组织的权利而很容易发生矛盾、纠纷和冲突，更别说那些原本就缺少法律、法规依据的行政强制措施。但是即便如此，一些行政机关依然随意或者过度实施行政强制措施。其根本的原因在于通过行政强制措施的实施，可以减少行政执法的困难，方便调查收集证据，提高行政执法效力，尽快完成行政执法任务。这是笔者提出的行政调查中心主义执法模式的核心问题。为了完成行政任务，避免由于行政执法效率低下而使行政执法机关和执法人员在考核、升职等活动中处于不利的地位，行政机关具有积极实施行政强制措施的本能。

因此，未来要对行政机关实施行政强制措施进行有效控制，加强监督固然是非常重要的应对措施，但是笔者认为最根本的还在于转变行政执法的基本模式以及行政执法的逻辑思维和方式方法。如果坚持行政调查中心主义执法模式，行政机关必然会以完成行政任务为其公众的指导思想，行政强制措施就难免被滥用。而如果不能将行政执法的逻辑思维和方法从演绎式转变为归纳式，那么在行政机关事先已经确定了行政执法目标和任务的情况下，作出某种行政处理决定是必然的，而为了能够帮助这种事先已经确定的行政处理决定找到依法行政所要求的证据材料，行政机关就必然会排除各种妨碍，收集到它们认为重要的证据。如此，不论法律和法规如何规定行政强制措施实施的原则、主体、权限、方法、程序，行政机关都会积极实施行政强制措施，必要时不惜过度实施行政强制措施。

第三节　滞纳金征收

滞纳金是《行政强制法》规定的行政强制执行行为，针对的是不依法履行行政决定内容的行政相对人，通过征收滞纳金督促其履行法定义务。实务中在滞纳金的征收上存在一些争议和困惑，主要表现为，一些行政机关认为自己执行的法律中规定的滞纳金不属于《行政强制法》上的滞纳金，因此不受该法关于滞纳金不能超过本金的规定的约束❶，在征收滞纳金时依然按照《行政强制法》出台前的规定，超过本金征收滞纳金。

本书将首先分析滞纳金的立法目的，探讨什么是滞纳金，立法上为什么要规定滞纳金，随后分析一些行政机关为什么坚持认为自己执法的法律中涉及的滞纳金不是《行政强制法》上的滞纳金。本书认为立法机关应当尽快统一解释什么是滞纳金，是否法律上规定的滞纳金都适用《行政强制法》的规定。如果允许行政机关擅自将滞纳金排除于《行政强制法》之外，将开启一个非常危险的先例，正常的法律秩序将受到挑战和破坏。在依法行政的背景下，行政机关应当是正确理解自己的部门法，而不是选择规避《行政强制法》。

---

❶ 《行政强制法》第45条第2款规定："加处罚款或者滞纳金的数额不得超出金钱给付义务的数额。"

一、滞纳金的立法目的

滞纳金的立法目的首先要从《行政强制法》的立法目的中去寻找，因为滞纳金属于行政强制行为之一。该法第 1 条规定："为了规范行政强制的设定和实施，保障和监督行政机关依法履行职责，维护公共利益和社会秩序，保护公民、法人和其他组织的合法权益，根据宪法，制定本法。"从该法的立法目的看，一方面要规范有立法权和行政权的国家机关规范设定和实施行政强制权，保护公民的合法权益；另一方面又要维护公共利益，保证行政机关依法履行行政职责。概而言之，从法律的整体目的看，行政强制无论是设定还是实施都要兼顾公共利益和私人利益，两者要达到平衡，不可偏废。

滞纳金的立法目的还要从《行政强制法》关于滞纳金的规定来分析。该法第 45 条规定："行政机关依法作出金钱给付义务的行政决定，当事人逾期不履行的，行政机关可以依法加处罚款或者滞纳金。加处罚款或者滞纳金的标准应当告知当事人。加处罚款或者滞纳金的数额不得超出金钱给付义务的数额。"从该条款的规定来看，滞纳金主要针对的是不履行行政决定的行为，为了督促不履行行政决定所规定的义务的行政相对人履行义务，立法机关觉得有必要通过科以新的金钱给付义务的方式促使其履行行政决定的内容。

综合上述规定，对于滞纳金的立法目的可以解释为，在行政机关作出金钱给付义务的决定以后，行政相对人拒绝履行，为了促使行政相对人履行该义务，立法上先通过加征新的金钱给付义务这种间接强制执行的方式督促行政相对人履行义务。但是这种间接强制相对人履行义务的措施并不是督促行政相对人履行义务的最终措施，在征收一定的滞纳金以后如果行政相对人依然不履行义务，就证明间接的行政强制手段无法达到目的，此时应当转变行政强制执行的方式方法，不应当无限征收滞纳金。

这其实也体现了行政法上的比例原则。按照该原则的要求，行政机关实施行政行为应当具有适当性。行政行为的内容应当能够确保实现行政目的，如果行政行为不能达到目的就应当及时调整和变更，否则就是合法也不合理。行政法基本原则对整个行政法体系具有指导作用，在行政强制执行制度上当然也应当遵守行政法基本原则的要求。

二、征收滞纳金的法定条件

要确定行政机关征收的滞纳金是不是行政法上所谓的滞纳金，滞纳金的征收是否符合法律的规定，就需要从《行政强制法》以及我国行政法的基本原则乃是宪法的基本原则入手进行总结提炼。笔者分析认为，我国行政机关征收滞纳金应当符合以下几个法定条件。

第一，行政机关作出行政决定。行政机关针对个案作出了行政决定，这是征收滞纳金的前提，如果行政机关没有作出行政决定，行政相对人就不存在拒绝履行行政决定内容的问题，也就不存在行政强制执行而要征收滞纳金的问题。实务中，有争议或者值得讨论的问题是，如果按照法律的规定，行政相对人在法律规定的条件具备以后没有主动履行金钱给付义务，是否可以征收滞纳金？换而言之，按照法律的规定，行政机关不需要作出行政处理决定，行政相对人应当在法律规定的条件满足以后就主动履行金钱给付义务。如果此时行政相对人没有积极履行义务，是否可以征收滞纳金？

最典型的例子是《中华人民共和国税收征收管理法》（以下简称《税收征收管理法》）上所规定的滞纳金问题。该法第 31 条第 1 款规定："纳税人、扣缴义务人按照法律、行政法规规定或者税务机关依照法律、行政法规的规定确定的期限，缴纳或者解缴税款。"第 32 条又规定："纳税人未按照规定期限缴纳税款的，扣缴义务人未按照规定期限解缴税款的，税务机关除责令限期缴纳外，从滞纳税款之日起，按日加收滞纳税款万分之五的滞纳金。"从上述规定可以看出，行政相对人缴纳税款的前提是法律规定的期限届满，如果相对人没有及时缴纳滞纳金，行政机关就有权征收滞纳金，并不需要作出行政处理决定。

于是问题就产生了，究竟是这里的滞纳金征收应当理解为法律的特殊规定，还是这里的滞纳金本身不是《行政强制法》上所谓的滞纳金？从行政机关的理解和做法来看，它们倾向于认为税务滞纳金不是行政强制法上的滞纳金。而行政法理论上历来将税务的滞纳金视为典型的滞纳金。对此，究竟应当如何准确理解呢？目前没有立法机关和司法机关对税务滞纳金的性质作出立法或司法解释。笔者倾向于将其视为受《行政强制法》调整的滞纳金。原因是，税务上的滞纳金，其根本目的是为了督促行政相对人及时履行缴纳税款的义务，而这和行政强制执行行为的性质和目的是一致的。至于此处法律没有要求税务机关作出行政处理决定，笔者认为一方面是作为从业人员应当了解税法的特殊要求，应该知道税法并没有要求在行政相对人纳税前行政机关应当作出行政处理决定。由于税务征收的对象非常宽泛，行政机关一一作出行政处理决定的行政成本很高。另外，税务机关在平时的税务宣传中实际上已经履行了告知义务，所以税务征收对象应当知道缴纳税款的要求。

概而言之，笔者认为，税务征收上的滞纳金依然属于《行政强制法》上的滞纳金。只是由于税务征收对象的宽泛性，法律免去了行政机关一一作出税务征收决定的义务。但是此处滞纳金督促相对人履行义务的性质并没有发生变化，因此不能将其视为其他手段，如有人认为税务滞纳金应当属于国家税收利息的损失，笔者认为这样的解释是错误的，有规避《行政强制法》之嫌。

第二，行政决定的内容是相对人负有金钱给付义务。滞纳金征收针对的是相对人的金钱给付义务。如果是其他义务，就不能使用滞纳金。其根本的原因还要从滞纳金的内涵上去理解。"滞纳"的基本内涵是停止、不及时缴纳。不及时缴纳当然是那些法定的税费和罚款，如果是消除妨碍、恢复原状则属于实施行为义务，而不是金钱义务，也就不存在滞纳和滞纳金的问题。

第三，行政决定所确定的履行期限届满。金钱义务的履行不是行政机关自己可以随意决定的。不论是法律、法规上对金钱给付义务做了严格的限制，还是法律、法规给予了行政机关一定的裁量权，总之行政机关在作出某种行政决定、确定行政相对人的履行期限时，都必须按照法律、法规的明确规定。如果法律、法规明确规定为 15 日，那么行政相对人就有 15 日的履行期限，如果法律、法规规定的是 7 日到 15 日，那么行政处理决定应当在这个期限内选择一个合理的期限要求行政相对人履行金钱给付义务。总之，只有当行政决定所确定的履行期限届满，而行政相对人拒绝履行时，才可能发生征收滞纳金的行为。

第四，滞纳金的总额不能超过金钱给付义务的数额。滞纳金的计算标准，以及是否可以超过金钱给付义务，这是由立法政策决定的。不同的法律法规对滞纳金的计算标准是不一样的，除了上文提到的《税收征收管理法》明确每日的滞纳金按照滞纳税款 5‰ 计算，其他还有不同的规定，如《道路交通安全法》第 109 条第（1）项规定："当事人逾期不履行行政处罚决定的，作出行政处罚决定的行政机关可以采取下列措施：（一）到期不缴纳罚款的，每日按罚款数额的 3% 加处罚款。"作为间接行政强制执行行为，能够督促行政相对人履行义务，但是不一定能够实现促使行政相对人履行义务的目的。此时，间接强制执行就必须转变为直接行政强制执行，否则行政目的就无法达到。所以，《行政强制法》上就规定了滞纳金的征收期限和征收数额。

三、行政机关规避《行政强制法》的基本动因

《行政强制法》规定了滞纳金征收的一般条件和程序，在单行法律中，滞纳金的征收还有特别规定。例如，征收时是否要作出行政决定、征收的标准和数额等。不能因为单行法律与《行政强制法》的规定不一致而因此认为单行法律中的滞纳金就不是滞纳金。这一点今后有权解释法律的国家机关在作出相应法律解释的时候应当注意，甚至立法机关在修改、完善相关法律的时候也应当慎重。如果法律的理解和解释考虑不周，错误地将一些内涵排除，则很可能导致法律被架空的危险。

实务中，行政执法机关为什么会将有些滞纳金排除于《行政强制法》的调整之外？笔者认为，这是和行政调查中心主义执法模式有关联的。一直以来，人们都在讨论部门利益的问题。这是一个现实存在的问题，不仅在行政执法活动中存在，在立法上也同样存在。以往不少法律、法规的起草交给了行政机关，或者虽然不是它们起草，但是在征求意见的过程中，行政机关提出了很多对自己有利的意见，这些意见通过各种渠道汇总到了立法机关，立法机关在最终的法律文本中无法抵御这些不合理的意见，就可能最终成为法律条款。而一旦成为法律条款，行政机关就可以一劳永逸、名正言顺地执行这些法律条款，而公民、法人或者其他组织的权利乃至公共利益就可能受损。

例如，在一些法律、法规中常常规定，行政相对人接到行政机关的违法行为告知书或通知以后，要在规定的时间内到行政机关"接受处理"。实务中所谓的接受处理，其实就是缴纳罚款。而此时行政机关根本没有立案，没有进行调查取证，没有告知和听取行政相对人陈述申辩。因此，所谓的接受处理其实是违反《行政处罚法》关于行政调查和处罚程序的。但是因为有了单行法律规定，行政机关可以名正言顺地执行，行政相对人毫无应对办法。滞纳金也是一样的。如果行政机关通过执法解释甚至立法解释或司法解释，将自己执行的滞纳金排除于《行政强制法》之外，那么《行政强制法》的规定将形同虚设。

一些观点可能认为，有的滞纳金规定的征收标准较高，这种滞纳金属于《行政强制法》所规定的滞纳金。如前述《道路交通安全法》规定的滞纳金达到每日为本金的3%，而《税收征收管理法》规定的却只有5‰。因此，前者

归《行政强制法》调整，而后者应当是国家税收利息的损失。殊不知每日本金的 5‰ 也是非常高的，按照目前中国人民银行规定的利率标准，每日活期存款利息只有 0.096‰，是税收滞纳金的 52 倍。所以，那种认为征收标准高就是滞纳金，征收标准低就不是滞纳金的观点显然是不合理的。

行政机关规避《行政强制法》，将自己执行的滞纳金排除于该法调控之外的真正原因在于执法怠惰与完成执法任务之间的矛盾。在《行政强制法》出台之前，执法机关不需要作出行政处理决定，也不需要告知行政相对人履行法定义务。一旦行政相对人没有及时履行金钱给付义务，行政机关不仅可以要求其补充履行金钱给付义务，而且还可以征收滞纳金，行政机关越是怠惰，行政相对人拖延履行义务的时间可能越长久，滞纳金就会越高，如此对行政执法机关而言越有利，行政执法的任务自然也就越容易实现。然而《行政强制法》出台以后，滞纳金征收的时间和数额受到了法律的严格限制，此时行政机关如果不及时告知行政相对人履行金钱给付义务，那么以后可能因为征收滞纳金的时间超过了法律的规定，或者滞纳金的金额超过了本金而不能继续征收。如此，行政执法机关就不得不及时告知行政相对人履行金钱给付义务，并且当行政相对人没有及时履行义务时要及时征收滞纳金，滞纳金的数额也不能超过本金，否则行政执法的任务就不可能及时完成。

所以归根结底，行政机关之所以对自己执行的滞纳金制度十分关注，并试图将其脱离于《行政强制法》的规定，其根本的原因是为了能够保持原来的执法模式，在低效率执法的同时，能够"高效"完成行政执法任务。但是很显然，行政机关以往这样的执法模式已经不适应现代法治行政、服务行政的要求了。现代行政要求行政机关能够即时履行自己的法定职责，能够充分体现行政的民主化要求，执法行为能够在公共利益和私人利益之间经常保持平衡。如果立法机关或司法机关接受了行政机关的观点，将一些在法律上明确规定的"滞纳金"通过立法解释和司法解释的方式排除于《行政强制法》的调整范围，那就会继续放纵行政机关进行低效率、不民主的执法行为，就会使自己成为部门利益的"保护人"，而国家的法律被架空，公民、法人或其他组织的合法权益受到损害。

四、结论

征收滞纳金是重要的行政强制执行手段之一。实务中，当行政相对人拒绝缴纳罚款、收费和税收时，行政机关通常会通过征收滞纳金迫使行政相对人履行缴纳义务。但是《行政强制法》出台以后，征收滞纳金行为受到了比较严格的控制，为了摆脱法律控制，以便继续以往的行政执法模式，一些行政机关想到了对自己执行的法律中有关滞纳金的规定做另一种解释，例如将滞纳金视为国家罚款、收费和税收的利息损失。这样的解释并非没有道理，事实上从逻辑上也具有一定的合理性。

但是《行政强制法》既然明确规定了滞纳金及其实施的标准和程序，那么单行法律中规定的滞纳金就应当严格按照《行政强制法》的规定。如果允许一些行政机关通过执法解释甚至通过立法解释和司法解释将法律中的滞纳金排除于《行政强制法》，那么其他滞纳金也可以通过类似的解释逃脱法律的调控。如此，法律就可能被行政权力架空，行政法治就会空洞化，法治政府建设就没有实现的可能性。

滞纳金征收中的问题反映出的是行政机关为了完成行政任务，想方设法排除法律对征收滞纳金行为的控制。尽管滞纳金征收是在行政决定作出以后的行政强制执行阶段，但是它依然受到行政调查中心主义执法模式的影响。正如笔者在前文所说的，行政调查中心主义绝不仅仅对行政调查行为产生影响，在整个行政执法过程中，由于行政调查处于中心地位，行政执法的其他环节都要服从于行政调查活动。在行政执行阶段，如果征收滞纳金的行为严格按照《行政强制法》的规定进行，行政调查阶段收集证据做确认的案件事实和拟作出的行政处理决定内容就无法得到实现。此时行政机关只有削足适履，对滞纳金的适用问题作出另一种解释。因此，要改变滞纳金征收上存在的问题，根本上还需要改变行政调查中心主义执法模式。

第四节 代履行问题

一、导言

《行政强制法》第 50 条规定："行政机关依法作出要求当事人履行排除妨碍、恢复原状等义务的行政决定，当事人逾期不履行，经催告仍不履行，其后果已经或者将危害交通安全、造成环境污染或者破坏自然资源的，行政机关可以代履行，或者委托没有利害关系的第三人代履行。"代履行的内涵大致可以界定为行政相对人有法律上的义务而没有履行，行政机关或者第三人代其履行义务的行政活动。关于如何实施代履行，《行政强制法》作出了比较明确的规定，所以，代履行行为是有明确法律依据的。

但是从实务中看，一些行政机关对于那些需要自己或者通过第三人代履行才可能实现行政目的的违法状态或现象，常常由于很多现实原因放任不管，即便自己或者由第三人代履行，也不会或者很难让义务人承担履行费用。在某些情况下，行政机关甚至不得不采取其他措施来替代代履行行为。如对于在路边或人行道违规停车的现象，行政机关宁可违法采取锁车等无法律规定的行为，也不愿意因通过拖车公司等第三人或者自己代履行。

那么一些行政执法机关为何没有按照《行政强制法》的规定实施代履行行为？为何代履行以后宁愿自己承担费用而要求义务人承担？为何宁可采取违法的替代措施也不愿意实施代履行？这些问题的厘清对于行政机关积极实施代履行，避免产生消极不作为行为，有效控制违反行政管理秩序的行为，具有非常重要的现实意义；否则，法律规定得不到遵守和执行，行政执法的功能得不到应有的发挥，正常的社会管理秩序必然会受到侵害。

本书认为，上述问题和行政调查中心主义执法模式有关，如果某种行政任务难以完成，即便能够代履行，也不实施；如果某种任务已经完成，而追究义务人金钱给付义务的成本过高，宁可放弃；为了完成行政任务，当违法措施的成本低于代履行时，它们肯定选择前者。本书将首先讨论行政机关怠于实施代履行行为的集中典型状况，继而分析行政机关如此表现的主要原因，最后分析未来代履行行为在法律上应当如何规范。

二、行政机关怠于实施代履行行为的主要表现

执法实务中，行政机关可能在多种情况下不积极实施代履行行为来消除现实违法行为或状态，或者虽然实施代履行但不追究当事人的金钱给付责任，甚至可能实施一些不合法的行政强制执行行为来代替代履行行为。为了搞清楚究竟行政机关为何不积极实施代履行行为，本书首先要梳理集中典型的代履行不作为、乱作为行为。

第一，对违法行为不予制止。按照《行政强制法》的规定，代履行主要针对的是行政相对人有排除妨碍、恢复原状等义务，这些义务不履行将危害交

通安全、造成环境污染或者破坏自然资源。尤其是行政相对人有清除道路、河道、航道或者公共场所的遗洒物、障碍物或者污染物的义务而不履行，需要行政机关立即代履行。但是实务中，人们经常会看到很多危害公共安全和人身财产安全的违法行为，诸如占道修建设施时没有合理摆放安全警示标志，没有设置安全通道；企业非法向河道、公共场所排放污水、油烟；运货卡车违法超载砂石并导致道路上遗落大量砂石，危害行人和其他车辆安全；公路上随意堆放、晾晒杂物等，但是在较长的时间内没有行政主管机关出面制止，要求违法行为人停止违法行为、排除妨碍、恢复原状，也没有行政机关亲自或者委托第三人代履行，导致很多危害发生。

第二，行政机关实施代履行，但不追究当事人的金钱给付责任。有些情况与上文则恰恰相反，行政机关发现行政相对人有违法行为可能导致危害交通安全、造成环境污染或者破坏自然资源时，主动实施了代履行行为，但是并不追究违法行为人的金钱给付责任。❶ 这样，违法行为所引发的义务转嫁给了行政机关，由行政机关动用国家财政经费帮助违法行为人消除危害。例如，行政机关发现公民违法实施搭建建筑物、构筑物，如果义务人拒绝自行拆除的，行政机关依法可以自己代履行予以拆除，并要求义务人支出拆除工作所需费用。但是实务中如果能够顺利拆除该建筑物、构筑物，行政机关的执法任务就算顺利完成了，通常不会要求义务人支付费用。

第三，采取违法替代行为。对于一些违法行为，通过行政机关自己或者第三人的代履行原本可以排除妨碍、消除危险、恢复原状，但是行政机关并没有实施代履行行为，而是采取了其他替代性措施，而这些措施很多时候并没有法律依据。例如，司机违法在路边随意停车，按照规定如果当事人不在场，在妨碍交通安全的情况下，行政机关可以依法委托拖车公司将车辆拖移。但是实务中，一些行政机关并不是采取这种代履行的措施，而是对违章停车的车辆实施锁车，当事人对行政机关的这种行政强制措施不服，经常引发争议甚至诉讼。

三、行政机关怠于实施代履行的根本原因

既然法律对代履行有明确规定，在行政执法的过程中，行政机关就应当按

---

❶ 《行政强制法》第51条第2款规定："代履行的费用按照成本合理确定，由当事人承担。但是，法律另有规定的除外。"

照法律的规定实施代履行，为何在现实中会出现上述怠于实施或者不规范代履行行为的情况呢？根据笔者的研究和认识，出现上述状况主要可能有以下原因。

第一，一些违法行为比较普遍，行政机关缺乏代履行能力或金钱代付能力。我国的基本国情是地广人多，每一个行政机关所要监管的社会事务非常繁杂。如果一些违法行为经常发生，行政机关的行政执法成本会很高，而现有的执法力量、执法成本有可能无法全面实现监管目标。以城乡拆除违章建筑物、构筑物为例，在城市依法由规划部门承担监管职责（有些城市将该职责赋予了城管部门），在乡村由乡镇政府负责监管。一些公民、法人或者其他组织为了自身利益随意搭建各类违法建筑物、构筑物，有时甚至刚刚拆除又开始违章搭建。行政机关的执法任务繁重，而执法的力量非常有限。而对于这类事务的监管，尽管行政机关依法都会事先要求违法行为人自行拆除，但在多数情况下，行为人都不会主动拆除，需要执法机关组织拆除。

行政机关组织实施这一类代履行会面临很多现实问题。首先，要履行内外行政程序。按照法律规定和行政机关内部要求，实施代履行要经过内部审批，外部要有公告、决定等法定程序，对行政执法人员而言手续比较复杂。其次，要组织执法力量和资源。要实施代履行，执法机关必须要筹备代履行所需要的各种力量和资源。如一定数量的执法人员、设备、设施，还可能需要与其他部门、组织协调做好突发事件的应对工作。再次，要防止和消除争议和冲突。在实施代履行的过程中要和当事人保持沟通，防止出现争议尤其是之间的冲突，出现了冲突又要有解决方案，防止冲突扩大等。最后，还可能要应付可能产生的复议、诉讼和上访。上述种种现实问题必然使得行政机关在代履行行为的实施上非常慎重、犹豫。

当然最关键的还在于，这类原本需要通过代履行消除现实危害的违法行为或现象，是否被确定为行政执法的任务？也就是说，行政内部或者上级行政机关是否将这些违法行为和现象的处置事先已经确定为具体的执法任务。如果由于公民举报、媒体报道、上级交办等方式而确定为具体的执法任务，此时行政执法机关就必须实施代履行。相反，如果没有上述行为产生具体的执法任务，有时甚至是行政机关自己通过各种途径了解存在各种危害交通安全、污染环境、破坏自然资源的违法行为或现象，只要上级领导或部门没有将其作为具体的行政执法任务，而基于代履行行为实施中存在的诸多问题，有些行政机关就只有放任不管了。

第二，行政机关代履行以后追偿的成本比较高。按照法律规定，代履行的费用应当由义务人承担，但是法律没有规定通过何种有效途径使义务人承担代履行费用。实务中曾经因为代履行费用问题引发了诉讼，但即便是法院也不清楚应当如何处置这类案件。例如，某水上执法机关发现船主在江上随意停泊，危及航道通行安全，于是依法采取了代履行行为，将该船拖延。事后行政机关要求船舶所有人和使用人支付该代履行费用，遭到拒绝。行政机关因此将船舶所有人和使用人起诉到法院。法院找不到法律依据，不知道究竟应当以行政诉讼还是民事诉讼受理该案件，案件无法审理只能拖延，该代履行费用迟迟得不到偿付。尽管通过法律解释的方法，各方可以发表观点，提出该案件受理和裁判的方式、途径，但是这给行政机关实施代履行造成了困难。如果这样的代履行行为频繁发生而代履行费用迟迟得不到解决，行政机关必然会怠于实施代履行行为。

关于代履行以后追偿困难的情形还很多。很多时候，行政机关能够实施代履行，在完成行政执法任务的同时，没有和行政相对人产生争议和冲突已经是行政执法机关的最大满足了。由于要求行政相对人支付代履行费用非常困难，一些行政机关根本就不予实施追偿行为，或者虽然实施追偿，但是因为行政执法成本太高而只有放弃。好在即便没有得到追偿，对执法机关和执法人员也不会造成太大的困扰，执法机关或许可以通过其他途径解决代履行费用问题。因为它们执法的核心问题是代履行的任务，一旦任务完成，代履行费用可能就不是大问题了。

第三，有完成行政任务的压力，但是代履行的执法效果不佳。目前的行政执法，事先是有具体的执法目标和任务的。行政机关在实施代履行行为时也是有明确的执法任务的。以处置违章停车为例，其具体的执法任务基本可以定位于较少和消除违章停车现象——当然，不排除有些执法机关的目的和任务不同，它们可能以罚款为目标，对车辆现在和将来是否继续违章停放在所不问——除了可以对违停车辆予以处罚以外，为了防止堵塞交通、危害交通安全，行政机关可以实施代履行，自己或者雇用拖车公司将车辆拖移。

但是实务中，行政机关发现代履行存在执法风险。在拖车的过程中，如果车辆发生损坏，自己要承担赔偿责任，雇用拖车公司所支付的费用很难找违停车主偿付。正如前文所述，在向车主追偿的过程中，行政机关还可能付出其他的行政成本，而这种成本的付出也不一定达到车主偿付代履行费用的目的。于是一些行政机关就想出了某些虽然没有法律依据，但是能够引发车主恐慌而不敢违停的行政强制措施。其中，最典型的是锁车。行政机关使用锁车器，发现有车辆违章停车时就用锁车器将车辆的轮胎锁住。车主回来后发现车辆被锁就无法驶离，因为担心车辆被锁，车主就不敢在道路或人行道等禁止停车的地方随意停车。行政机关发现此举要比代履行风险小，而效果却好很多。于是，为了完成行政执法任务，行政机关自然会选择不实施那些合法但效果不好的代履行行为，转而实施虽然不合法却有实际效果的锁车行为。

四、结论

代履行一直以来是行政机关实施行政强制执行行为的重要手段之一。这种手段的特点在于虽然是行政强制执行，却相对比较温和，所以理论上称为间接行政强制执行。从法律的规定来看，将行政强制执行分为间接与直接行为，间接行为先行实施体现了行政手段的民主化，有利于兼顾公共利益和私人利益。

但是代履行在有些执法领域不能发挥实际效果，而直接强制又无法实施。换而言之，有些行政事务只能间接强制执行，而不能直接强制执行，而当间接强制执行不能发挥立法预设的功能，而又没有合法的手段予以替代时，行政执法机关为了完成行政任务，就不得不自己创设一些手段。类似于上文所提及的锁车行为就是行政执法机关自创的行政强制手段，虽然缺乏法律依据，但是在效果上要优于代履行。所以，从依法行政的角度来说，如果要规范行政机关的行政强制执行行为，还需要在立法上进一步规范代履行行为。当然，最根本的还在于改变目前主流的行政调查中心主义执法模式。

第十二章 行政调查中心主义执法模式的反思

通过上文的论述，行政调查中心主义执法模式在行政执法过程中的体现，以及这种执法模式与目前行政执法中存在的一些主要问题之间的关联关系，已经得到了较为清晰的分析。因此，在本章中，笔者试图对论证过程做一个总结，梳理行政调查中心主义执法模式存在的主要缺陷和弊端。同时，在全篇论述的基础上，尝试着提出这种执法模式在未来的两种可行的改革方向。所以，本章既可以算是本书论述的基本结论，也算是笔者提出的未来对行政执法活动做进一步研究的一些方向性建议。

第一节 关于论证体例与过程的思考

行政调查中心主义执法模式的概念不是笔者一时心血来潮，或者为了标新立异而提出的，这一概念的提出，是建立在笔者多年来对不同行政执法部门的行政执法过程的调查、判断、分析和思考的基础之上的。需要指出的是，这种执法模式代表的是目前行政执法的主流形态，但并非指向所有的行政执法活动。行政执法活动是复杂多样的，有的行政执法活动非常完善，从法治的角度甚至找不出任何问题或瑕疵。但是这样的行政执法从现状上分析，属于少数。在笔者参加的一些案件论证、研讨和对行政案件的整理过程中，确实存在这种比较完善的执法活动，但是属于凤毛麟角。另外还有一些行政执法活动是属于完全不依法的执法，即所谓的执法犯法。比如，笔者亲身经历过一个很小但是很常见的案件。有一个小伙子批发了一些手机贴膜，放在一个纸袋里，坐在路边准备叫卖。这时突然走来两个城管执法人员，在卖手机贴膜的小伙子还没有反应过来的时候，就抢过纸袋。执法人员拿着纸袋问小伙子袋子里有没有钱，小伙子答"没有"。执法人员说"那么我们拿走了"，言毕大摇大摆地慢慢消失在人群中，只剩下小伙子一个人坐在街边发愣。整个执法过程中，执法人员既没有出示执法证件，也没有告知违法的事实与理由、听取当事人的陈述申辩，更没有填写任何执法单据，就这样将人家的财产没收，其执法过程形同明抢。这样的行政执法显然不能称为执法，当然根本没有什么行政调查问题，就不存在什么行政调查中心主义了。上述两种情况属于执法极好和极坏的特例，但是根据笔者的观察，多数执法机关的多数执法活动基本上是符合笔者提出的行政调查中心主义执法模式的。它们的执法活动是有一定的行政程序的，并且是以行政调查工作为行政执法的工作中心展开的。在整个行政执法过程中，一切都是围绕着行政调查工作展开的，绝大多数执法活动也受到了行政调查的影响，形成了特定的模式。

为了验证这一基本看法，笔者随意选取了一个案例。这个案例并不是典型案例，虽然很多人都听说过这个案例，就是上海的钓鱼执法案。案件本身知名度比较高，有利于笔者在分析该案件的时候省去很多介绍案件事实的篇幅，将主要精力集中于分析该案中行政执法机关的执法模式，从而帮助笔者确定一个初步的论点，即行政机关目前主流的行政执法模式是行政调查中心主义执法模式。随后，笔者将行政执法的过程分为了执法启动、调查程序、证据的收集与运用、法律适用和行政裁量权的运用等部分，对每个执法阶段行政机关在执法过程中普遍存在的问题进行总结，分析这些问题的产生与行政执法中心主义执法模式之间存在的关系，试图在本章的最后得出基本的结论，来证明笔者关于行政调查中心主义执法模式论断的正确性。

论证的过程并非根据行政调查中心主义模式去寻找问题，进行牵强附会的解释，而是就执法环节中普遍存在的问题，寻找其根本的、深层次的原因，进而思考这些原因与行政调查中心主义执法模式之间的关系。这些问题没有穷尽行政执法中发生的所有问题，事实上穷尽所有问题的做法既不切实际也没有必要。因为现实案件错综复杂，问题多不胜数，不可能完全收集。另外，有些问题可能只存在于个案之中，并不具有普遍性。研究论证的过程也证明了这些问题与行政执法中心主义执法模式存在着重要的关联。

第二节　行政调查中心主义执法模式的缺陷

从全书的分析来看，目前主流的行政调查中心主义执法模式确实存在重要缺陷，这些缺陷阻碍了行政执法规范化和法治政府建设目标的实现。总体而言，可以将行政调查中心主义执法模式的基本缺陷总结为以下几个方面。

第一，理念上没有将行政执法视为法律活动。法律活动应当遵守法律的规定，这是人们的一种质朴观念，似乎其他活动就不需要遵守法律，而法律活动常常被视为公检法机关的活动，这种观念与中国几千年的法制观念相一致。现在当人们说起法律，往往想到的是人大机关制定法律和地方性法规，公检法机关侦查、起诉和判决刑事犯罪案件，以及法院审理民事、行政和刑事案件的活动。虽然建设社会主义法治国家的目标写入宪法已经多年，虽然 2010 年时任全国人大常委会委员长的吴邦国宣布社会主义法律体系已经形成，虽然国务院也提出了建设法治政府的目标，并且人们都毫无争议地指出，依法治国的核心是依法行政，但是，在行政系统内部，将行政执法视为与司法裁判一样的法律活动的普遍观念并没有形成。行政机关根深蒂固的想法依然是认为行政活动就是实施行政管理，是一种自上而下的管理活动。看看现在依然普遍存在的机关人难进、脸难看、事难办的现状，我们不应该盲目地相信，行政机关已经整体扭转了办事的作风和模式。那种认为现在的行政活动已经被行政机关视为执法活动，行政活动已经成为国家服务社会、服务百姓的活动的想法，未免有些天真了。

国家机器是一个庞然大物，多少年来它已经形成了自己的工作理念和规律，要改变这种理念和规律绝不是一朝一夕所能办到的。基于这样的现状，行政机关及其执法人员虽然也意识到执法中法律的重要性，但是对于依法办事总抱有一种侥幸的心理，认为自己的行政决定，相对人不敢提起行政复议或者行政诉讼，认为自己的执法行为具有正当的目的，是否符合法律的程序和实体规定并不是最重要的，或者有时只要处理结果是正确的，程序随意一点没有多大关系。❶ 总之，似乎只要目的正当，合法性问题只是形式。所以，在不少行政执法领域，行政机关以违法的手段查处相对人违法行为的情况屡见不鲜。

第二，立法上没有为规范行政执法设计更为合理的行政组织结构。行政执法要实现规范化，有两种途径。一种是内部自我的权力谦抑，另一种是外部对行政执法的有效监督。西方国家对行政权力的监督就是通过这两种途径进行的。我国虽然情况不同，但是如果想实现对行政执法的有效监督，恐怕也只能

---

❶ 陈凯："行政执法理念的更新与和谐社会建设"，载《中共山西省委党校学报》2009 年第 1 期，第 12 页。

从这两个途径加以考虑，至少从逻辑分析的角度看应该如此。或者换一个角度看，目前的有关行政权力监督的体制设计并没能有效规范行政执法行为，这可以促使我们思考可否借鉴国外的有些做法，完善现有的监督机制。

按照现行的宪法体制，在外部，对行政权力具有监督职责的是人大机关。根据《中华人民共和国宪法》（以下简称《宪法》）第 3 条第 3 款规定："国家行政机关、审判机关、检察机关都由人民代表大会产生，对它负责，受它监督。"可见，人大对行政机关具有监督权，但是宪法没有提到其他国家机关对行政机关具有监督权。根据《行政诉讼法》的规定，人民法院对行政机关依法行使行政职权具有监督权。《宪法》第 129 条规定："中华人民共和国人民检察院是国家的法律监督机关。"从这两点看，人民法院和人民检察院也具有监督行政权力行使的职责。但是，《行政诉讼法》和《人民法院组织法》并没有为人民法院监督行政权力创造必要的条件。人民法院在人事、经费等方面都要依赖地方政府、人大和党委，出现所谓的司法地方化。❶ 虽然检察院具有法律监督权，从宪法解释的角度看，它也有监督行政权力的职责，但是宪法没有明确法律监督的内涵，《中华人民共和国人民检察院组织法》也没有规定法律监督能够包括行政权力的监督，而人民检察院的人事、经费同样要受制于地方。这种组织机构上的缺陷决定了人民法院和人民检察院不可能真正发挥监督行政权力行使的作用。

第三，过于质朴的案件事实观。行政执法之所以形成以行政调查为中心的局面，与一种质朴的案件事实观有着重要的联系。人们都懂得这样一个道理，即人类的科学技术还无法将已经过去的事情情景重现，所以，我们需要通过证据规则来证明已经过去了的事情，证明当事人是否实施了某种行为。当然，证据也不能保证其证明的事实就一定是过去的原本事实，所以，西方国家在确定证据规则的同时，确立了法官自由心证的原则，由法官根据证据来决定是否证据证明的就是事实。所以，尽管最后法庭确认了案件事实，但是经过法庭确认的事实只能是通过证据来证明的法律事实，而不是过去的原本事实。行政机关处理案件，对于证据的证明力与法院相同，均依自由心证来判断。❷ 但是在我国的行政执法中，通过证据规则确认法律事实的习惯还没有形成。很多执法机

---

❶ 马怀德："《行政诉讼法》存在的问题及修改建议"，载《法学论坛》2010 年第 5 期，第35 页。

❷ 吴庚：《行政法之理论与实用》，中国人民大学出版社 2005 年版，第 343 页。

关和执法人员不懂得案件事实究竟是法律事实还是客观事实。法律事实可以在程序、证据中获得，而客观事实如何达到并无标准与手段，是一个理论上似乎诱人而实践中永远无法去检验、复原的要求。❶

与西方国家通过证据确认事实不同，我们目前的行政执法是以案件事实确认证据。为了获得案件事实，行政调查和证据收集的合法性都要让位于案件事实，或者说是以行政调查与证据收集的合法性换取案件事实。案件事实是目的，行政调查与证据收集是手段，手段要服务于目的。这种将案件事实置于崇高地位的做法是行政调查中心主义的基本特点。一旦案件事实被查清，执法机关的主体工作即告结束，后续的法律适用只是简单地寻找相匹配的法律规则而已，对行政机关而言是简单的工作。所以，我们常常能看到一幅矛盾的场景，一方面，执法机关非常重视行政调查，花费了大量的人财物与时间实施行政调查；另一方面，行政调查中违法行为屡有发生，甚至于越重视行政调查的案件，程序违法的情况越严重。

第四，将行政决定与完成行政任务不合理地等同起来。不论是执法机关还是执法人员，都要完成一定的行政任务，行政任务来自法律、法规等规范性文件的规定，以及上级的授权委托。作出某种行政决定是执法机关及其执法人员的行政任务之一，行政任务的内涵具有多样性与复杂性。按照现代行政的理念和要求，行政机关不仅要作出一定的行政决定，更要遵守法律法规等规定的义务。也就是说，行政权力与行政责任都是行政机关的法定任务。但是目前看来，行政机关从上至下，对于完成一定的任务，主要考察的是执法机关及其执法人员的案件处理结果和数量，例如案件是否查清、是否及时作出了行政处理决定，行政决定有没有被提起行政复议或者行政诉讼，是否胜诉等；而不太关注行政执法过程中执法机关与执法人员对行政职责的履行情况，例如是否遵守了法定的办事程序、证据的取得以及形式是否合法等。由于这种情况，行政机关事实上将行政决定的顺利作出与行政任务的完成不合理地等同起来。于是，行政执法的合法性问题被轻视，行政任务的完成，即行政决定的顺利作出成为行政执法的根本目的。

第五，没有有效的监督行政调查的机制。正如上文所述，行政执法不仅缺乏外部的监督，也缺少内部有效的监督机制。就组织机构而言，行政机关内部

---

❶ 杨建军：“法律事实的概念”，载《法律科学》2004 年第 6 期，第 46 页。

设有专门的调查机构，负责调查取证，确认法律事实，并作出初步的处理意见，但没有专门的审查机构对行政调查活动进行合法性审查。虽然行政机关一般都设有法律机构，但是法制机构的设置目的并非为了制约调查活动，而是帮助行政机关从事规范性文件起草，以及法制宣传、培训等活动。其虽然名义上也有执法监督的职能，但最多是对调查机构的调查活动、获得证据以及确认的事实和作出决定的初步处理意见提出自己的看法，供行政机关领导人在作出最后决定时参考。并不具有实质性的对调查机构的调查活动要求其遵守程序，补充调查取证，完善证据，甚至召开正式、非正式听证的权力，无法成为部门依法行政和依法执法的"监控器"。❶由于没有内部有效的监督机制，行政机关最后作出的行政决定受到调查机构案卷材料的重大影响，调查的结果基本上决定了最后的行政决定内容。

第六，无法训练和提高执法机关与执法人员的依法行政能力。目前的执法模式下，行政执法人员的依法行政能力主要来自执法人员自身的法律素养、行政机关举办的执法培训，执法经验无法帮助执法人员提高依法行政能力。有些执法人员具有法学专业背景，有些执法人员通过若干执法培训掌握了一定的法律知识，他们在行政执法的过程中可以将理论知识与执法实务结合起来，经过一定的经验积累，可以在一定程度上具备依法行政的能力。但从对执法机构中执法人员的知识背景调查情况来看，在法学院系受过专业法律知识训练的执法人员非常稀少，在每年举行的公务员招考大纲中，执法人员的条件一般都集中于身体素质和吃苦耐劳的精神，对法律知识的要求很少。所以，目前的执法人员普遍缺乏法律知识，由他们进行执法，其依法行政的能力是让人担忧的。

更为重要的是，执法人员尽管法律专业知识缺乏，却不能通过执法经验的积累逐步提升这种依法行政能力。执法人员实施行政调查在程序与证据方面的合法性很少能够受到行政机关内部的有效监督，是导致这一问题的主要原因。正如上文所述，执法人员实施调查取证，缺乏法律事实，并提出初步的处理意见以后，在实务上，一般由法律机构提出审核意见。除了重大的案件需要当事人申请举行听证以外，很多案件并不举行听证，法制机构的工作人员也不会接触当事人、证人听取他们的陈述。即便是那些符合听证条件的案件，很多当事

❶ 李建功："论部门法制机构的地位和作用"，载《政府法制》2007年第2期（上），第6页。

人也并不申请听证，这样在绝大多数情况下，法制机构只能按照执法人员提供的案卷材料做书面的审查，很难发现法律问题。即便是发现了问题，法制机构也没有对违法行政行为的直接处理权，导致其无法实现层级监督❶，只能提出自己的审核意见，最后一起交由行政机关领导人决定。行政机关领导人对于一般的案件，通常按照执法人员提出的处理意见的内容作出最后的行政决定，而即便是那些重大的案件，行政机关领导人主持召开集体讨论会，讨论的也只能局限于执法人员提交的案卷材料，并且在讨论会上大家提出的意见除了行政领导特别要求的以外，一般都不具有强制力，调查人员往往不会进一步调查核实或补充证据，最后作出的行政决定与执法人员提出的处理意见相差无几。如此反复办案，执法人员在行政调查、证据收集和运用、法律事实确定和法律依据适用等方面的能力不会有实质性的提高。

第三节　行政调查中心主义执法模式的未来

本书的主旨是想总结目前我国行政机关执法活动的基本模式，分析这种模式产生的原因和运作的特点或规律。笔者认为，这样的研究是符合行政法学作为一门社会科学应具有的客观性特点的，所以，原本并不想对这个模式未来的发展提出具体的对策意见。因为对策性研究往往不是法学者的专业能力范围，我们可以研究出问题发生的原因，却不如政治家那样能够通盘考虑、作出理性的选择。但是从另外来说，对策如果是建立在科学结论的基础之上，那么对策应该是具有一定的针对性的，所以也就具备了一定的参考价值。因此，笔者姑且在自己上述研究的基础上提出几点有关行政调查中心主义执法模式的未来设想，以供同人批评。

关于行政调查中心主义执法模式的未来肯定需要修正，这是毫无疑问的。这种修正有小修小补与大修大补两种选择。

一、小修小补

这是一种较为稳妥也比较容易办到的修正方式。具体的方法是由行政机关

---

❶　吴传毅："基层政府依法行政的对策研究"，载《中共中央党校学报》2010 年第 6 期，第75 页。

的一名副职领导兼任法制机构负责人，并且赋予法制机构实质性的审查权。实务的经验证明，监督机构要真正发挥监督作用，首先要在法律地位上比被监督者更高、更有权威。平级机关或部门之间只能进行协调，而无法进行有效监督。在这一点上，纪检监察部门的经验值得借鉴。自从纪检部门和监察部门合署办公、行政级别提高一级以来，纪检监察的权威得到了强化，监督作用的发挥非常明显。要规范行政调查机构的调查取证等权力，必须要提高法制机构的地位。在机构级别无法获得提高的情况下，可选的方式是由机关的副职领导兼任法制机构负责人。例如，某区工商局副局长兼任法制科科长。在这种情况下，调查人员必须要认真对待自己的办案程序和证据收集运用等问题，避免目前由于法制机构与调查机构平级而导致执法机构对法制机构的监督意见熟视无睹，甚至可以规避对抗的情况。

与此同时，法制机构应当具有实质性的执法监督权。这种实质性的执法监督权应当包括如下几个方面。第一，加强法制机构本身的建设。首先是配备一定数量的专门的工作人员，并且其应当具备较高的法律素养。❶目前无论是政府法制机构还是职能部门法制机构，人员编制极少，没有专门的力量对行政调查机构的执法活动实施监督。其次是健全各个行政机关的法制机构，尤其是乡镇政府和街道办事处涉及的基层执法活动非常多，可以借鉴"温岭模式"，在乡镇政府和街道办事处设置专门的"法制办"。❷ 第二，法制机构可以根据案情，主动召开正式或非正式的案情听证会。除了法定的由当事人申请的听证会以外，法制机构可以根据个案的情况召集调查人员和当事人召开座谈会、恳谈会、交流会或者听证会，当面听取当事人的陈述，接受他们提出的证据材料。这样，法制机构就可以比较客观真实地掌握案件，防止调查机构调查活动的违法或不客观情况的发生。第三，确立正式的案件审查程序。所有调查终结的案件，调查人员应当将案卷材料连同处理意见一同提交法制机构，法制机构有权依法进行审查，并决定是否将案件提交行政首长作出正式的处理决定。法制机构认为行政调查和证据收集运用存在瑕疵的，有权要求调查机构进行补正，否

---

❶ 吴传毅："基层政府依法行政的对策研究"，载《中共中央党校学报》2010 年第 6 期，第 75 页。

❷ 浙江温岭市于 2007 年抓住浙江省"强镇扩权"的改革机遇，大胆尝试在全市所有镇、街道正式设立"法制办公室"，通过这一举措，乡镇征途总体上摆脱了以往"依法行政难推进，动辄成为被告"的尴尬境地。陈鼎："乡镇政府依法行政的困境与出路——温岭市创设镇（街道）'法制办'的实践与启示"，载《上海政法学院学报（法治论丛）》2012 年第 5 期，第 45 页。

则案件调查不能终结。第四，法制机构具有行政处分权或处分建议权。对此，可以考虑将法制机构与行政机关内部的纪检监察机构相合并，统一行使监督监察权。

这样的修正可以在一定程度上通过发挥法制机构的监督作用，改变目前行政调查中心主义的执法模式，将其调整为行政审查中心主义或者行政调查与行政审查并重的执法模式。当然，这种小修小补的修正模式也有较大的局限性。调查机构与法制机构都是行政机关内部机构，统辖于同一行政首长。在一些大前提没有完善的情况下，行政首长为了行政机关能够及时作出行政决定，会干涉调查机构和法制机构各自的职权，可能导致法制机构不能充分发挥其监督作用。

二、大修大补

大修大补必须在很多前提性问题上作出调整，以便在根本上将目前的执法模式由行政调查中心主义转变为行政审查中心主义。这种修补主要包括以下几个方面。

第一，在宪法和法院组织法层面保障人民法院对行政机关的司法审查机制。基本的要求是，在宪法上，明确司法对行政的监督权；在人民法院组织法上，将法院的人财物都设置成独立的体系，不能像现在那样受制于行政机关。有了这些基本的保障，行政诉讼法上提出的司法对行政的监督才可能实现。法院如果能够实现独立、规范、全面地对行政权力的运行进行司法监督，就会迫使行政机关重视行政执法的调查程序、证据收集运用以及行政决定的合法合理等问题，行政调查中心主义执法模式就一定要进行重大改革。

第二，在行政机关内部进行职能分离。现代行政既具有执行权，也有一定的立法权和准司法权。为了监督行政执行权，可以考虑在行政系统内部实行权力分工。行政法规、规章和其他规范性文件的起草以及执法监督可以由法制机构承担。行政复议、行政裁决等准司法职能也交给法制机构，而其他行政职能由行政调查机构等职能机构承担，从而在两者之间可以形成监督与被监督的关系，法制机构的地位和功能将获得大大提升。

第三，完善行政机关内部的考核制度。良好的考核制度可以促使公务员提高行政效率和依法行政能力，但是考核制度如果本身规定得不完善、不科学，就可能挤压其他行政任务的实现空间,❶ 导致行政执法不规范,导致行政处理决定的违法或者不公正。比如,对于错案,是否应当按照不同的情况进行区别对待?由于执法人员严重不负责任或者故意实施违法行为而导致行政决定违法的,应当在考核中扣分;而如果是由于案件本身比较疑难或者其他合理原因导致的,不应当确认执法人员的责任,这样不论对于纠正不当的行政行为还是保护执法人员的工作热情与合法权益,都有重要意义。

当然,对行政调查中心主义执法模式的大修大补,涉及的内容还很多,比如执法人员的法律专业素养和职业道德等问题。但大的修补往往会牵涉很多基本制度的改革,牵一发而动全身,必须进行更为细致的论证,甚至应该在某些局部地区进行必要的试验,取得成功经验,才好进行整体的推进。因此,从目前来看,采取第一种在行政系统内部进行修补的方式最为稳妥。

---

❶ 夏雨:"多元行政任务下的目标考核制度——以当前环境治理为反思样本",载《当代法学》2011年第5期,第61页。

参考文献

国内资料：

（一）报刊网站资料

[1] 马怀德．"信访不信法"的现象值得高度警惕［N］．学习时报，2010 - 01 - 25．

[2] 陆伟明．公益捐赠：让爱心住进阳光玻璃房［N］．中国纪检监察报，2013 - 06 - 07．

[3] 上海钓鱼执法事件［EB/OL］．财新网，http：//special. caixin. com/event_1014/index. html．

[4] 视点特稿：透视政府信息公开条例实施后的第一案［EB/OL］．腾讯网，http：// news. qq. com/a/20080506/000796. htm．

[5] 唐慧申诉这 6 年"永州上访妈妈被劳教事件"始末［EB/OL］．新华网，http：// news. xinhuanet. com/legal/2012 - 08/15/c_ 123585979. htm．

[6] 工商总局责成查清农夫山泉被指砷超标事件［EB/OL］．环球网，http：//finance. huanqiu. com/roll/2009 - 12/651605. html．

[7] 农夫山泉不接受海南调查结果称有黑手操纵［EB/OL］．环球网，http：//finance. huanqiu. com/roll/2010 - 01/682653. html．

[8] 延安"城管打人"事件责任人被处分［EB/OL］．凤凰网，http：//news. ifeng. com/ gundong/detail_ 2013_ 06/06/26130248_ 0. shtml．

[9] 深圳"行政三分制"将如何操作［EB/OL］．新浪网，http：//news. sina. com. cn/o/ 2009 - 07 - 24/153016008180s. shtml．

[10] 苹果唯冠和解 iPad 商标案：苹果支付 6000 万美元［EB/OL］．新浪网，http：// tech. sina. com. cn/it/2012 - 07 - 02/10527336195. shtml．

[11] 司马南称王林用伪气功骗钱 警方：个人经济纠纷［EB/OL］．搜狐网，http：//bus-iness. sohu. com/20130728/n382741679. shtml．

（二）期刊和论文

[1] 叶必丰，贾秀彦．从行政许可法看行政听证笔录的法律效力［J］．法学评论，2005（3）．

[2] 金承东．论行政案卷排他原则的运作原理［J］．行政法学研究，2009（3）．

[3] 朱芒．行政处罚听证制度的功能——以上海听证制度的实施状况为例［J］．法学研

究，2003（5）.

[4] 唐杏湘. 论公共价格听证程序的完善 [J]. 湖北社会科学，2012（2）.

[5] 王锡锌. 行政程序理性原则论要 [J]. 法商研究，2000（4）.

[6] 宋华琳. 英国行政决定说明理由研究 [J]. 行政法学研究，2010（2）.

[7] 章剑生. 作为协商性的行政听证——关于行政听证功能的另一种解读 [J]. 浙江社会
    科学，2005（4）.

[8] 周佑勇. 作为过程的行政调查——在一种新研究范式下的考察 [J]. 法商研究，2006
    （1）.

[9] 孙康. 行政证据与刑事证据的衔接与转化 [J]. 学习论坛，2012（3）.

[10] 蔡小雪. 关于行政诉讼最佳证据规则的问题 [J]. 中国卫生法制，2004（6）.

[11] 莫于川. 中国行政调查制度的若干问题与完善路向 [J]. 学习论坛，2011（4）.

[12] 刘善春. 论行政程序举证责任 [J]. 政法论坛，2009（4）.

[13] 姬亚平. 论"钓鱼"执法中的行政证据合法性问题 [J]. 甘肃政法学院学报，2010
     （5）.

[14] 沈福俊. 论行政证据中的若干法律问题 [J]. 法商研究，2004（1）.

[15] 李建功. 论部门法制机构的地位和作用 [J]. 政府法制，2007（2）（上）.

[16] 陈煜儒. 行政许可法呼唤政府法制机构的角色到位 [J]. 政府法制，2004（1）
     （下）.

[17] 吴传毅. 基层政府依法行政的对策研究 [J]. 中共中央党校学报，2010（6）.

[18] 应松年，薛刚凌. 行政组织法与依法行政 [J]. 行政法学研究，1998（1）.

[19] 余凌云. 对行政裁量立法控制的疲软——一个实例的验证 [J]. 法学论坛，2009
     （5）.

[20] 伍劲松. 论行政执法解释之基本方法 [J]. 甘肃行政学院学报，2010（3）.

[21] 范瑜. 法律解释的理论与实践 [J]. 金陵法律评论，2003（秋季卷）.

[22] 余凌云. 对行政裁量立法控制的疲软——一个实例的验证 [J]. 法学论坛，2009
     （5）.

[23] 章志远. 行政裁量基准的兴趣与现实课题 [J]. 当代法学，2010（1）.

[24] 陈凯. 行政执法理念的更新与和谐社会建设 [J]. 中共山西省委党校学报，2009
     （1）.

[25] 马怀德. 《行政诉讼法》存在的问题及修改建议 [J]. 法学论坛，2010（5）.

[26] 杨建军. 法律事实的概念 [J]. 法律科学，2004（6）.

[27] 李建功. 论部门法制机构的地位和作用 [J]. 政府法制，2007（2）（上）.

[28] 吴传毅. 基层政府依法行政的对策研究 [J]. 中共中央党校学报，2010（6）.

[29] 陈鼎. 乡镇政府依法行政的困境与出路——温岭市创设镇（街道）"法制办"的实践

与启示［J］．上海政法学院学报（法治论丛），2012（5）．

［30］夏雨．多元行政任务下的目标考核制度——以当前环境治理为反思样本［J］．当代法学，2011（5）．

［31］马怀德．法治难题与行政法的任务［J］．求是学刊，2002（5）．

［32］马怀德．警惕执法者规避法律［J］．法学论坛，2005（2）．

［33］杨建顺．论房屋拆迁中政府的职能——以公共利益与个体利益的衡量和保障为中心［J］．法律适用，2005（5）．

［34］黄学贤．台湾地区行政程序中的协力行为［J］．台湾法研究，2006（4）．

［35］莫于川，郭庆珠．我国行政法学界关于行政规划的理论研究现状分析［J］．南都学刊，2007（1）．

［36］莫于川，郭庆珠．论现代行政与服务行政法——以我国服务行政法律体系建构为中心［J］．法学杂志，2007（2）．

［37］薛刚凌．多元背景下行政主体之建构［J］．浙江学刊，2007（2）．

［38］莫于川，郑宁．实行柔性监管与构建和谐社会——泉州工商机关深化行政指导实践的追踪调研报告［J］．重庆邮电学院学报（社会科学版），2007（3）．

［39］马怀德．法治政府特征及其建设途径［J］．国家行政学院学报，2008（2）．

［40］马怀德．北京市城管综合行政执法的发展困境及解决思路［J］．行政法学研究，2008（2）．

［41］薛刚凌．行政组织法发展缺位之检讨［J］．江苏社会科学，2008（5）．

［42］莫于川．推行柔性管理与建设服务型政府——透过城管执法纠纷案例及其解决思路看行政管理改革创新的方向［J］．行政论坛，2008（5）．

［43］何兵．城管追逐与摊贩抵抗：摊贩管理中的利益冲突与法律调整［J］．中国法学，2008（5）．

［44］叶必丰．需上级指示行政行为的责任——兼轮需合作行政行为的责任［J］．法商研究，2008（5）．

［45］刘莘，李辉．民主、善治与公众参与——湖南行政程序立法在中国的意义［J］．湖南社会科学，2008（5）．

［46］刘建宏．行政主体向人民主张公法上返还请求权之法律途径及其返还范围——以授益处分经自由撤销之情形为例［J］．东吴法学学报，19（2）．

［47］蔡茂寅．政策统合机关、独立机关定位及设立原则探讨［J］．国家政策季刊，创刊号．

［48］马怀德．推进依法行政建设法治政府［J］．中国民政，2011（2）．

［49］马怀德．保护公民、法人和其他组织的权益应成为行政诉讼的根本目的［J］．行政法学研究，2012（2）．

（三）著作

［1］许崇德，皮纯协．新中国行政法学研究综述［M］．北京：法律出版社，1991.

［2］罗豪才，应松年．行政法学［M］．北京：中国政法大学出版社，1989.

［3］杨惠基．行政执法概论［M］．上海：上海大学出版社，1998.

［4］姜明安．行政执法研究［M］．北京：北京大学出版社，2004.

［5］翁岳生．行政法［M］．北京：中国法制出版社，2009.

［6］姜明安．行政执法研究［M］．北京：北京大学出版社，2004.

［7］王名扬．美国行政法［M］．北京：中国法制出版社，1995.

［8］应松年．比较行政程序法［M］．北京：中国法制出版社，1999.

［9］杨惠基．听证程序理论与实务［M］．上海：上海人民出版社，1997.

［10］吴庚．行政法之理论与实用［M］．北京：中国人民大学出版社，2005.

［11］马怀德．行政法与行政诉讼法［M］．北京：中国政法大学出版社，2012.

［12］姜明安．行政执法研究［M］．北京：北京大学出版社，2004.

［13］应松年．当代中国行政法［M］．上卷．北京：中国方正出版社，2005.

［14］程明修．行政法之行为与法律关系理论［M］．台北：新学林出版股份有限公司，2005.

［15］李建良，等．行政法入门［M］．台北：元照出版公司，2005.

［16］李建良，林合民，陈爱娥，等．行政法入门［M］．台北：元照出版有限公司，2005.

［17］詹镇荣．民营化与管制革新［M］．台北：元照出版有限公司，2005.

［18］汤德宗．行政程序法论［M］．台北：元照出版有限公司，2005.

［19］程明修．行政法之行为与法律关系理论［M］．台北：新学林出版股份有限公司，2005.

［20］台湾行政法学会．行政法人与组织改造听证制度评析［M］．台北：元照出版有限公司，2005.

［21］莫于川．法治视野中的行政指导［M］．北京：中国人民大学出版社，2005.

［22］林明锵．行政契约法研究［M］．台北：国立台湾大学法学丛书编辑委员会，2006.

［23］李震山．行政法导论［M］．台北：三民书局，2006.

［24］黄异．行政法总论［M］．台北：三民书局，2006.

［25］陈新民．法治国公法学原理与实践［M］．上中下．北京：中国政法大学出版社，2007.

［26］大法官会议解释汇编［M］．台北：三民书局，2007.

［27］杨海坤，黄学贤．中国行政程序法典化——从比较法角度研究［M］．北京：法律出版社，1999.

国外文献：

（一）著作

［1］［德］哈特穆特·毛雷尔. 行政法学总论［M］. 北京：法律出版社，2000.

［2］［德］汉斯·J. 沃尔夫. 行政法［M］. 第1卷. 高家伟，译. 北京：商务印书馆，2002.

［3］［德］汉斯·J. 沃尔夫，奥托·巴霍夫，罗尔夫·斯托贝尔. 行政法［M］. 第1卷. 高家伟，译. 北京：商务印书馆，2002.

［4］［法］古斯塔夫·佩泽尔. 法国行政法［M］. 廖坤明，周洁，译. 北京：国家行政学院出版社，2002.

［5］［美］卡罗尔·哈洛，理查德·罗林德. 法律与行政［M］. 杨伟东，李凌波，石红心，译. 北京：商务印书馆，2004.

［6］［法］L. 赖维乐·布朗，约翰·S. 贝尔，让－米歇尔·加朗伯特. 法国行政法［M］. 北京：中国人民大学出版社，2006.

［7］［印度］MP. 塞夫. 德国行政法——普通法的分析［M］. 济南：山东人民出版社，2006.

［8］［新西］迈克尔·塔格特. 行政法的范围［M］. 北京：中国人民大学出版社，2006.

［9］［德］埃贝哈德·施密特－阿斯曼. 德国行政法读本［M］. 于安，等译. 北京：高等教育出版社，2006.

［10］［德］汉斯·J. 沃尔夫，奥托·巴霍夫，罗尔夫·施托贝尔. 行政法［M］. 第3卷. 北京：商务印书馆，2007.

［11］［英］彼得·莱兰，戈登·安东尼. 英国行政法教科书［M］. 杨伟东，译. 北京：北京大学出版社，2007.

［12］［日］南博方. 行政法［M］. 杨建顺，译. 北京：中国人民大学出版社，2009.

［13］［德］哈特穆特·毛雷尔. 行政法学总论［M］. 高家伟，译. 北京：法律出版社，2000.

［14］［英］威廉·韦德. 行政法［M］. 徐炳，等译. 北京：中国大百科全书出版社，1997.

［15］［德］卡尔·拉伦茨. 法学方法论［M］. 陈爱娥，译. 北京：商务印书馆，2003.

（二）论文

［1］Christopher Hood（Editor），David Heald（Editor）：*Transparency：The Key to Better Governance*（OUP/British Academy，（2006）.

［2］Jonathan Garton，*The Judicial Review of The Decisions of Charity Trustees*，Trust Law Internationa 20，（2006）.

［3］John G. Farrell，*Administrative Alternatives to Judicial Branch*，Journal of National Association of Administrative Law Judiciary 27，（2007）.

［4］Rechard J. Pierce，JR，*How Agencies Should Give Meaning to The Statutes They Administer：A Response to Mashaw and Strauss*，Administrative Law Review 59，（2007）.

［5］ Alan B. Morrison, *Administrative agencies are Just Like Legislatures and Courts – except When They're Not*, Administrative Law Review 59, (2007).

［6］ Mary Seneviratne, *Updating The Local Government Ombudsman*, Public Law, WIN, (2008).

［7］ Clive Walker, *Governrance of The Critical National Infrastructure*, Public Law (2008).

［8］ Adrian Brown, *Award of a Contract For Management of Heating Installations by an Italian Local Authority to a Connected Unertaking Without Competition: Termoraggi SPA v Commune DI Monza*, Public Procurement Law Review5, (2008).

［9］ Ann Abraham, *The Ombudsman and "Path to Justice": a Just Alternative or Just an Alternative*, Public Law, Spr, (2008).

［10］ Richard Kirkham, Brian Thompson, Trevor Buck, *When Putting Things Right Goes Wrong: Enforcing The Recommendations of The Ombudsman*, Public Law, Aut, (2008).

［11］ A. W. Bradley and K. D. Ewing, Constitutional and Administrative Law, (Longman Press, 14th edition, 2007).

致　谢

　　本书是在笔者博士后出站研究报告的基础上发展而来，其中既包括博士后研究期间的研究成果，也有出站以后几年来的一些心得体会。当初选择这一题目和研究思路、方法，是想实现两个目标。

　　第一个是理论模型的构建，即确立我国行政机关行政执法的理想模式。通过多年来对行政执法各个环节的观察与分析，笔者认为，决定和支配行政机关及其执法人员各种执法行为的，主要是行政任务。而完成行政任务，主要依靠行政机关调查获得的证据所确认的案件事实。所以，在整个行政执法活动中，行政调查是核心问题，是执法工作的中心，其他活动都是围绕着这一工作展开的，也是为这一工作服务的。主流的行政执法活动事实上形成了一种"行政调查中心主义"执法模式。现实中存在的诸多执法弊端也主要源于这种执法模式。通过本书的研究和分析，笔者认为自己所设想的这种执法模式以及提出的理论模型还是基本成立的。

　　第二个是研究方法的转换。本书中尽管运用了多种研究方法，例如比较分析法、实证分析法、法解释学方法等，但是在总体上，笔者试图采取一种更加能够体现法学客观性、科学性的方法，就是在总结现实问题的基础上，努力提炼出某种理论，并尝试深入分析这一理论问题存在的原因以及由此形成的理论模式的可行性与客观性。所以，看完本书的读者会发现，尽管本书通篇都在谈论行政调查中心主义，但是笔者所向往的是一种称为行政决定中心主义的执法模式。本书的写作可算是这种研究方法转变的初步尝试，笔者以为这一目标也基本达到了。

　　在中国政法大学法学博士后流动站从事行政法学研究期间，能够初步实现上述目标，使自己的科研生涯有一个新的进步，为此笔者感到非常庆幸。当然，包括本书的最终研究成果在内的笔者在站期间所取得的科研进步，都要首先感谢我的导师马怀德教授！马老师为人善良、宽容，我在站期间存在诸多不足之处，自己也觉得做得不好而有愧于老师，但是马老师从来不批评指责，总是倍加关心、爱护和鼓励。在站从事科研期间，马老师指导我参与了教育部重大课题"完善学校突发事件应急管理机制研究"等科研课题，参加了校园突发事件应急体系建设国际研讨会、行政程序立法国际研讨会等多个重要的学术研讨会，得以有机会与国内外的著名专家学者进行学术切磋交流。在平时的科研论文写作过程中，马老师也经常以他卓越的见识给予笔者很多具体的指导与启发，尤其是本书的写作，从论文题目的拟定，开题报告的写作、修改，开题过程中关键性问题的把握，一直到最后论文的定稿，都倾注了老师的很多心血。老师的人品和学术研究的方法、态度将一直激励和影响着笔者今后的生活与科研活动。

在此笔者也要感谢在站从事科研期间，应松年老师、刘莘老师、刘善春老师、何兵老师、王敬波老师、刘飞老师、张莉老师等给予的学术启发与帮助，也要感谢林鸿潮、曹鎏、彭涛、林华、王翔、王潇璇等师门同学，他们同样在学习和生活上给了笔者很多的帮助。

陆伟明

2016 年 10 月 6 日于重庆歌乐山麓